周雪香 著

台湾闽客族群的
互动共生与政治生态研究

本书由国家社科基金资助项目

厦门大学马克思主义理论学科『双一流』建设经费 资助出版

九州出版社
JIUZHOUPRESS｜全国百佳图书出版单位

图书在版编目（CIP）数据

台湾闽客族群的互动共生与政治生态研究 / 周雪香
著. -- 北京 ：九州出版社，2024.4
ISBN 978-7-5225-2807-6

Ⅰ．①台… Ⅱ．①周… Ⅲ．①台湾问题－研究 Ⅳ.
①D618

中国国家版本馆CIP数据核字(2024)第075785号

台湾闽客族群的互动共生与政治生态研究

作　　者	周雪香　著	
责任编辑	肖润楷	
出版发行	九州出版社	
地　　址	北京市西城区阜外大街甲 35 号（100037）	
发行电话	(010)68992190/3/5/6	
网　　址	www.jiuzhoupress.com	
印　　刷	北京九州迅驰传媒文化有限公司	
开　　本	720 毫米 ×1020 毫米　16 开	
印　　张	15	
字　　数	220 千字	
版　　次	2024 年 4 月第 1 版	
印　　次	2024 年 4 月第 1 次印刷	
书　　号	ISBN 978-7-5225-2807-6	
定　　价	52.00 元	

目　录

绪　论

一、研究缘起

　　"族群"一词是对应英文 ethnic group 的中文翻译。ethnic group 最早出现在 1935 年的英文文献中，第二次世界大战以后开始在西方人类学界流行起来，被用以强调非体质特征的基于历史、文化、语言等要素的共同体。1950 年，台湾学者卫惠林以"族群"一词对应 ethnic group。[①] 不过直到 20 世纪 70 年代后期，台湾学界才开始较广泛地应用"族群"这一概念，而且主要是用于对台湾少数民族的研究，限定在"族裔"（ethnic）的范围。[②] 大陆学界大概在 20 世纪 80 年代开始将 ethnic group 翻译为"民族群体""族群""种族"等，有多种译法，随着海峡两岸的接触和交往，越来越多地接受了来自台湾的"族群"译法。

　　值得关注的是，20 世纪 80 年代以后，随着台湾的政治民主化和"本土化"，台湾的政治学者、社会学者相继引入"族群"的概念，开展关于族群政治、族群与认同的相关研究，"族群"一词也从学术领域进入台湾的政治生活。主张"台独"的许世楷提出了"四文化集团"的说法，[③] 这应

[①]　卫惠林：《曹族三族群的氏族组织》，《文献专刊》第 1 卷第 4 期，台北：台湾省文献委员会 1950 年。

[②]　郝时远：《台湾的"族群"与"族群政治"析论》，《中国社会科学》2004 年第 2 期。

[③]　许世楷于 1975 年起草了所谓"台湾共和国宪法草案"，1988 年 12 月刊行于台湾《自由时代周刊》第 254 期，1989 年出版《台湾未来的描绘：新宪法草案之解说》（台北：自由时代周刊社），提出台湾民众"由于语言以及移住时期等的不同，可以分为马来玻里尼亚语系、福佬语系、客家语系、北京语系四文化集团"。转引自萧新煌等：《台湾全志》卷三《住民志·族群篇》，南投："国史馆"台湾文献馆 2011 年版，第 281 页。

是"四大族群"之说最早的正式提出。[①] 所谓"四大族群",指的是闽南人(或称福佬人)、客家人、外省人和少数民族,其间包含了三组不同分类逻辑下相互交错的族群,而非水平面上四个散列的个别族群,[②] 即属于民族关系的少数民族/汉人,属于省籍关系的本省人/外省人,属于汉民族内不同支系的闽南人/客家人,[③] 参见图 x-1。"四大族群"并非是人类学、民族学意义上的"族群"分类,而"是十分人为的、有特殊时空、特定政治涵意的"族群分类与"政治发明";[④] 其目的是通过"族群分化"来抵消国民党威权统治下的"中国民族主义"意识形态,从而构建起所谓"台湾民族主义"意识形态,以实现台湾民众对"台湾国"的政治认同。对于"台独"势力的险恶用心,美国人类学家斯蒂文·郝瑞指出:"'族群'一词已进入了台湾的日常话语。当台湾人试图建构自身的认同以区别于中华民族这一认同时,'族群'是一个有助于排外的语汇。"[⑤] 当今,族群现象"是台湾政治过程中的重要变数。它是政党支持的重要基础,也是国家认同的重要分野"。[⑥] 因此,族群问题关系到台湾岛内的统"独"争议和国家认同,对中华民族的统一大业影响甚巨,不能不引起我们的严重关注。

---

① 徐正光主编:《台湾客家研究概论》,台北:台湾"行政院客家委员会"、台湾客家研究学会 2007 年版,第 404 页注 20。

② 徐正光主编:《台湾客家研究概论》,台北:台湾"行政院客家委员会"、台湾客家研究学会 2007 年版,第 404 页。

③ 参见施正锋《台湾族群政治》一文关于族群关系的"三大轴线"说,收入施正锋编:《族群政治与政策》,台北:前卫出版社 1997 年版,第 73 页。

④ 张茂桂:《台湾的政治转型与政治的"族群化"过程》,收入施正锋编:《族群政治与政策》,台北:前卫出版社 1997 年版,第 41、66 页。

⑤ [美] 斯蒂文·郝瑞:《田野中的族群关系与民族认同》,巴莫阿依、曲木铁西译,广西人民出版社 2000 年版,第 262 页注①。

⑥ 吴乃德:《省籍意识、政治支持和国家认同》,收入张茂桂等:《族群关系与国家认同》,台北:业强出版社 1993 年版,第 48 页。

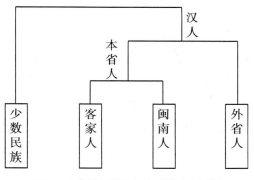

图 x-1 台湾"四大族群"示意图

资料来源：王甫昌：《当代台湾社会的族群想像》，台北：群学出版有限公司2003 年版，第 57 页。

　　台湾是祖国领土神圣不可分割的部分，两岸统一是全体中国人民的共同心愿，也是我们党和国家最为迫切的任务之一。为了早日实现祖国的统一大业，我们党和国家领导人曾多次指示应当寄希望于台湾人民，做好台湾人民认同祖国的工作。在当前台湾"族群政治"分化的形势下，如何消除不同族群之间的误解和隔阂，弥合族群矛盾，促进族群和谐共处，增进各族群人民对中华民族和祖国的民族认同与国家认同，这是刻不容缓的严峻问题。

　　在当前台湾的"四大族群"中，闽南人与客家人又被称为"本省人"，是 1945 年台湾光复前福建、广东移民的后裔，其中闽南人一般是指来自闽南、粤东操闽南语系的汉人移民，客家人一般是指来自粤东北、闽西南使用客语的汉人移民。在数百年的历史进程中，来自福建、广东两省的移民及其后裔是台湾社会历史发展的最主要的推动力量，他们在移垦、开发的过程中，有竞争冲突，也有合作共处，其历史记忆对当今台湾的族群关系仍具有深远影响。因此，全面剖析当前台湾闽、客族群关系的结构特质，并追本溯源，从台湾历史发展的脉络中探究族群体系的形成与变迁，这不仅具有理论价值，还具有特殊的现实意义。从理论上说，本研究既有助于丰富和提升族群关系的研究，推进族群理论的创新；又有助于人们认清台湾族群关系的真实面貌，提高对族群问题的理性认识。从现实意义来说，我们的追求是：

第一，促进族群和谐相处。本研究既探讨两大族群矛盾冲突的一面，也探讨他们合作共生、共同推动台湾社会发展繁荣的一面，从中可以得出斗则两伤、和则两利的经验教训。这对于消除族群误解，弥合族群矛盾，促进族群和谐相处，具有积极的意义。

第二，通过探讨两大族群携手合作共御外侮，特别是抗击日军割台、反对日本的殖民统治，增进两大族群对中华民族和祖国的民族认同与国家认同，促进祖国的和平统一。

需要说明的是，对于台湾闽南人，当前台湾社会还有"福佬（老）人""河洛人"及"鹤佬（老）人""河佬人""Holo"等多种名称，关于族群名称的争议迄今未有共识或定论。① 本研究主要使用学术界普遍采用的"闽南人""福佬人"。

二、学术史回顾

对台湾闽、客族群关系的研究始于日本殖民台湾时期。日本割占台湾以后，出于为其殖民统治寻求合理化的目的，把清代台湾的分类械斗作为殖民政策的一环来研究，竹越与三郎的《台湾统治志》即认为分类械斗是"人民数百年间无遇到善政的结果"。也有学者从学术角度进行研究，如伊能嘉矩、西冈英夫、平山勋、东嘉生、中村哲等，他们的研究都以找寻分类械斗发生的原因为主，虽带有政治意味，但也累积了一定成果，如伊能嘉矩、东嘉生等人从社会经济方面考察分类械斗的原因。

台湾光复后，台湾学者对闽、客族群关系的研究主要集中在：

1. 分类械斗。戴炎辉、张炎、樊信源、黄秀政、林伟盛、许达然等学

---

① 参见萧新煌等：《台湾全志》卷三《住民志·族群篇》，南投："国史馆"台湾文献馆 2011 年版，第 284—285 页。

者，对分类械斗的起因、种类、影响及政府的处置等方面展开研讨。^①李
国祁的"内地化"理论和陈其南的"土著化"理论，都借分类械斗为指标，
来解释台湾社会发展的阶段论。^②

2. 族群关系的空间配置。1985年，尹章义对自伊能嘉矩以来"闽人
先到、散布海岸平野；粤人后至，散布山脚丘陵"的传统观点提出质疑，
认为19世纪末期以来漳、泉和闽、粤籍移民分区聚居的现象，是长期械
斗所造成的整合运动——大迁徙的结果。^③洪丽完关于台中地区、简炯仁
关于屏东平原的研究，都得出了类似的结论。^④施添福则认为台湾汉人的
籍贯分布和其原乡生活方式相关。^⑤

3. 族群关系结构。徐正光的《台湾的族群关系——以客家人为主体的
探讨》一文，^⑥开启了以客家角度进行族群关系研究，其所揭示的对族群关
系的结构和历史两大向度的辩证思考，对本研究有一定的启发。杨长镇撰
写的《台湾客家研究概论·族群关系篇》，^⑦即参考徐正光提议的架构，分
别探讨移垦社会、殖民统治和"国族重构"下的族群关系，只是诚如作者
所言，"限于篇幅，有许多层面未能触及或仅能初步处理"。此外，还有一

---

① 如：戴炎辉：《清代台湾乡庄之社会的考察》，《台湾银行季刊》第14卷第4期，1963年；
张菼：《清代台湾分类械斗频繁之主因》，《台湾风物》第24卷第4期，1974年；樊信源：
《清代台湾民间械斗历史之研究》，《台湾文献》第25卷第4期，1974年；黄秀政：《清
代台湾的分类械斗事件》，《台北文献》直字49、50期合刊，1979年；林伟盛：《罗汉脚：
清代台湾社会与分类械斗》，台北：自立晚报社1993年版，许达然：《械斗与清朝台湾社
会》，《台湾社会研究季刊》第23期，1996年等。
② 参见李国祁：《清代台湾社会的转型》，台湾《中华学报》第5卷第3期，1978年；陈其
南：《台湾的传统中国社会》，台北：允晨文化实业股份有限公司1987年版。
③ 尹章义：《闽粤移民的协和与对立——以客属潮州人开发台北以及新庄三山国王庙的兴
衰史为中心所做的研究》，《台北文献》直字74期，1985年。
④ 洪丽完：《清代台中地方福客关系初探——兼以清水平原三山国王庙之兴衰为例》，收入
陈溪珍主编：《台湾史研究论文集》，台北：台湾史迹研究中心1988年版，后载《台湾文
献》第41卷第2期，1990年；简炯仁：《屏东平原的开发与族群关系》，屏东：屏东县
立文化中心1999年版。
⑤ 施添福：《清代在台汉人的祖籍分布和原乡生活方式》，台北：台湾师范大学地理系1987
年版。
⑥ 载徐正光等主编：《客家文化研讨会论文集》，台北："行政院文化建设委员会"1994年
版。
⑦ 载徐正光主编：《台湾客家研究概论》，台北：台湾"行政院客家委员会"、台湾客家研
究学会2007年版。

些学者对特定区域的族群关系进行考察，如黄卓权的《清代北台内山开垦与客家优占区的族群关系》①等。

4. 族群政治与认同。这是近年台湾政治学界、社会学界的研究热点，从政党的"省籍支持度"转向"政治的族群动员"，关注政治上的省籍——族群区别作为一种社会组织原理，由此展开关于"族群与认同"的探讨。代表性的著作有：张茂桂等《族群关系与国家认同》②、陈文俊《台湾的族群政治》③、施正锋《台湾族群政治与政策》④、王甫昌《当代台湾社会的族群想像》⑤等。

大陆学者关注的问题与台湾学者大体相似。

1. 分类械斗。涉及分类械斗的历史条件、具体原因、清政府的对策及若干史实辨误等，代表性的论著有：陈孔立的《清代台湾移民社会研究》⑥。

2. 族群关系。关注朱一贵事件、民间信仰、福佬沙文主义、客家运动等对台湾闽、客关系的影响，代表性的论著有：谢重光的《客家、福佬源流与族群关系研究》⑦。

3. 族群政治。学者们分别从台湾族群分化的政治性与建构性及其社会政治背景、族群政治与国家认同、政党的族群操纵等方面展开考察，代表性的成果有：郝时远《台湾的"族群"与"族群政治"析论》⑧、杨华基主编《台湾族群问题与政治生态》⑨、周典恩《台湾族群政治的特征分析》⑩等。

纵观海内外已有的研究成果，主要集中在清代的分类械斗和闽、客族群的空间配置及当代的族群政治。事实上，闽、客移民在移垦过程中不仅有冲突对立，还存在合作共生关系。尹章义对台北地区拓垦史的研究指出，

---

① 黄卓权：《清代北台内山开垦与客家优占区的族群关系》，台湾《历史月刊》第134期，1999年。
② 张茂桂等：《族群关系与国家认同》，台北：业强出版社1993年版。
③ 陈文俊：《台湾的族群政治》，香港：香港社会科学出版社1997年版。
④ 施正锋：《台湾族群政治与政策》，台中："财团法人新新台湾文化教育基金会"2006年版。
⑤ 王甫昌： 王：《当代台湾社会的族群想像》，台北：群学出版社2003年版。
⑥ 陈孔立：《清代台湾移民社会研究》，北京：九州出版社2003年增订本。
⑦ 谢重光：《客家、福佬源流与族群关系研究》，北京：人民出版社2013年版。
⑧ 郝时远：《台湾的"族群"与"族群政治"析论》，《中国社会科学》2004年第2期。
⑨ 杨华基主编：《台湾族群问题与政治生态》，福州：福建人民出版社2013年版。
⑩ 周典恩：《台湾族群政治的特征分析》，《台湾研究·政治》2013年第5期。

拓垦初期并没有明显的籍贯、语群之分，"杂居共垦，互为主佃"是普遍的现象；① 吴学明、黄卓权的研究也指出了在桃、竹、苗内山开垦中闽客合作的案例。② 但有关闽客"合作共生"的专题讨论并不多见。族群政治研究大多以"外省人""本省人"作为探讨的架构，虽凸显了省籍作为台湾社会组织原则的重要意涵，但也因此导致族群关系的复杂性与多元性被隐藏与扭曲，族群内部的差异性与主体性被忽视。对台湾族群关系历史演变的系统探讨仍甚少见，不少问题仍模糊不清，不利于人们对闽、客族群关系的整体把握，也因此为本研究留下了拓展空间。

三、研究架构

本书在前人研究的基础上，以台湾闽、客族群关系的结构与变迁为研究对象，总体框架是从纵向的历史脉络和横向的族群关系结构两个面向，系统探究在台湾社会发展的不同阶段，随着政治生态的变化，闽、客族群关系的变迁与重构。基本架构如下：

第一章"台湾闽客族群的历史渊源与地理分布"，对清代以来台湾闽、粤两省移民的人口比例与分布状况进行系统梳理，以助于对台湾闽、客族群关系的结构与变迁的整体把握。

第二章"清代台湾的闽客关系"，论述清代台湾闽、客族群之间的冲突对立与合作共生关系的发展变迁，探讨统治政策、经济利益、人口区位、番汉关系及籍贯、语言、民间信仰等因素对族群分类和族群关系的影响。

第三章"日据时期的闽客关系"，论述日本割占台湾及其殖民统治对台湾闽、客族群关系及"台湾人"意识和"祖国意识"的影响。

第四章"当代台湾的族群政治和闽客关系"，论述台湾光复后，国民党的威权统治及 20 世纪 80 年代以来的政治民主化、"本土化"对闽、客族群关系的影响，剖析台湾"族群分化"和"族群政治"的实质和危害。

---

① 尹章义：《闽粤移民的协和与对立——以客属潮州人开发台北以及新庄三山国王庙的兴衰史为中心所做的研究》，《台北文献》直字 74 期，1985 年。
② 参见吴学明：《闽粤关系与新竹地区的土地开垦》，台湾《客家文化研究通讯》第 2 期，1999 年 6 月；黄卓权：《从版图之外到纳入版图：清代台湾北部内山开垦史的族群关系》，《台湾"原住民族"研究学报》第 3 卷第 3 期，2013 年秋季号。

　　结语部分，总结台湾闽、客族族群关系演变的规律，针对当前台湾闽、客族群关系存在的问题，借鉴其他国家和地区的成功经验，提出促进当前台湾族群和谐共存的建议。

第一章　台湾闽客族群的历史渊源与地理分布

台湾闽、客族群主要源自隔海相望的福建与广东两省。本章对台湾历史上闽、粤两省移民的人口比例与分布状况进行梳理，以助于对台湾闽、客族群关系的结构与变迁的整体把握。

第一节　清代台湾闽粤移民的地理分布

一、闽粤移民与方言

清代台湾汉人移民中，福建省籍者以来自泉州府、漳州府人数最多，其余来自汀州府、福州府、永春州［雍正十二年（1734 年）由泉州府分置］、龙岩州［雍正十二年（1734 年）由漳州府分置］和兴化府；广东省籍者来自潮州府、嘉应州和惠州府。

就方言分布而言，明清时期的泉州、漳州二府及其分置的永春、龙岩二州属闽南方言区，汀州府属闽西客家方言区。[①]值得注意的是，在闽南方言区和闽西客话区的交界处，从龙岩到南靖、平和、云霄、诏安有一条南北走向的长约 250 公里的双方言带，包括龙岩的大池、孔夫、江山、万安、红坊等乡镇，漳平的双洋、南洋少数村落，南靖的梅林、书洋，平和的九峰、大溪、长乐、崎岭、国强等乡镇，云霄的下河、和平、常山，诏

---

① 李如龙：《福建方言》，福州：福建人民出版社 1997 年版，第 85 页。

安的官陂、秀篆、霞葛、太平、红星等乡镇的部分村庄。[①] 这是宋末以来闽西客家向邻近的漳州山区拓展的结果。[②]

　　嘉应州，清雍正十一年（1733 年）由原程乡县升格而置，领兴宁、长乐（今五华）、平远、镇平（今蕉岭）4 县，均属客方言区。嘉应州设置之前，程乡与平远、镇平 3 县隶属潮州府，兴宁、长乐 2 县隶属惠州府。嘉应州设立之后，潮州府管辖 9 县，北部山区的大埔、丰顺属客方言区，沿海 7 县为闽南方言区；惠州府管辖 1 州 9 县，沿海海丰、陆丰 2 县为闽南方言区，其余州县为客方言区。[③] 潮惠地区的闽南方言，又称潮汕话，当地人称"福佬话"。[④] 但是，如同福建省汀漳之间的双方言地带，广东省嘉应州与潮州府、惠州府的交界山区，也存在一条与山脉走向平行的双语接触地带，如饶平、揭阳、揭西（1965 年析自揭阳）、陆丰、陆河（1988 年析自陆丰）、海丰等县的北部山区。有学者将粤东福佬与客方言群的接触面，即饶平—潮州（海阳）—揭阳—揭西—陆丰—海丰，呈东北—西南走向的地带，称之为"客家·福佬文化接触的饶丰锋线"。[⑤] 清代使用闽南方言的潮惠 9 县中，除了澄海县为纯"福佬"县外，其他 8 县都有一些地方属客家话区，如饶平县北部上饶、上善、饶洋、建饶、新丰 5 个镇，揭西县河婆镇以北的地区，揭东县西部龙尾镇及玉湖、白塔、新亨 3 镇的一部分，陆丰、陆河和海丰 3 县的北部山区，普宁县西南部山区等。[⑥] 此外，地处客家方言和闽南方言交界地带的丰顺县，境内虽以客家方言为主，约占全县人口的八成，但东部的𬭁隍和东𬭁、南部的汤坑和汤南等乡镇，均有部分居民使用潮汕方言。[⑦]

　① 李如龙：《福建方言》，福州：福建人民出版社 1997 年版，第 76 页；庄初升、严修鸿：《漳属四县闽南话与客家话的双方言区》，《福建师范大学学报》（哲学社会科学版）1994 年第 3 期。孔夫，属永定县（今永定区）培丰镇管辖，与今龙岩市新罗区东肖街道毗邻。

　② 参见陈支平：《福建六大民系》，福州：福建人民出版社 2000 年版，第 143—146 页；谢重光：《客家、福佬源流与族群关系》，北京：人民出版社 2013 年版，第 173—177 页。

　③ 参见司徒尚纪：《广东文化地理》，广东人民出版社 1993 年版，第 185—189 页；李新魁：《广东的方言》，广东人民出版社 1994 年版，第 265、450 页。

　④ 詹伯慧：《广东境内三大方言的相互影响》，《方言》1990 年第 4 期。

　⑤ 林浩：《客家文化新论》，《客家研究辑刊》1997 年第 1 期，第 19 页。

　⑥ 参见李新魁：《广东的方言》，广州：广东人民出版社 1994 年版，第 451—452 页；林伦伦：《广东闽方言的分布及语音特征》，《汕头大学学报》（人文科学版）1992 年第 2 期。

　⑦ 《丰顺县志》，广州：广东人民出版社 1995 年版，第 916—917 页。

因此，以籍贯来理解台湾汉人移民的分类时，仅从漳州府、潮州府或惠州府等府级行政区划，并不能断定其可能的语群属性，还必须进行更加细致的追溯。

二、闽粤移民的分布

关于台湾闽粤移民的分布状况，就目前掌握的文献来看，首度见载于康熙五十年代所编修的台湾县级方志。康熙二十三年（1684年），清政府在台湾设置1府（台湾府）3县（台湾、凤山、诸罗）。康熙五十六年（1717年），首部台湾县级方志《诸罗县志》编成，对于闽、粤移民的分布情况，该志称：

> 诸罗自急水溪以下，距郡治不远，俗颇与台湾同。自下加冬至斗六门，客庄、漳泉人相半，稍失之野；然近县故畏法。斗六以北客庄愈多，杂诸番而各自为俗，风景亦殊邻以下矣。[①]
>
> 凡流寓，客庄最多，漳、泉次之，兴化、福州又次之。[②]
>
> 今流民大半潮之饶平、大埔、程乡、镇平，惠之海丰，皆千百无赖而为，一庄有室家者百不得一。[③]

上述引文中，下加冬在今台南市后壁区，斗六门即今云林县斗六市，二地之间约占所谓"嘉南平原"的三分之二，说明康熙末期台湾中北部"大半"是"客庄"。对于当时客庄的情况，从蓝鼎元《东征集》卷六《纪十八重溪示诸将弁》可略知一二：

> 十八重溪在哆啰嘓之东，去诸罗邑治五十里，乃一溪曲折绕道、跋涉十八重，间有一二支流附入，非十八条溪水横流而过也。其中为

---

① （清）周钟瑄：康熙《诸罗县志》卷八《风俗志》，《台湾文献丛刊》第141种，第136—137页。

② （清）周钟瑄：康熙《诸罗县志》卷八《风俗志》，《台湾文献丛刊》第141种，第145页。

③ （清）周钟瑄：康熙《诸罗县志》卷七《兵防志》，《台湾文献丛刊》第141种，第121页。

大埔庄，土颇宽旷，旁附以溪背、员潭、坎下、北势、枫树冈等小村落。未乱时，人烟差盛，今居民七十九家，计二百五十七人，多潮籍，无土著，或有漳泉人杂其间，犹未及十分之一也。中有女眷者一人，年六十以上者六人，十六以下者无一人。皆丁壮力农，无妻室，无老者幼稚。其田共三十二甲，视内地三百六十余亩。亦据报闻，无核实清丈。本哆罗嘓社番之业，武举李贞镐代番纳社饷、招客民垦之者也。①

《东征集》成书于康熙六十一年（1722 年），上述引文中，"大埔庄"，即今嘉义县大埔乡。这是早期有关客庄的具体而详细的一条纪录。

台湾南部，据康熙五十八年（1719 年）编成、次年刊行的《凤山县志》记载："凤山自县治北抵安平镇等处，俗略与郡治同。由县治南至金荆潭一带，稍近乔野。自淡水溪以南，则番、汉杂居，而客人尤伙。"②"淡水溪"即今高屏溪，说明康熙末期今屏东地区以"客人"居多。

至于台湾府附郭的台湾县（今台南市区一带），康熙五十九年（1720 年）编成的《台湾县志》有如下描述：

台无客庄（客庄，潮人所居之庄也。北路自诸罗山以上、南路自淡水溪而下，类皆潮人聚集以耕，名曰客人，故庄亦称客庄。每庄至数百人，少者亦百余，漳、泉之人不与焉。以其不同类也），比户而居者，非泉人、则漳人也；尽力于南亩之间。③

客人多处于南、北二路之远方；近年以来，赁住四坊内者，不可胜数。房主以多税为利，堡长以多科为利；殊不知一人税屋，来往不

① （清）蓝鼎元：《鹿洲全集》，蒋炳钊、王钿点校，厦门：厦门大学出版社 1995 年版，第 588 页。
② （清）陈文达：康熙《凤山县志》卷七《风土志·汉俗》，《台湾文献丛刊》第 124 种，第 80 页。
③ （清）陈文达：康熙《台湾县志》卷一《舆地志·杂俗》，《台湾文献丛刊》第 103 种，第 57 页。

窗数十人，奸良莫辨。欲除盗源，所宜亟清者也。①

　　当时台湾县辖区划分为四坊十里，东安、西定、宁南、镇北四坊就是当时全台湾最繁华的市区。上述引文说明，康熙末年台湾县虽然没有客庄，但"客人"进入四坊（今台南市区）租屋居住的已经"不可胜数"，成为修志者无法忽略的社会现象。

　　综合三部县志的描述，可以大致勾勒出康熙末年台湾闽粤移民的分布情形：①以台湾府附郭台湾县为中心，北至诸罗县下加冬，南至凤山县金荆潭（今高雄市林园区潭头村），为漳、泉人所居，没有客家聚落，仅台湾县四坊晚近有"客人"前来赁居；②诸罗县下加冬至斗六门之间，凤山县金荆潭至淡水溪之间，"客庄、漳泉人相半"；③斗六门以北，淡水溪以南，为"客人"优势区。②漳泉人与"客人"的分布呈现出中心与边缘的差异。

　　康熙六十一年（1722 年）担任首任巡台御史的黄叔璥，撰有《台海使槎录》，其中亦有关于闽、粤移民的相关记载。其卷三《赤嵌笔谈·物产》载：

　　　　淡水以南，悉为潮州客庄；治埤蓄洩，灌溉耕耨，颇尽力作。③

　　卷五《番俗六考》载：

　　　　罗汉内门、外门田，皆大杰巅社地也。康熙四十二年，台、诸民

---

① （清）陈文达：康熙《台湾县志》卷一《舆地志·杂俗》，《台湾文献丛刊》第 103 种，第 60 页。

② 有学者把斗六门以北、淡水溪以南区域称为"纯客庄"，参见李文良《清代南台湾的移垦与"客家"社会》，台湾大学出版中心 2011 年版，第 132 页。笔者认为，"斗六以北客庄愈多""自淡水溪以南，则番、汉杂居，而客人尤夥"只能说明该区域"客人"占优势，把其认定为"纯客庄"不够精确。

③ （清）黄叔璥：《台海使槎录》卷三《赤嵌笔谈》，《台湾文献丛刊》第 4 种，第 53 页。

人招汀州属县民垦治。自后往来渐众……①

卷四《赤嵌笔谈·朱逆附略》引《理台末议》云：

> 台湾始入版图，为五方杂处之区，而闽粤之人尤多。先时郑逆窃踞海上，开垦十无二三。迨郑逆平后，招徕垦田报赋；终将军施琅之世，严禁粤中惠、潮之民，不许渡台。盖恶惠、潮之地素为海盗渊薮，而积习未忘也。琅殁，渐弛其禁，惠、潮之民乃得越渡。虽在台地者闽人与粤人适均，而闽多散处，粤恒萃居，其势常不敌。②

上引史料，一方面说明汀州客家人在康熙四十二年（1703 年）后大量入台垦殖；另一方面，从"闽人与粤人适均"来看，康熙末年在台湾的闽人与粤人的数量应大体持平。

雍正元年（1723 年），清政府在原诸罗县境内，划虎尾溪以北至大甲溪以南地区增设彰化县，在大甲溪以北地区，增置淡水厅。闽浙总督高其倬具折奏称："台湾府所属四县之中，台湾一县，皆系老本住台之人，原有妻眷，其诸罗、凤山、彰化三县之人，闽粤参半，亦不尽开田耕食之人，贸易者有之，雇工者有之，飘荡寄住全无行业者有之。"③到乾隆时期，原以广东客庄为主的彰化县已转为以福建移民为主，在台粤人的比例呈下降趋势。朱仕玠《小琉球漫志》记载："台地居民，泉、漳二郡十有六七，东粤惠、潮二郡十有二三，兴化、汀州二郡十不满一，他郡无有。"④该书成书于乾隆三十年（1765 年），所记为乾隆二十八年（1763 年）之事。乾隆五十二年（1787 年），郑光策《上福节相论台事书》云："按全台大势，漳、泉之民居十分之六七，广民在三四之间。以南北论，则北淡水、南凤

---

① （清）黄叔璥：《台海使槎录》卷五《番俗六考》，《台湾文献丛刊》第 4 种，第 112 页。罗汉内门、外门一带，即今高雄市所辖内门、旗山一带。
② （清）黄叔璥：《台海使槎录》卷四《赤嵌笔谈》，《台湾文献丛刊》第 4 种，第 92 页。
③ 闽浙总督高其倬奏折，雍正五年（1727）七月初八日，收入台北故宫博物院编辑：《宫中档雍正朝奏折》第八辑，台北：故宫博物院 1978 年版，第 473 页。
④ （清）朱仕玠：《小琉球漫志》卷六《海东剩语（上）》，《台湾文献丛刊》第 3 种，第 52 页。

山多广民，诸、彰二邑多闽户；以内外论，则近海属漳、泉之土著，近山多广东之客庄。"①

自乾隆末年至光绪二十一年（1895 年）割让台湾为止，百年之间，"海口多泉，内山多漳，再入与生番毗连则为粤籍人"②的分布格局渐趋稳定。在此期间，粤籍居民逐渐退出台北盆地而向同属淡水厅管辖的竹堑地方集中，台北盆地的居民因之以福建移民为主。由台湾大学图书馆出版的《淡新档案》，收录一份《同治十三年分淡属各庄人丁户口清册稿》，载明淡水厅所属各庄闽、粤居民的户口数，参见下表 1-1。

表 1-1　同治十三年（1874 年）淡水厅闽、粤庄分布与户口

坐落	闽籍村庄	粤籍村庄	杂居村庄	庄数	户口	
					闽籍	粤籍
竹堑城	东门、西门、南门、北门			4	657 户 2523 人	
东厢	东势、下东店、大陂坪、牛路头、麻园堵、二十张犁、斗仑、六张犁、鹿场、番仔寮、隘口、五块厝、顶下嵌、五股林、石壁潭、山猪湖、猴洞、横山	柴梳山、九芎林、鹿寮坑、十股林	埔仔顶、白沙墩、八张犁	25	514 户 2365 人	137 户 577 人
西厢	隙仔、南势、牛埔、茇仔林、虎仔山、浸水、三块厝、羊寮、香山、洪水港			10	286 户 1018 人	
南厢	巡首埔、溪仔底			2	95 户 309 人	
北厢	水田、湳仔、金门厝、旧社、麻园、顶溪洲、新庄仔、白地粉、溪心坝、嵌顶、凤鼻尾、红毛港、蚝壳港、笨仔港、大溪墘、凤山崎	芝葩里		17	353 户 1394 人	29 户 102 人

① （清）贺长龄等编：《清朝经世文编》卷八四《兵政一五·海防中》，中华书局 1992 年版，第 2071 页。
② （清）林豪：《东瀛纪事》卷上《鹿港防剿始末》，《台湾文献丛刊》第 8 种，第 16 页。作者于同治元年渡台，居台四年，该书成于同治九年。

续表

坐落	闽籍村庄	粤籍村庄	杂居村庄	庄数	户口 闽籍	户口 粤籍
东北厢	新社、豆仔埔、大茅埔、乌树林、婆老粉、杨梅坜	枋寮、新埔、五份埔、六股、石岗仔、盐菜硼、三洽水、大湖口、崩坡、头重溪		16	146户 584人	223户 1046人
西北厢	仑仔、沙仑仔、树林头、苦苓脚、楝榔、油车港、船头、南北汕、下溪洲、鱼寮			10	225户 1014人	
中港保	山寮、后厝、中港街、湖底、海口、上下山脚、嵌项、涂牛口、二十份、隆恩、芦竹南、茄冬	斗换坪、三湾		14	337户 1252人	75户 278人
后垅保	山仔顶、后垅街、海丰、芒花埔、高埔、南势、打哪叭	嘉志阁、猫里、蛤仔市、苳蕉湾、铜锣湾		12	237户 874人	206户 803人
苑里保	北势窝、竹仔林、涂城、榭苓、房里	吞霄、苑里、日北		8	153户 550人	101户 334人
大甲保	大甲、马鸣埔、中和、牛稠坑、月眉、营盘口、大安街、海墘厝、田心仔、蕴寮、水汴头、番仔寮			12	351户 1321人	
桃涧保	中坜、赤嵌、桃仔园、大湳、新兴	龟仑口、安平镇、员树林仔		8	175户 706人	86户 362人
海山保	风柜店、潭底、樟树窟、尖山、大姑嵌、三角涌、横溪、彭厝	柑园		9	272户 1121人	31户 159人
摆接保	枋寮、员仙仔、火烧庄、柏仔林	冷水坑		5	163户 552人	42户 166人
大加蚋保	艋舺、三板桥、林口、锡口街、搭搭攸、奎府聚、大隆同			7	339户 1092人	
拳山保	秀朗社、木栅、万顺寮、枫林	大坪林、头重溪		6	131户 409人	59户 216人

续表

坐落	闽籍村庄	粤籍村庄	杂居村庄	庄数	户口 闽籍	户口 粤籍
石碇保	水返脚、康诰坑、五堵、暖暖、四脚亭、远望坑			6	169 户 534 人	
兴直保	陂角店、中塭、和尚州、武胜湾、三重埔、关渡、八里坌、乌屿寮、长道坑			9	285 户 1019 人	
芝兰保	剑潭、鱼沟、芝兰、大屯社、石门汛、金包里、野柳、鸡笼街、三貂、灿光寮、丹里、狮球岭	毛少翁社、淇里岸、北投、嗄唠别	鸡北屯社、长潭堵	18	412 户 1555 人	140 户 576 人
合计	153	36	5	194	5300 户 20192 人	1129 户 4619 人

资料来源:《淡新档案》(三),台北:台湾大学图书馆 1995 年版,第 328—350 页。

由上表 1-1 可知,同治十三年(1874 年),淡水厅共辖 194 庄,其中闽籍村庄分布各厢保境内,共 153 庄,占总庄数的 78.87%;粤籍村庄分布于东厢、北厢、东北厢、中港保、后垅保、苑里保、桃涧保、海山保、摆接保、拳山保和芝兰保,共 36 庄,占总庄数的 18.56%;闽籍和粤籍杂居共处的村庄只有东厢的埔仔顶、白沙墩、八张犁和芝兰保的鸡北屯社、长潭堵,共 5 庄,仅占总庄数的 2.58%。淡水厅各厢保共 6429 户、24811 人,其中闽籍 5300 户,占总户数的 82.44%,粤籍 1129 户,占总户数的 17.56%;闽籍 20192 人,占总人数的 81.38%,粤籍 4619 人,占总人数的 18.62%。不过,这次户口编造由总理、董事、街庄正、垦户等办理,只编牌而不编甲与保;且编查时,"官仅奉行故事,并不认真办理",因此多有遗漏。[1] 如桃涧保中坜庄,只记载"闽籍 44 户,男 63 丁,女 54 口,幼孩 32 口,幼女 27 口",却没有粤籍户口数。[2] 这是我们在解读这份人丁户口

---

[1] 参见戴炎辉:《清代台湾之乡治》,台北:联经出版事业公司 1979 年版,第 85 页。

[2] 根据 1926 年台湾在籍汉民族乡贯别调查,中坜庄合计 20800 人,其中祖籍福建者 5600 人(其中漳州府籍 5500 人,泉州府同安县籍 100 人),占 26.92%;祖籍广东者 10400 人,占 50%;其他省籍者 4800 人,占 23.08%。台湾总督官房调查课编:《台湾在籍汉民族乡贯别调查》,台北:台湾时报发行所 1928 年版,第 12—13 页。

清册时，不能不注意的。

嘉庆十五年（1810 年）正式开疆的噶玛兰地区则成为漳州移民的生活空间。据《噶玛兰厅志》记载："嘉庆庚午（十五年）四月开疆，编查兰属三籍户口，有漳人四万五千余丁，泉人二百五十余丁，粤人一百四十余丁，开垦田园二千四百四十三甲零。承粮报部外，尚有熟番五社，九百九十余口，归化生番三十三社，四千五百五十余口，另为编审。"① 值得注意的是，宜兰的漳州移民中，有不少属漳州客家。②

至清朝统治末期，台湾各籍移民的比例，据《安平县杂记》载："台无土著。土著者，熟番与生番而已。其民人五方杂处，漳、泉流寓者为多，广东之嘉应、潮州次之，余若福建之兴化府、福州府，全台合计两府之人流寓台地者，不过万人而已。外此，更寥寥无几焉。计台之丁口，在二百万左右，生熟土番不过二十分之一。隶漳、泉籍者，十分之七八，是曰闽籍；隶嘉应、潮州籍者，十分之二，是曰粤籍；其余隶福建各府及外省籍者，百分中仅一分焉。"③

光绪元年（1875 年），在台湾东部设立卑南厅，光绪十四年（1888 年）改设台东直隶州。④ 据《台东州采访册》云："台东本番地，土著皆番人；以居平地，称'平埔番'。客民则闽、粤人，自前山来者居多；北路，则宜兰人居多。"⑤ 根据田代安定 1896 年的调查，花东地区"普通支那人族"（即闽籍汉族）631 户、2426 人，广东人 121 户、498 人，原籍未详 192 户、379 人，汉人合计 944 户、3303 人。⑥

---

① （清）陈淑均：《噶玛兰厅志》卷二下《赋役》，《台湾文献丛刊》第 160 种，第 76 页。
② 参见邱彦贵：《发现客家：宜兰地区客家移民的研究》，台北："行政院客家委员会"，南投："国史馆"台湾文献馆 2006 年版。
③ 不著撰人：《安平县杂记》，《台湾文献丛刊》第 52 种，第 23 页。该书成于光绪二十年（1894 年）之后。
④ （清）胡传：《台东州采访册》，《台湾文献丛刊》第 81 种，第 1 页。
⑤ （清）胡传：《台东州采访册》，《台湾文献丛刊》第 81 种，第 49 页。
⑥ 台湾总督府民政部殖产课编：《台湾省台东殖民地豫察报文》，台北：成文出版社有限公司 1985 年据明治三十三年（1900 年）排印本影印，第 41 页。

第二节 日据时期"福建系""广东系"汉人的比例和分布

一、人口普查与祖籍调查中的福建人（福建系）、广东人（广东系）

1904 年《台湾惯习记事》第四卷第一号刊载一张《台湾民族分布地图》。这应是目前所知最早的台湾汉人分布图。该图绘出了闽族与粤族栖住区域，文中有一段简短说明：

> 卷首所载《台湾民族分布图》，系台湾居民的主要部份。（一）闽族即福建地区之移民；（二）粤族即广东地区之移民。图示其分布区域之概要，至于闽、粤二族混居之地区，则随目前占多数的栖住民族。至于熟蕃，其中虽不无独立部落，但因大多为与汉人聚落混居状态，故姑且省略之。而生蕃分布区域，则凡以空白表示地带均属之。[①]

按其图说，该图是根据 1901 年末的调查所编绘，当时台湾全岛人口共 2842378 人，其中闽族 2280349 人、粤族 388325 人。[②] 依此，1901 年台湾闽粤移民总数为 2668674 人，其中福建移民占 85.4%，广东移民占 14.6%。学者认为："这张 20 世纪第一年调查的地图，应足以呈现 19 世纪晚期，台湾汉族人口分布大势底定后的情况。而且竟与我们所知的，21 世纪初的回溯研究所得结果相去不大，甚至超越我们现今所知的客家与福佬客分布。"[③]

自 1905 年开始，日本殖民当局在台湾共举行了 7 次人口普查（2 次临时户口调查及 5 次"国势"调查）。在这几次人口普查中，对于台湾汉人的"种族别"区分，1905 年、1915 年和 1920 年，分类名称为福建

---

① 台湾惯习研究会原著、台湾省文献委员会编译：《台湾惯习记事》中译本第四卷上，南投：台湾省文献委员会 1989 年版，第 41 页。

② 台湾惯习研究会原著、台湾省文献委员会编译：《台湾惯习记事》中译本第四卷上，南投：台湾省文献委员会 1989 年版，第 41 页。

③ 萧新煌等：《台湾全志》卷三《住民志·族群篇》，南投："国史馆"台湾文献馆 2011 年版，第 308 页。

人、广东人、其他；1925 年和 1935 年，分类名称为福建系、广东系、其他（或其他汉人系）；1930 年，分类名称为福建、广东、其他汉人。[①] 从表 1-2 中可以看出，从 1905—1940 年的 35 年间，福建人的比例略有下降，由 86.24% 下降到 84.32%，广东人的比例则由 13.74% 小幅上升到 15.68%。

表 1-2 1905—1940 年间台湾汉人"种族别"人口与比例

年份\数量	福建人		广东人		其他		总计
	人口数	比例 (%)	人口数	比例 (%)	人口数	比例 (%)	
1905	2492784	86.24	397195	13.74	506	0.02	2890485
1915	2753212	85.19	478557	14.81	158	0.005	3231927
1920	2851353	84.58	519770	15.42	235	0.007	3371358
1925	3100821	84.40	572853	15.59	210	0.006	3673884
1930	3469837	84.24	648700	15.75	235	0.006	4118772
1935	3939966	84.27	735334	15.73	265	0.006	4675565
1940	4465384	84.32	830361	15.68	276	0.005	5296021

资料来源：台湾总督府：《明治三十八年临时台湾户口调查记述报文》，1908 年（明治四十一年）刊行，"附录"第 4 页；《大正四年第二次临时台湾户口调查记述报文》，1918 年（大正七年）刊行，第 16—17 页；《第一回台湾"国势"调查记述报文》，1924 年（大正十三年）发行，第 8 页；1925 年和 1935 年的人口数，引自陈正祥等著《台湾的人口》，台北：南天书局有限公司 1997 年版，第 33 页；1930 年和 1940 年的人口数，引自同上第 170 页。

值得注意的是，日本殖民当局在人口普查时，对于台湾汉人"种族"的定义，"闽族即福建住民""粤族即广东住民……一名谓之客人或客家族者……多属惠潮二州之民"，[②] 把广东人等同于客家人。临时台湾户口调查部编的《户口调查用语》有一段问答：

问：原属广东种族，和福建种族通婚年久，语言风俗习惯也全然

---

① 参见王甫昌：《由"中国省籍"到"台湾族群"：户口普查籍别类属转变之分析》，《台湾社会学》第 9 期，2005 年，第 73 页。

② 台湾总督府：《明治三十八年临时台湾户口调查记述报文》，1908 年（明治四十一年）刊行，第 55 页。

福建化者，此种族该如何登记呢？

答：即使具有广东人的历史，然已无作为广东人的特征而福建化者，则应作为福建人调查。①

意思是说，原籍地在广东，原本应登记为广东种族，但因不懂广东话（客话），只会讲福建话（福佬话），因而被视为福建种族。屏东县潮州庄普宁乐善堂陈氏即是一例，据其族谱记载：

《马关条约》签订，台湾横遭痛割，由是日寇君临于斯土，立采隔离奴役政策，在驱使鞭役如皂隶与夫蒙蔽锢塞的交替运用原则下，凡恒操闽南语者，统称为"福建人"，而长（常）用客家语者，概称为"广东人"，初不问"福建""广东"两省的语言究有何差别，于是处此皂白不分、泾渭不明的颠顶"倭奴政策"下，我等常用闽南语而籍隶于粤东者，竟摇身一变而不自觉地承认为"福建人"，事之可扼腕兼喟叹的，孰有甚于这个嘛？是以每一思及，长为之发指！②

普宁，今隶属于广东省揭阳市，明清时期属潮州府管辖，其境内除西北部与揭西县交界的石牌镇等地有小部分为客闽双方言区外，其余各镇均为闽南话潮汕方言区。③乐善堂陈氏的经历并非特例。据《台湾日日新报》1905 年 9 月 29 日报道："在（台湾）中部那边，有广东人族，言语、风俗、生活状态，已全然福建人化，这些人则编入福建人。"④台南县管下甚

① 转引自施添福：《从"客家"到客家（三）：台湾的客家称谓与家人认同（上篇）》，《全球客家研究》第 3 期，2014 年 11 月，第 46 页。
② 陈朝海编：《普宁乐善堂陈家族谱》，出版地、出版者不详，1972 年版，第 2 页，转引自陈丽华《谈泛台湾客家认同——1860—1980 年代台湾"客家"族群的塑造》，《台大历史学报》第 48 期，2011 年 12 月，第 16 页。
③ 林伦伦：《广东闽方言的分布及语音特征》，《汕头大学学报》（人文科学版）1992 年第 2 期。
④ 转引自施添福：《从"客家"到客家（三）：台湾的客家称谓与家人认同（上篇）》，《全球客家研究》第 3 期，2014 年 11 月，第 47 页。

至有一个村庄，由大部分广东省人，变成全部是福建人的极端反转事例。①

关于闽、粤籍汉人在台湾的地理分布情况，根据 1926 年台湾在籍汉民族乡贯别调查，台湾汉人的籍贯及比例如下表 1-3。由表 1-3 可以看出，在台湾 5 州 3 厅中，除了新竹州外，其余 4 州 3 厅福建省籍者均处于优势地位；广东省籍者仅在新竹州占有较大优势，占当地汉人数的 60.69%，其他 7 个州厅，除了花莲港厅 42.11%、台东厅 24.49% 外，另外 5 个州厅的比例均在 20% 以下，其中台北州和澎湖厅甚至不到 1%。

表 1-3 1926 年台湾各州及厅在籍汉民族乡贯别人口及比例

乡贯 州及厅	福建省		广东省		其他		合计 （百人）
	人口数 （百人）	比例 （%）	人口数 （百人）	比例 （%）	人口数 （百人）	比例 （%）	
台北州	7161	98.64	43	0.59	56	0.77	7260
新竹州	2171	37.30	3533	60.69	117	2.01	5821
台中州	7362	86.23	1077	12.61	99	1.16	8538
台南州	9793	96.92	205	2.03	106	1.05	10104
高雄州	3871	79.05	920	18.79	106	2.16	4897
台东厅	37	75.51	12	24.49	—	—	49
花莲港厅	99	57.89	72	42.11	—	—	171
澎湖厅	670	99.11	1	0.14	5	0.74	676
全 岛	31164	83.07	5863	15.63	489	1.30	37516

资料来源：台湾总督官房调查课编：《台湾在籍汉民族乡贯别调查》，台北：台湾时报发行所，1928 年版，第 4—5 页。

在 5 州 3 厅的次一级地理单位，即 59 市、郡及支厅，闽、粤省籍的比例仍有相当差异。

台北州（包括今台北市、新北市、基隆市、宜兰县）：福建省籍汉人占 98.64%，广东省籍汉人仅占 0.59%。下辖 11 市郡，福建省籍者均占绝对优势，除了苏澳郡（87.13%）外，其他 10 个市郡福建省籍者均在 95% 以上。广东省籍者在 500 人以上的市郡只有台北市（1300 人）、罗东郡

---

① 参见施添福：《从"客家"到客家（三）：台湾的客家称谓与家人认同（上篇）》，《全球客家研究》第 3 期，2014 年 11 月，第 47 页。

（800 人）、海山郡（700 人）和苏澳郡（500 人）；除了文山郡没有广东省籍汉人外，其余 6 个市郡均有 100—300 个广东省籍汉人。

新竹州（包括今桃园市、新竹市、新竹县、苗栗县）：福建省籍汉人占 37.30%，广东省籍汉人占 60.69%，是广东省籍者的大本营。在 8 个郡中，有 6 个郡广东省籍者占优势：竹东郡 98.29%、大湖郡 98.12%、中坜郡 80.51%、苗栗郡 78.23%、新竹郡 54.14%、竹南郡 50.89%；桃园郡和大溪郡则是福建省籍者占优势，分别占 94.81% 和 57.57%，参见下表 1-4。

台中州（包含今台中市、彰化县、南投县）：福建省籍汉人占 86.23%，广东省籍汉人占 12.61%。在 12 个市郡中，只有东势郡广东省籍者占 94.31%、福建省籍者仅占 3.89%，其余 11 个市郡均为福建省籍者优势区。在福建省籍者占优势的 11 个市郡中，能高郡福建省籍者占 42.16%、广东省籍者占 39.02%，丰原郡福建省籍者占 69.53%、广东省籍者占 30.18%，员林郡福建省籍者占 85.54%、广东省籍者占 14.46%，大屯郡福建省籍者占 89.75%、广东省籍者占 9.5%，其余 7 个市郡福建省籍者均在 92% 以上，广东省籍者则在 8% 以下。

台南州（包含今台南市、嘉义市、嘉义县、云林县）：福建省籍汉人占 96.92%，广东省籍汉人仅占 2.03%。在 11 个市郡中，福建省籍汉人均占绝对优势。广东省籍汉人 1000 人以上的市郡有 4 个：嘉义郡 14300 人，占该郡汉人数的 9.07%；斗六郡 3400 人，占该郡汉人数的 4.26%；新营郡 1500 人，占该郡汉人数的 1.77%；台南市 1000 人，占该市汉人数的 1.44%；另外，虎尾郡 200 人，新化郡 100 人。其余 5 个郡（新丰郡、曾文郡、北门郡、北港郡、东石郡）都没有广东省籍汉人统计数。

高雄州（今高雄市、屏东县）：福建省籍汉人占 79.05%，广东省籍汉人占 18.79%。在 8 个市郡中，除了潮州郡外，其余 7 个市郡均属福建省籍汉人优势区，其中有 4 个市郡（高雄市、冈山郡、凤山郡、东港郡）福建省籍汉人超过 90%。潮州郡是唯一的广东省籍汉人优势区，该郡广东省籍汉人占 61.55%，接着依次是旗山郡（39.17%）、屏东郡（27.78%）、恒春郡（22.68%），冈山郡广东省籍汉人比例最小，仅有 0.74%。

台东厅（今台东县）：是少数民族占绝对优势的地区，汉人仅 4900 人，分布在台东和里垅 2 个支厅，其中台东支厅 4100 人，以福建省籍者为主，占 85.37%，广东省籍者占 14.63%；里垅支厅 800 人，75% 为广东省籍，福建省籍者 25%。新港、大武 2 个支厅则未见汉族人口统计数。

花莲港厅（今花莲县）：汉人有 17100 人，分布在花莲、玉里 2 个支厅，其中花莲支厅 13100 人，以福建省籍者为主，占 64.12%，广东省籍者占 35.88%；玉里支厅 4000 人，62.5% 为广东省籍，福建省籍者占 37.5%。研海支厅未见汉族人口统计数。

澎湖厅（今澎湖县）：福建省籍汉人占绝对优势，仅马公支厅有广东省籍者 100 人，占该支厅汉人数的 0.17%；望安支厅福建省籍者占 100%。

表 1-4 1926 年台湾各郡、市及支厅在籍汉民族乡贯别人口及比例

郡、市及支厅	乡贯	福建省		广东省		其他		合计（百人）
		人口数（百人）	比例（%）	人口数（百人）	比例（%）	人口数（百人）	比例（%）	
台北州	台北市	1366	99.06	13	0.94	–	–	1379
	基隆市	421	99.76	1	0.24	–	–	422
	七星郡	878	96.91	2	0.22	26	2.87	906
	淡水郡	442	99.77	1	0.23	–	–	443
	基隆郡	788	99.62	3	0.38	–	–	791
	宜兰郡	845	99.41	2	0.24	3	0.35	850
	罗东郡	499	95.41	8	1.53	16	3.06	523
	苏澳郡	88	87.13	5	4.95	8	7.92	101
	文山郡	525	100	–	–	–	–	525
	海山郡	783	98.74	7	0.88	3	0.38	793
	新庄郡	526	99.81	1	0.19	–	–	527
新竹州	新竹郡	570	44.53	693	54.14	17	1.33	1280
	中坜郡	111	12.88	694	80.51	57	6.61	862
	桃园郡	694	94.81	37	5.05	1	0.14	732
	大溪郡	251	57.57	184	42.20	1	0.23	436
	竹东郡	10	1.71	576	98.29	–	–	586
	竹南郡	339	46.50	371	50.89	19	2.61	729
	苗栗郡	192	19.53	769	78.23	22	2.24	983
	大湖郡	4	1.88	209	98.12	–	–	213

续表

郡、市及支厅	乡贯	福建省		广东省		其他		合计（百人）
		人口数（百人）	比例（%）	人口数（百人）	比例（%）	人口数（百人）	比例（%）	
台中州	台中市	291	95.41	14	4.59	—	—	305
	大屯郡	718	89.75	76	9.5	6	0.75	800
	丰原郡	493	69.53	214	30.18	2	0.28	709
	东势郡	13	3.89	315	94.31	6	1.80	334
	大甲郡	1063	97.08	24	2.19	8	0.73	1095
	彰化郡	1471	98.72	10	0.67	9	0.60	1490
	员林郡	1165	85.54	197	14.46	—	—	1362
	北斗郡	892	92.24	75	7.76	—	—	967
	南投郡	655	97.18	19	2.82	—	—	674
	新高郡	160	86.02	12	6.45	14	7.53	186
	能高郡	121	42.16	112	39.02	54	18.82	287
	竹山郡	320	97.26	9	2.74	—	—	329
台南州	台南市	676	97.27	10	1.44	9	1.29	695
	新丰郡	832	100	—	—	—	—	832
	新化郡	663	93.78	1	0.14	43	6.08	707
	曾文郡	586	98.16	—	—	11	1.84	597
	北门郡	1067	100	—	—	—	—	1067
	新营郡	819	96.69	15	1.77	13	1.53	847
	嘉义郡	1414	89.72	143	9.07	19	1.21	1576
	斗六郡	754	94.49	34	4.26	10	1.25	798
	虎尾郡	965	99.79	2	0.21	—	—	967
	北港郡	797	100	—	—	—	—	797
	东石郡	1220	99.92	—	—	1	0.08	1221
高雄州	高雄市	315	91.30	15	4.35	15	4.35	345
	冈山郡	1074	99.26	8	0.74	—	—	1082
	凤山郡	673	92.70	26	3.58	27	3.72	726
	旗山郡	294	53.07	217	39.17	43	7.76	554
	屏东郡	505	70.14	200	27.78	15	2.08	720
	潮州郡	218	38.45	349	61.55	—	—	567
	东港郡	644	90.83	61	8.60	4	0.56	709
	恒春郡	148	76.29	44	22.68	2	1.03	194

续表

郡、市及支厅	乡贯	福建省		广东省		其他		合计（百人）
		人口数（百人）	比例（%）	人口数（百人）	比例（%）	人口数（百人）	比例（%）	
台东厅	台东支厅	35	85.37	6	14.63	–	–	41
	里垅支厅	2	25	6	75	–	–	8
	新港支厅	–	–	–	–	–	–	–
	大武支厅	–	–	–	–	–	–	–
花莲港厅	花莲支厅	84	64.12	47	35.88	–	–	131
	玉里支厅	15	37.5	25	62.5	–	–	40
	研海支厅	–	–	–	–	–	–	–
澎湖厅	马公支厅	568	98.95	1	0.17	5	0.87	574
	望安支厅	102	100	–	–	–	–	102

资料来源：台湾总督官房调查课编：《台湾在籍汉民族乡贯别调查》，台北：台湾时报发行所1928年版。

若以福建省籍、广东省籍的人口比例排列，在59个郡市支厅中，有33个郡市支厅（占55.93%）的福建省籍者超过90%，有45个郡市支厅（占76.27%）的福建省籍者在50%以上。与此同时，仅有3个郡市支厅的广东省籍者超过90%，广东省籍者人口比例在50%以上的郡市支厅只有10个（占16.95%），人口比例在0.1%—9.9%的郡市支厅却有30个（占50.85%），另有10个郡市支厅没有广东省籍者统计数字，由于1926年的乡贯调查统计是以百人为单位，说明这10个郡市支厅没有广东省籍汉人或是广东省籍汉人不及百人。

表1-5 1926年台湾各郡、市及支厅福建省籍、广东省籍人口比例分布

人口比例	乡贯 福建省		广东省	
	郡市支厅个数	比例（%）	郡市支厅个数	比例（%）
90%以上	33	55.93	3	5.08
80%—89.9%	6	10.17	1	1.69
70%—79.9%	2	3.39	2	3.39
60%—69.9%	2	3.39	2	3.39
50%—59.9%	2	3.39	2	3.39
40%—49.9%	3	5.08	1	1.69
30%—39.9%	2	3.39	4	6.78
20%—29.9%	1	1.69	2	3.39

续表

乡贯　　　人口比例	福建省		广东省	
	郡市支厅个数	比例（%）	郡市支厅个数	比例（%）
10%—19.9%	2	3.39	2	3.39
0.1%—9.9%	3	5.08	30	50.85
0%	3	5.08	10	16.95

资料来源：台湾总督官房调查课编：《台湾在籍汉民族乡贯别调查》，台北：台湾时报发行所 1928 年版。

需要说明的是，祖籍的省份区分不能等同于"语系"的区分，正如小川尚义在为《台湾在籍汉民族乡贯别调查》撰写《汉民族移住的沿革》中提道："本表福建省栏载有汀州府，又广东省栏载有潮州府，虽然政治上之区划如此，若从语系看，前者谓系福建话族，宁可说属于广东话族；又后者谓系广东话族，宁可说是福建话族，这是比较为适当的。"[①] 不仅如此，本章第一节中已论及，在福建省汀州府、漳州府之间，以及广东省嘉应州与潮州府、惠州府的交界山区，均存在双语区，因此，台湾汉人中的福建汀州、漳州客家以及广东汉人移民中的非客家后裔，这是我们不能不注意的。

台湾的福建汀州府籍汉人，根据 1926 年的调查，有 42500 人，占福建省籍汉人的 1.36%，分布在除了台东厅、澎湖厅之外的 5 州 1 厅的 33 个郡市支厅，参见下表 1-6。

表 1-6　1926 年福建汀州祖籍汉人在台湾各郡、市及支厅的分布情况

州及厅	郡、市及支厅	人口数（百人）	街、庄及区人口数（百人）
台北州	台北市	4	
	基隆市	99	
	七星郡	1	松山庄 1
	淡水郡	34	三芝庄 29、石门庄 5
	宜兰郡	1	宜兰街 1
	罗东郡	8	罗东街 6、三星庄 1、冬山庄 1
	海山郡	24	板桥庄 5、中和庄（今中和、永和）12、莺歌庄（今莺歌、树林）1、三峡庄 1、土城庄 5
	新庄郡	3	新庄街（今新庄及泰山）3
	合计	174	

---

① 中文译文参见陈汉光：《日据时期台湾汉族祖籍调查》，《台湾文献》第 23 卷第 1 期，1972 年，第 87 页。

续表

州及厅	郡、市及支厅	人口数（百人）	街、庄及区人口数（百人）
新竹州	新竹郡	7	红毛庄（今新丰）5、新埔庄 1、关西庄 1
	桃园郡	17	芦竹庄 17
	大溪郡	14	大溪街 8、龙潭庄 6
	竹东郡	2	竹东庄 1、横山庄 1
	竹南郡	5	头份庄 4、造桥庄 1
	苗栗郡	10	公馆庄 3、通宵庄 2、四湖庄 5
	合计	55	
台中州	大屯郡	35	雾峰庄 2、太平庄 5、南屯庄 28
	丰原郡	13	神冈庄 4、潭子庄 9
	大甲郡	2	外埔庄 2
	彰化郡	8	彰化街 1、鹿港街 1、花坛庄 5、芬园庄 1
	北斗郡	10	竹塘庄 10
	南投郡	4	中寮庄 4
	能高郡	2	埔里街 2
	竹山郡	9	竹山庄 9
	合计	83	
台南州	台南市	7	
	新化郡	5	南化庄 1、左镇庄 4
	曾文郡	2	下营庄 2
	新营郡	16	白河庄 1、番社庄（今东山）15
	嘉义郡	21	新港庄 3、溪口庄 2、小梅庄（今梅山）3、竹崎庄 7、中埔庄 4、大埔庄 2
	斗六郡	6	古坑庄 4、斗南庄 2
	东石郡	19	义竹庄 19
	合计	76	
高雄州	凤山郡	21	凤山街 5、仁武庄 14、鸟松庄 2
	旗山郡	5	旗山街 5
	屏东郡	10	屏东街 6、六龟庄 4
	合计	36	
花莲港厅	花莲支厅	1	平野区（今花莲市）1

资料来源：台湾总督官房调查课编：《台湾在籍汉民族乡贯别调查》，台北：台湾时报发行所 1928 年版。

分析表 1-6，台北州，祖籍福建汀州者有 17400 人，占台湾汀籍汉人的 40.94%。其中基隆市有 9900 人，占台湾汀籍汉人的 23.29%；其次是淡水郡 3400 人，有 2900 人分布在三芝，500 人在石门，三芝的汀籍居民占当地汉人数的 30.21%，石门则占 7.04%；再次是海山郡，中和庄（含今中和、永和）有 1200 人，占当地汉人数的 8.89%，板桥、土城各 500 人；罗东郡亦有 800 人，其中有 600 人分布在罗东街（今宜兰罗东镇）；台北市，若加上日后合并的松山，亦有 500 人。

新竹州，祖籍汀州者有 5500 人，占台湾汀籍汉人的 12.94%。以桃园的芦竹人数最多，1700 人，占当地汉人数的 12.59%；其次是大溪 800 人、龙潭 600 人，新竹的红毛庄（今新丰）和苗栗的四湖庄（今西湖乡）各 500 人。

台中州，祖籍汀州者有 8300 人，占台湾汀籍汉人的 19.53%。以台中的南屯人数最多，2800 人，占当地汉人数的 31.11%；其次是彰化的竹塘 1000 人，占当地汉人数的 12.82%；台中的潭子和南投的竹山各 900 人，台中的太平和彰化的花坛各 500 人。

台南州，祖籍汀州者有 7600 人，占台湾汀籍汉人的 17.88%。以嘉义的义竹人数最多，1900 人，占当地汉人数的 9.36%；其次是台南的番社庄（今东山区）1500 人，占当地汉人数的 12%；台南市和嘉义的竹崎各有 700 人。

高雄州，祖籍汀州者有 3600 人，占台湾汀籍汉人的 8.47%。以高雄的仁武人数最多，1400 人，占当地汉人数的 17.28%；其次是屏东街（今屏东市）600 人，凤山和旗山各 500 人。

台湾东部地区，仅花莲支厅的平野区（今花莲市）有约 100 名汀州祖籍者，只占台湾汀籍汉人的 0.24%。

二、语言调查

1903 年，台湾总督府进行全岛性语言调查，调查结果 1907 年发表在《日台大辞典》中。根据调查，当时台湾使用漳州语者 120 万人，使用泉州语者 110 万人，使用客家语者 50 万人，使用其他汉语者 4 万人。[①] 依此，使用闽南语者约有 230 万人，占台湾汉人的 80.99%；使用客家话者占 17.61%，使用其他汉语者占 1.41%。不过，该调查是以"万人"为单位，而且未详细列出各种语言使用者在台湾的地理分布情况。《日台大辞典》卷首附有一张彩色《台湾言语分布图》，绘出台湾各种语言使用的分布情况。根据书末所附的《本书编纂始末》可知，这张分布图是由时任台湾总督府编修官的小川尚义（1869—1947 年）所绘制。[②] 不过，诚如学者指出："这张地图对每个地区的语言使用，都采取区域内同质性的假设，也因此每个地区被分类为某一种语言的分布区。这似乎假设一个地区中只使用一种语言。不过，如果将调查结果与后来更详细的地区内语言分布相比较，即可知这项区域内语言同质化的假设可能有问题。"[③]

除了上述专门针对语言使用进行的调查外，日本殖民当局在两次临时户口调查中，亦曾对台湾居民的语言使用进行详尽的调查。在这两次调查中，居民的"常用语"及"副用语"列入调查项目，其语言类别分为：内地语（日语）、土语（即台湾本地语言，细分为福建话、广东话、其他汉语、少数民族语四类）、外国语[④]。"以各人家庭所用之语为常用语，其余为副用语。"[⑤] 当时台湾地方人士指出：

① 小川尚义：《日台大辞典》，台湾总督府民政部总务局学务课 1907 年版，"绪言"第 1 页；陈汉光：《日据时期台湾汉族祖籍调查》，《台湾文献》第 23 卷第 1 期，1972 年，第 85 页。

② 这张地图如何绘制，作者没有说明，有学者曾推测可能是以 1905 年台湾总督府临时户口调查的常用语言为依据绘制，参见洪惟仁：《高屏地区的语言分布》，台北"中央研究院"语言研究所 *Language and Linguistics* 第 7 卷第 2 期，2006 年，第 366—367 页；也有学者推断应是参照 1901 年的"关于本岛发达之沿革调查"，参见许世融：《语言学与族群史的对话——以台湾西海岸为例》，《台湾语文研究》第 6 卷第 2 期，2011 年。洪惟仁后来亦认同许氏说法，提出"小川尚义的地图实际上等于是祖籍分布图"，参见洪氏《台湾西海岸的语言分布与闽客互动》，《台湾语文研究》第 6 卷第 2 期，2011 年。

③ 萧新煌等：《台湾全志》卷三《住民志·族群篇》，南投："国史馆"台湾文献馆 2011 年版，第 222—223 页。

④ 外国语包括清语（即汉语）、英语、独语（即德语）、韩语、兰语（即荷兰语）、西语（即西班牙语）、ジヤワ语、诺语（即挪威语）、佛语（即法语）、马来语、露语（即俄语）、吕宋语、葡语等 13 种，参见《明治三十八年临时台湾户口调查集计原表·全岛之部》，第 1208 页。

⑤ 《明治三十八年临时台湾户口调查记述报文》，台北：台湾总督府官房统计课 1908 年，第 160 页。

又在广东话，即本岛所谓客话，是亦广东省一隅之语，非纯然广东话也。而概记其为广东话，似不无遗憾云。然据当道所云，自来言语与种族，实有密接之关系。在汉人系统之本岛人，为之大区别，盖由福建与东广（广东）移来者，其子孙众多，故其言语，亦就其种族，而为大派别，不为小条分。①

从表 1-7 可以看出，1905 年，占"本岛人"83.84% 的福建人，其"常用语"高达 98.75% 是使用福建话，仅有 1.20% 使用广东话（即客语）、0.03% 使用少数民族语。而其他人数较少的族群，都有相当比例的"常用语"是福建话，比例最高的是"熟蕃"，高达 82.20%；其次是其他汉人，达 77.08%；广东人也有 15.69%。

表 1-7　1905 年台湾本岛人"常用语"使用情况

常用语 种族别	福建话		广东话		其他汉语		少数民族语		日语		总人数
	人数	%	人数	%	人数	%	人数	%	人数	%	
福建人	2458301	98.75	29824	1.20	184	0.00	752	0.03	391	0.02	2489452
广东人	62212	15.69	333961	84.20	1	0.00	394	0.10	39	0.01	396607
其他汉人	390	77.08	34	6.72	43	8.50	39	7.71	—	—	506
"熟蕃"	38092	82.20	695	1.50	31	0.07	7511	16.21	14	0.03	46343
"生蕃"	1651	4.55	58	0.16	5	0.01	34543	95.21	23	0.06	36280
总人数	2560646	86.24	364572	12.28	264	0.00	43239	1.46	467	0.02	2969188

资料来源：《明治三十八年临时台湾户口调查集计原表·全岛之部》，台北：临时台湾户口调查部 1907 年，第 1208—1209 页。

说明：（1）本表中常用语为"其他汉语"的人数，包括被列入所谓"外国语"中的"清语"105 人（其中福建人 73 人、其他汉人 1 人、"熟蕃"31 人）。《明治三十八年临时台湾户口调查记述报文》云："原来福建话、广东话及其（他）汉语之三语俱系支那语之一种，其实质固非与本调查所谓清语有别。"（台湾总督府临时台湾户口调查部 1908 年，第 158 页）但不知为何却把"其他汉语"与"清语"分开统计。本表把两者合并，重新统计。

（2）本表中常用语为"日语"的人数，包含德语 1 人（福建人）。

（3）本表未把常用语"未详"的 23 人列入统计。所谓"未详"，《明治三十八

① 《"国势"调查辩疑》，《台湾日日新报》，1905 年 7 月 12 日第 2 版。

年临时台湾户口调查记述报文》云:"凡幼儿,原由母习得言语为常矣。是以于本调查虽未达发声时期认为能操言语者,即以其母之常用语为其子之常用语;如遇不悉其母或母为聋哑者,则以幼儿之言语不详而调查之。"(第156页)

如果加上表1-8使用"副用语"的比例,福建人使用福建话的比例更是高达99.16%,使用广东话的比例略增至1.57%;但是广东人能够使用福建话的比例则增至27.68%,其他汉人能够使用福建话的比例增至80.83%,"熟蕃"能够使用福建话的比例则高达91.86%,"生蕃"能够使用福建话的比例亦有5.51%。

表 1-8 1905 年台湾本岛人"副用语"使用情况

副用语 种族别	福建话		广东话		其他汉语		少数民族语		总人数
	人数	%	人数	%	人数	%	人数	%	
福建人	10295	0.41	9277	0.37	535	0.02	1874	0.08	21981
广东人	47568	11.99	20884	5.27	16	0.00	529	0.13	68997
其他汉人	19	3.75	11	2.17	75	14.82	47	9.29	152
"熟蕃"	4477	9.66	474	1.02	247	0.53	1660	3.58	6858
"生蕃"	350	0.96	14	0.04	2	0.00	500	1.38	866
总人数	62709	2.11	30660	1.03	875	0.03	4610	0.16	98854

资料来源:《明治三十八年临时台湾户口调查集计原表·全岛之部》,台北:临时台湾户口调查部1907年,第1208—1209页。

说明:(1)本表中的比例,是以"副用语使用人数"除以表1-7中"常用语使用总人数"。

(2)本表中副用语使用"其他汉语"的人数,包括被列入所谓"外国语"中的"清语"499人(其中福建人430人、广东人11人、其他汉人29人、"熟蕃"29人)。

(3)本表未把副用语为日语的10321人、英语80人、荷兰语3人、俄语1人、吕宋语1人列入统计。

如前所述,根据1926年的祖籍调查,有42500名台湾汉人的祖先来自讲客家话的汀州府,占福建省籍汉人的1.36%。这个比例和1905年调查的福建人"常用语"使用广东话的比例1.20%较为接近。如果加上福建人"副用语"为广东话的比例(0.37%),成为1.57%,说明当时不仅来自汀州府的移民后裔尚能讲客语,而且部分来自漳州府南靖、平和、诏安等县西部客家地区的移民后裔亦能讲客语。

　　至于广东人能够使用福建话的比例达 27.68%，由于 1905 年的调查只到祖籍省份，因此，我们无法判断会使用福建话的广东省人，有多少是来自原乡就讲闽南话的潮惠沿海 9 县，有多少则是来自讲客语的原乡但到台湾后在语言上被"福佬化"了。根据 1926 年的祖籍调查，祖籍广东省者 586300 人，其中来自潮州府者 134800 人，占 22.99%；来自嘉应州者 296900 人，占 50.64%；来自惠州府者 154600 人，占 26.37%。如前所述，嘉应州及所属 4 县均属客方言区；潮、惠两府共 19 个州县，其中沿海 9 县为闽南方言区，其余 10 州县为客方言区。1905 年调查时能够使用福建话的广东人，其祖先应以来自潮惠沿海 9 县闽南方言区居多，原先讲客语的人在到台湾后语言使用上被"福佬化"的情况尚不是主流。

　　值得注意的是，"熟蕃"（已经汉化的平地少数民族）在日常用语中使用福建话（闽南语）的比例，远远高于使用广东话（客语）的比例。1905年，"熟蕃"能够使用福建话的比例高达 91.86%，而能够使用广东话的仅2.52%。这说明绝大多数平地少数民族汉化的方向是成为福佬人（闽南人）。

　　根据 1912 第二次临时台湾户口调查的结果，1915 年台湾本岛人"常用语"和"副用语"的使用情况如表 1-9 和表 1-10。

表 1-9　1915 年台湾本岛人"常用语"使用情况

常用语种族别	福建话		广东话		其他汉语		少数民族语		日语、英语		总人数
	人数	%	人数	%	人数	%	人数	%	人数	%	
福建人	2744566	99.69	6806	0.25	74	0.00	657	0.02	1108	0.04	2753211
广东人	70543	14.74	407542	85.16	—	—	272	0.06	200	0.04	478557
其他汉人	109	68.99	14	8.86	12	7.59	23	14.56	—	—	158
"熟蕃"	41281	86.59	766	1.61	—	—	5612	11.77	17	0.04	47676
"生蕃"	977	2.12	142	0.31	4	0.00	45008	97.52	21	0.05	46152
总人数	2857476	85.92	415270	12.49	90	0.00	51572	1.55	1346	0.04	3325754

　　资料来源：《大正四年第二次临时台湾户口调查集计原表·全岛之部》，台北：台湾总督官房临时户口调查部 1917 年版，第 1158—1159 页。

　　说明：（1）本表中常用语为"日语、英语"的人数，其中日语 1344 人，英语仅 2 人（福建人）。

（2）本表未把常用语"不详"1人列入统计。

表 1-10 1915 年台湾本岛人"副用语"使用情况

常用语 种族别	福建话		广东话		其他汉语		少数民族语		日语、英语		总人数
	人数	%	人数	%	人数	%	人数	%	人数	%	
福建人	5406	0.20	11792	0.43	500	0.02	1578	0.06	41677	1.51	60953
广东人	70360	14.70	24225	5.06	7	0.00	538	0.11	6916	1.45	102046
其他汉人	17	10.76	9	5.70	17	10.76	18	11.39	11	6.96	72
"熟蕃"	3722	7.81	430	0.90	—	—	1924	4.04	422	0.89	6498
"生蕃"	385	0.83	5	0.01	2	0.00	959	2.05	853	1.85	2204
总人数	79890	2.40	36461	1.10	526	0.02	5017	0.15	49879	1.50	171773

资料来源：《大正四年第二次临时台湾户口调查集计原表·全岛之部》，台北：台湾总督官房临时户口调查部 1917 年版，第 1158—1159 页。

说明：（1）本表中的比例，是以"副用语使用人数"除以表 1-9 中"常用语使用总人数"。

（2）本表中副用语为"日语、英语"的人数，其中日语 49836 人，英语仅 42 人（福建人 39 人、广东人 3 人），另外德语 1 人（福建人）。

若把表1-9、表1-10和表1-7、表1-8进行比较，值得注意的是，从1905年到1915年的十年间，福建人使用福建话的比例有上升之势，常用语使用福建话的比例由98.75%上升到99.69%，若加上副用语使用福建话的比例（0.20%），则高达99.89%的福建人能够使用福建话。与此同时，福建人使用广东话（即客语）为常用语的比例，由1.20%下降为0.25%，即使加上副用语为广东话的比例（0.43%），能够使用广东话的福建人由1.57%下降为0.68%，仅是1926年来自汀州府的汉人在福建省籍汉人中的比例（1.36%）的一半。说明当时汀州客与漳州客的客家方言已经开始流失，开始被"福佬化"。

另一方面，"熟蕃"使用福建话的比例亦有所上升，常用语使用福建话的比例由82.20%上升到86.59%，若加上副用语使用福建话的比例（7.81%），则高达94.40%的"熟蕃"能够使用福建话。与此同时，"熟蕃"使用少数民族语为常用语的比例，由16.21%下降为11.77%，即使加上副用语为蕃语的比例（4.04%），能够使用少数民族语的"熟蕃"由19.79%

下降为 15.81%。同一时间内，能够使用广东话的"熟蕃"的比例则基本维持不变，1905 年是 2.52%，1915 年为 2.51%。

今人对于台湾闽南、客家的"族群"之分，并非都是以"祖籍"来划分，尤其是在许多人已经不知道其大陆祖籍的情况下，通常是以其使用的语言来区分。上述"语言使用"统计资料提示我们，后来在"四大族群"分类概念之下，所谓的台湾"福佬人"和"客家人"可能包括几种不同祖籍、族系来源的人群。所谓福佬人，可能包括：

（1）祖籍福建省、使用闽南方言者，包括祖先在福建原乡使用客语，但是子孙现在只会使用闽南话的汀州、漳州福佬客；

（2）祖籍广东省、使用闽南方言者，包括祖先来自潮惠沿海闽南方言区者，以及祖先使用客语，但是子孙现在只会使用闽南话的福佬客；

（3）完全汉化的平地少数民族、使用闽南话者；

（4）祖籍大陆其他省、使用闽南话者。

所谓客家人，也可能包括少量使用客语的祖籍大陆其他省的汉人及汉化的平地少数民族。

第三节　1945 年以后台湾闽客族群的比例与分布

一、台湾光复初期"祖籍福建""祖籍广东"汉人的比例与分布

1945 年台湾光复后，1956 年进行首次户口普查。该次户口普查中，特别针对台湾省籍者进行汉人祖籍及山地少数民族族系调查："本普查对于台省籍人口兼查其祖籍，山地同胞兼查其族系，以观察远期之人口迁移，对于外省籍人口，兼查其来台年份，用以观察近期之人口移入情形。"[1] 调查台湾省籍者大陆祖籍的用意是："光复前迁台者并调查其祖籍，乃因其家族居台已久，有根本淡忘其来自何处者，有仅知其来自福建或广东而不

---

[1] 《"中华民国"户口普查报告书》第一卷《台闽地区户口普查记述及统计提要》，台湾省户口普查处 1959 年编印，第 169 页。

知州县者，故查记之以加强其乡土与祖国的观念。"[①]

　　值得一提的是，对于部分已经不知道自己大陆祖籍省份的居民，在普查中，"由普查员就其语系判别之"。[②] 也就是说，普查员在必要时可以用受访者家庭使用语言来断定其"祖籍"。对照前述 1905 年及 1915 年台湾殖民当局对台湾人常用语的统计资料，这样的普查方式有可能将不知祖籍、不会说客语或平地少数民族语的广东籍汉人及平地少数民族，记录为"祖籍福建"，尤其是 1956 年的人口普查取消了"平埔族"类属，更增加了这种可能性。这是我们在解读这些统计数字时，不能不注意的。

　　根据户口普查结果，1956 年台湾省人口共计 9308199 人（不包括外国籍 3113 人），其中本省籍者 8379920 人，占 90.03%；外省籍者 928279 人（不包括住在军营内的现役军人），占 9.97%。在本省籍人口中，祖籍福建省者 6913631 人，占台湾省人口的 74.27%；祖籍广东省者 1227745 人，占台湾省人口的 13.19%；祖籍其他省者 16770 人，占台湾省人口的 0.18%；少数民族 221774 人，占台湾省人口的 2.38%。[③] 参见表 1-11。

表 1-11　1956 年和 1966 年台湾省人口按省籍、祖籍及族系分

省籍 ＼ 年份			1956	1966
台湾省籍	祖籍福建	人数	6913631	9497271
		%	74.27	71.19
	祖籍广东	人数	1227745	1614132
		%	13.19	12.10
	其他省	人数	16770	12381
		%	0.18	0.09
	少数民族	人数	221774	253846
		%	2.38	1.90
	合计	人数	8379920	11390512
		%	90.03	85.38

[①] 户口普查指导委员刘南溟语，转引自王甫昌：《由"中国省籍"到"台湾族群"：户口普查籍别类属转变之分析》，《台湾社会学》第 9 期，2005 年 6 月，第 79 页。
[②] "行政院"户口普查处：《户口普查人员手册》，台湾省户口普查处 1956 年印，第 73 页。
[③] 《"中华民国"户口普查报告书》第一卷《台闽地区户口普查记述及统计提要》，第 53—54 页；第二卷第一册《台湾省户口总表及人口籍别》，第 321—323 页。台湾省户口普查处 1959 年编印。

续表

年份 省籍			1956	1966
外省籍		人数	928279	1949786
		%	9.97	14.62
总计			9308199	13340298

资料来源:《"中华民国"户口普查报告书》第一卷《台闽地区户口普查记述及统计提要》,第53—54页;第二卷第一册《台湾省户口总表及人口籍别》,第321—323页。台湾省户口普查处1959年编印。

《"中华民国五十五年"台闽地区户口及住宅普查报告书》第一卷《台闽地区户口及住宅普查总说明及统计提要》,第55—56页;第二卷第一册《台湾省户口总表及人口之籍别、年龄、迁移》,第529页。台湾省户口普查处1969年编印。

说明:1966年台湾省籍人数中,包括12882祖籍或族系不详者。

1966年的人口普查,台湾省籍汉人的祖籍仍然列为调查项目。人口普查的结果,台湾省常住人口共计13340298人(不包括外国籍7798人),其中本省籍者11390512人,占85.38%;外省市籍者计1949786人,占14.62%。在本省籍人口中,祖籍福建省者9497271人,占台湾省人口的71.19%;祖籍广东省者1614132人,占台湾省人口的12.10%;祖籍其他省者12381人,占台湾省人口的0.09%;少数民族253846人,占台湾省人口的1.90%。[①]

根据1956年和1966年的户口普查结果,台湾本省籍汉人的祖籍分布与比例如表1-12。若把表1-12与前述表1-2《1905—1940年间台湾汉人的祖籍分布与比例》进行比较,由日据时期的1905年到1966年的60年间,台湾省籍汉人之间的祖籍群体,人口相对比例变化不大,祖籍福建者一直在84.24%—86.24%之间,祖籍广东者则在13.74%—15.75%之间。

[①] 《"中华民国五十五"年台闽地区户口及住宅普查报告书》第一卷《台闽地区户口及住宅普查总说明及统计提要》,第55—56页;第二卷第一册《台湾省户口总表及人口之籍别、年龄、迁移》,第529页。台湾省户口普查处1969年编印。

表 1-12 1956 年和 1966 年台湾本省籍汉人的祖籍分布与比例

年份\祖籍	福建省		广东省		其他省		总计
	人数	比例（%）	人数	比例（%）	人数	比例（%）	
1956	6913631	84.75	1227745	15.05	16770	0.2	8158146
1966	9497271	85.38	1614132	14.51	12381	0.11	11123784

资料来源：《"中华民国"户口普查报告书》第一卷《台闽地区户口普查记述及统计提要》，第 53—54 页；第二卷第一册《台湾省户口总表及人口籍别》，第 321—323 页。台湾省户口普查处 1959 年编印。

《"中华民国五十五年"台闽地区户口及住宅普查报告书》第一卷《台闽地区户口及住宅普查总说明及统计提要》，第 55—56 页；第二卷第一册《台湾省户口总表及人口之籍别、年龄、迁移》，第 529 页。台湾省户口普查处 1969 年编印。

关于台湾省籍汉人的地理分布，李栋明将 1956 年户口普查资料与 1926 年的乡贯调查资料进行比较，认为"闽粤两省系居民之分布情形仍然很稳定，基本上与卅年前并无很大变迁"，只是在一些两省系居民接壤地区，出现比较明显的人数消长的变化："闽粤两省系居民接壤之乡镇……台中县的丰原镇、彰化县的埔心乡、屏东县的高树乡、满州乡、台东县的鹿野乡、花莲县的吉安乡及光复乡等七地，由广东人占优势转为福建人占优势；相反的，高雄县的六龟乡及花莲县的瑞穗乡则由福建人占优势转为广东人占优势。"[1] 从日据时期到 20 世纪 50 年代，台湾社会的经济结构仍然以农业为主，人口的区域流动尚不频繁，因而台湾省籍汉人祖籍人群的地理分布差异不大，只有小范围的变化。

二、20 世纪 80 年代以后台湾闽南人、客家人的分布

1966 年以后的户口普查，台湾本省籍者的祖籍未再列入调查项目，因而无法从官方的统计资料中得到福佬人和客家人的人口数字及比例。1984—1985 年，台湾社会科学界进行了第一次台湾地区社会变迁基本调查，通过对 4000 余名 20 岁至 70 岁的抽样调查，发现："本省闽南人"约占 75.7%，"本省客家人"约占 10.2%，"外省人"约占 12.1%，"山地

---

[1] 李栋明：《台湾早期的人口成长与汉人移民之研究》，《台北文献》直字第 13、14 期合刊，1970 年，第 157 页。

人”约占 2.0%。[①] 后来有学者将 1990—1992 年间进行的 3 次“台湾地区社会变迁基本调查”（每次两种问卷）及 7 次“台湾地区社会意向调查”共 23592 个样本合并起来加权后，推估出当时的总人口中，“本省闽南”占 75.8%，“本省客家”占 10.9%，“大陆各省市”占 12.4%，少数民族占 0.9%。[②] 根据台湾“中央研究院”民族学研究所“台湾地区社会变迁基本调查”资料，台湾客家村的分布。

2004 年，“台湾客家委员会”为了解客家族群人口数以及在各县市的分布情况，委托执行“‘全国’客家人口基础资料调查研究”。该研究针对台澎金马地区 368 个乡镇市区各抽约 100 个样本，总共有 37693 个样本，采用“自我族群认定”（包括“单一认定”与“多重认定”）、血缘认定及语言认定的方式，以推估民众的族群构成，调查结果如表 1-13。

表 1-13 台澎金马地区客家人口调查的族群人口比例

单位：%

年份	自我认定	台湾客家人	大陆客家人	福佬人	大陆各省市人	少数民族	台湾人	其他	不知道/拒答	总计
2004	单一认定	12.6	0.8	73.3	8.0	1.9	–	0.9	2.4	100
	多重认定	19.5	2.9	78.6	13.1	5.3	–	1.2	2.5	123.1
2008	单一认定	13.5	0.4	69.2	8.9	1.9	4.0	0.6	1.5	100
	多重认定	18.6	1.2	76.2	14.5	4.7	5.6	1.3	1.2	123.3
2010	单一认定	13.6	0.5	67.5	7.1	1.8	7.5	0.5	1.4	100
	多重认定	18.5	2.1	75.3	11.5	3.6	13.8	1.1	0.6	126.5
2014	单一认定	13.5	0.7	66.4	7.0	1.8	8.3	0.9	1.4	100
	多重认定	19.3	2.1	74.9	11.9	4.3	20.9	1.1	1.1	135.6
2016	单一认定	15.6	0.6	68.9	5.5	2.7	5.3	0.4*	1.0	100
	多重认定	19.6	1.7	74.3	8.9	4.5	15.6	0.7*	0.6	125.9

资料来源：《“全国”客家人口基础资料调查研究》附录 A-23、A-44，台北：“行政院客家委员会”编印，2004 年；

---

① 参见萧新煌等：《台湾全志》卷三《住民志·族群篇》，南投：“国史馆”台湾文献馆 2011 年版，第 244 页。

② 洪永泰、李俊仁、孙瑞霞：《历次社会变迁与社会意向调查的籍贯与教育程度分析》，载伊庆春主编：《台湾民众的社会意向：社会科学的分析》，台北：“中央研究院”中山人文社会科学研究所 1994 年版，第 336 页。

《2008 年"全国"客家人口基础资料调查研究》附录一 29、附录一 45，台北："行政院客家委员会"编印，2008 年；

《2010—2011 年"全国"客家人口基础资料调查研究》附录 A-81、A-101，台北："行政院"客家委员会编印，2011 年；

《2014 年台闽地区客家人口推估及客家认同委托研究成果》附录一 5、附录一 7，台北："行政院客家委员会"，2014 年；

《2016 年"全国"客家人口暨语言基础资料调查研究》附录一 85、附录一 86、附录一 88、附录一 89，台北："行政院客家委员会"，2017 年。

说明：*2016 年调查，单一认定为"其他"者占 0.4%，其中包括"海外 / 华侨客家人"0.1%、"外国人"0.3%；多重认定为"其他"者占 0.7%，其中包括"海外 / 华侨客家人"0.1%、"外国人"0.6%。

根据 2004 年的调查，如果只能有单一的身份认同，自我认定为福佬人者占 73.3%、认定为客家人者占 13.5%（其中台湾客家人约 12.6%、大陆客家人约 0.8%）；若容许多重认定，自我认定为福佬人的比例上升至 78.6%，认定为客家人的比例上升至 22.4%（其中台湾客家人 19.5%、大陆客家人 2.9%）。[①]

此后，在 2008 年、2010 年、2014 年和 2016 年，相继开展了类似调查。其中，2008 年调查，总调查样本数大幅提升到 51803 份，依各乡镇市区人口占台澎金马人口总数的比例高低配置样本数，再进行必要的增补，人口数最多的乡镇市区样本高达 549 份，最少也有 100 份。2010 年调查，共完成 65566 份有效样本。2014 年调查，有效样本数达 78174 份。2016 年调查，采用非比例配置法进行样本配置，对客家人口比例高于或等于 20% 的乡镇市区配置 400—600 份样本，其余乡镇市区配置至少 100 份样本，共完成 65732 份有效样本。这 4 次调查结果亦参见表 1-13。从表 1-13 可以看出，自 2004 年至 2016 年，单一自我认定为客家人的比例略有上升，由 13.4% 小幅上升至 16.2%；单一自我认定为福佬人的比例则由 73.3% 下降为 68.9%。与此同时，若容许多重认定，自我认定为客家人的比例，2014 年、2016 年与 2004 年的比例变化不大；自我认定为福佬人的比例则由 78.6% 下降为 74.3%。自我认定为福佬人的比例下降，这与

① 《"全国"客家人口基础资料调查研究》，台北："行政院客家委员会"编印，2004 年，第 3—2、3—6 页。

2008 年以后的调查增加了"台湾人"选项有关。

若依常住县市区分，据 2016 年调查，单一自我认定为客家人比例最高的前 6 个县市依序为：新竹县 64.9%、苗栗县 57.5%、桃园市 33.4%、新竹市 26.2%、花莲县 24.7%、屏东县 22.7%；其次是台东县、台北市、台中市、南投县、高雄市、新北市等 6 县市，比例在 10%—14% 之间；其余台南市、云林县、嘉义市、基隆市、宜兰县、澎湖县、嘉义县、彰化县等 8 县市，比例则在 4%—6% 之间。一般认为，自我认定为"台湾人"者，可能比较多是"福佬人"。单一自我认定为福佬人的比例，若加上自我认定为"台湾人"的比例，在 80%—89.9% 之间的县市有 8 个：彰化县 89.9%、云林县 89.3%、嘉义市 89.1%、嘉义县 87.7%、台南市 86.9%、宜兰县 84.0%、新北市 81.2%、澎湖县 80.2%；在 70%—79.9% 之间的县市有 5 个：台中市 79.9%、高雄市 79.9%、基隆市 79.8%、南投县 78.6%、台北市 71.8%；比例在 50%—69.9% 之间的县市亦有 5 个：屏东县 67.9%、新竹市 65.2%、台东县 64.7%、桃园市 56.4%、花莲县 55.0%；其余苗栗县和新竹县分别只有 38.3% 和 28.2%。参见表 1-14。需要说明的是，由于2016 年调查采用非比例配置法进行样本配置，不是人口母体的普查，因此会有抽样误差的问题。根据调查单位的估计，"各乡镇市区之估计误差介于 ±1.01%—±8.44% 之间"。[1] 因而依据各乡镇市区的估计而统计的各县市客家人、福佬人的比例亦不可避免地存在一定的误差。

表 1-14 2016 年台湾地区单一自我认定主要族群人口百分比依常住县市区分

单位：%

项目别 县市	客家人	福佬人	大陆各省市人	少数民族	台湾人	其他族群	不知道 / 未回答	统计
新北市	10.4	73.7	6.7	1.9	6.2	0.2	0.9	100
台北市	12.9	65.6	11.1	1.1	7.5	0.8	1.0	100
桃园市	33.4	53.7	7.0	2.0	2.7	0.4	0.8	100
台中市	12.6	74.6	4.6	2.0	5.3	0.0	0.9	100

---

[1] 《2018 年度"全国"客家人口暨语言基础资料调查研究》，台北："行政院客家委员会"2017 年，第 24 页。

项目别 县市	客家人	福佬人	大陆各 省市人	少数 民族	台湾人	其他族 群	不知道/ 未回答	统计
台南市	5.9	80.2	3.5	2.8	6.7	0.1	0.8	100
高雄市	10.9	73.5	5.0	2.8	6.4	0.1	1.3	100
宜兰县	5.1	77.5	3.9	4.2	6.5	0.6	2.1	100
新竹县	64.9	26.6	3.7	2.1	1.6	0.2	1.0	100
苗栗县	57.5	37.1	2.3	1.2	1.2	0.1	0.5	100
彰化县	4.2	83.8	3.1	1.2	6.1	0.2	1.5	100
南投县	11.7	72.9	3.7	4.2	5.7	0.3	1.5	100
云林县	5.9	82.2	2.3	1.2	7.1	0.1	1.1	100
嘉义县	4.4	81.2	2.8	3.7	6.5	0.4	1.1	100
屏东县	22.7	65.5	3.0	5.3	2.4	0.5	0.6	100
台东县	13.9	59.9	6.4	13.9	4.8	0.5	0.5	100
花莲县	24.7	52.6	5.6	13.7	2.7	0.2	0.4	100
澎湖县	4.6	74.2	4.9	—	6.0	—	10.4	100
基隆市	5.6	75.2	9.9	3.3	4.6	0.5	0.8	100
新竹市	26.2	62.2	7.0	1.0	3.0	0.0	0.5	100
嘉义市	5.9	81.6	4.0	—	7.5		1.0	100

资料来源:《2016年度"全国"客家人口暨语言基础资料调查研究》,台北:"行政院客家委员会"2017年,附录一45至附录一54。

　　至于福佬人和客家人在乡镇市区层级的分布,有学者将2008年的客家人口调查资料与1966年的户口普查资料进行比较,发现福佬人的比例(单一自我认定为"福佬人"者加上自我认定为"台湾人"者之比例)在"乡镇市区"层级的分布,"变化相当大"。从1966年到2008年间,福佬人口占91%以上的乡镇市区,由118个下降到30个,在台湾乡镇市区的比例由33.1%下降到8.5%;福佬人口占71%—90%的乡镇市区,则由104个增加到209个,比例由29.2%上升到59.2%;福佬人口占51%—70%及31%—50%的两个等级则变化不大;福佬人口占11%—30%的乡镇市区,由21个增加到33个,比例由5.9%小幅上升到9.3%;福佬人口在10%以下的乡镇市区,则由42个下降到12个,比例由11.8%下降到3.4%。参见表1-15。据调查单位估计,2008年的抽样调查,各乡镇市区

估计误差在 ±4.2%—±9.8% 之间。[①] 不过，表 1-15 还是在一定程度上反映了台湾居民的分布趋势。"总体来说，福佬人口分布，由过去大量集中在人口占绝对多数的地区，以及其他族群占绝对多数的地区，这两个极端，渐渐往族群人口比较均衡、混合的中间地区移动。这些都显示，过去族群隔离在特定地区的人口分布状况，在工业化之后，已经大大改变了。除了人口迁移较少的福佬人乡镇、传统客家乡镇及原住民集中居住区以外，在都会地区及其边缘，已经渐渐出现较多族群混居的状况。"[②]

表 1-15 1966 年和 2008 年福佬人口比例在台湾乡镇市区分布的比较

人口比例 年份	91% 以上		71%—90%		51%—70%		31%—50%		11%—30%		10% 以下		合计	
	个数	比例(%)	个数	比例(%)	个数	比例(%)	个数	比例(%)	个数	比例(%)	个数	比例(%)	个数	比例(%)
1966	118	33.1	104	29.2	39	11.0	32	9.0	21	5.9	42	11.8	356	100
2008	30	8.5	209	59.2	33	9.3	36	10.2	33	9.3	12	3.4	353*	100

资料来源：萧新煌等：《台湾全志》卷三《住民志·族群篇》，南投："国史馆"台湾文献馆 2011 年版，第 249—251 页。该著第 249—250 页表 3-25 把台中县东势镇列入福佬人占 71%—90% 档，根据 2008 年调查，东势镇单一自我认定为福佬人的比例是 20.7%，若加上自我认定为"台湾人"的比例 1.5%，应是 22.2%（参见《2008 年"全国"客家人口基础资料调查研究》附录一 -31）；71%—90% 档少列了台南县左镇乡；51%—70% 档合计乡镇市区数 35 个，但表中该档所列的乡镇市区只有 33 个，其中高雄县冈山镇单一自我认定为福佬人的比例是 79.1%，若加上自我认定为"台湾人"的比例 5.3%，是 84.4%，应该改列入 71%—90% 档；台东县东河乡被列入 71%—90% 档，据 2008 年调查，东河乡单一自我认定为福佬人的比例是 62.0%，若加上自我认定为"台湾人"的比例 2.3%，是 64.5%，应该改列入 51%—70%。表 1-15 的统计作了修正。

说明：*2008 年调查，澎湖以县为单位配置样本，没有分乡镇市区。

根据 2016 年调查，按常住乡镇市区统计，单一自我认定为客家人比例在 20% 以上的台湾乡镇市区有 73 个，其中苗栗县 18 个，新竹县 11 个，

[①] 《2008 年度"全国"客家人口基础资料调查研究》Ⅱ，台北："行政院客家委员会"编印，2008 年。

[②] 萧新煌等：《台湾全志》卷三《住民志·族群篇》，南投："国史馆"台湾文献馆 2011 年版，第 247—248 页。

桃园市、屏东县和花莲县各 8 个，高雄市 5 个，台中市 4 个，台东县和新竹市各 3 个，南投县和云林县各 2 个，台南市 1 个。参见下表 1-16。其余 279 个乡镇市区中，单一自我认定为客家人比例在 10%—19.9% 之间的有 58 个，在 9.9% 以下的有 220 个，仅嘉义县布袋镇和屏东县琉球乡没有单一自我认定为客家人的统计数字。澎湖以县为单位配置样本，没有分乡镇市区，其单一自我认定为客家人的比例是 4.6%。[①] 反映出客家人与其他族群混居已是普遍趋势。

表 1-16　2016 年单一自我认定为客家人比例在 20% 以上的台湾乡镇市区

	80%—89.9%	70%—79.9%	60%—69.9%	50%—59.9%	40%—49.9%	30%—39.9%	20%—29.9%	合计
桃园市	–	新屋区	杨梅区	平镇区 龙潭区	观音区 中坜区		八德区、大溪区	8
台中市	–	东势区	–	石冈区	–	新社区	和平区	4
台南市	–						龙崎区	1
高雄市	美浓区	–	–	杉林区	–	六龟区、甲仙区	旗山区	5
新竹县	峨眉乡、关西镇竹东镇北埔乡新埔镇、芎林乡	横山乡、湖口乡、宝山乡	–	–	新丰乡竹北市	–	–	11
苗栗县	铜锣乡、大湖乡公馆乡、头屋乡苗栗市、造桥乡	三湾乡、狮潭乡、南庄乡	头份镇卓兰镇、三义乡、西湖乡	–	泰安乡		后龙镇、通霄镇竹南镇、苑里镇	18
南投县	–	–		国姓乡			水里乡	2
云林县	–	–					仑背乡、二仑乡	2
屏东县	–	–	麟洛乡、竹田乡、内埔乡	新埤乡	万峦乡	长治乡、高树乡佳冬乡	–	8

① 《2016 年"全国"客家人口暨语言基础资料调查研究》，台北："行政院客家委员会"2017 年，附录一 45 至附录一 54。

续表

	80%—89.9%	70%—79.9%	60%—69.9%	50%—59.9%	40%—49.9%	30%—39.9%	20%—29.9%	合计
台东县	—	—	—	—	关山镇	池上乡、鹿野乡	—	3
花莲县	—	—	—	—	凤林镇	富里乡、玉里镇吉安乡	瑞穗乡、寿丰乡光复乡、花莲市	8
新竹市	—	—	—	—	—	—	东区、香山区、北区	3
合计	13	8	8	6	8	11	19	73

　　资料来源：《2006 年"全国"客家人口暨语言基础资料调查研究》，台北："行政院客家委员会"，2017 年，附录一 45 至附录一 54。

　　综上所述，台湾闽、粤移民的比例，有一个变化的过程。清康熙末年"闽人与粤人适均"，乾隆时期开始，粤人的比例呈下降趋势，到清末，闽之漳泉占十分之七八，粤之嘉潮惠约占十分之二。日据时期，根据殖民政府的人口普查和祖籍调查，福建人占台湾汉人的 84.3%—86.2%，广东人占 13.7%—15.7%。台湾光复后，由于大陆各省市人口的迁入，台湾的人口结构发生较大变化，1966 年人口普查的结果，祖籍福建省者占台湾省人口的 71.2%，祖籍广东省者占 12.1%，少数民族占 1.9%，外省籍占 14.6%。21 世纪以来的抽样调查显示，单一自我认定为客家人者，占 13.4%—16.2%；单一自我认定为福佬人（闽南人）者，占 73.3%—74.2%。在地理分布上，自清代以来到光复初期，台湾社会的经济结构以农业为主，人口的区域流动不频繁，闽、粤移民分区集居现象较为明显。20 世纪 50 年代起，台湾开始实行工业化，人口流动日趋频繁，不同族群混居现象日趋普遍。

第二章　清代台湾的闽客关系

第一节　康熙时期的"闽主客佃"和闽、客分类

一、请垦制度

康熙二十二年（1683 年）收复台湾后，清政府将郑氏宗党、文武官员、兵卒及各省难民相继遣还大陆，岛上汉族人口锐减，施琅《壤地初辟疏》云："自臣去岁奉旨荡平伪藩，伪文武官员、丁卒与各省难民相率还籍，近有其半；人去业荒，势所必有。"① 许多郑氏时代已经垦成的田园被抛荒，出现"地广人稀，萧条满眼，蕞尔郡治之外，南北两路，一望尽绿草黄沙，绵邈无际"② 的荒凉景象。另一方面，攻台武官倚势肆意圈占土地，造成人丁、田园隐匿，以及随之而来的税收、徭役不公。③ 在这种情况下，为了迅速恢复农业生产，扩大税收来源，许多台湾地方官员都以招徕开垦为己任，在台湾实行请垦制度。

清入关后，面对各地因多年兵祸、天灾导致人口减少、土地荒芜的情况，为了恢复农业生产和社会秩序，实行奖励垦荒的政策。顺治六年

---

① （清）施琅：《靖海纪事》下卷，王铎全校注，福州：福建人民出版社 1983 年版，第 129 页。

② （清）蒋毓英：康熙《台湾府志》卷五《风俗》，陈碧笙校注，厦门：厦门大学出版社 1985 年版，第 56 页。

③ 参见李文良：《民田与请垦制度：清初台湾田园的接收和管理》，詹素娟主编《族群、历史与地域社会：施添福教授荣退论文集》，台北："中央研究院"台湾史研究所 2011 年版，第 44 页。

（1649 年）颁布上谕：

> 谕内三院：自兵兴以来，地多荒芜，民多逃亡，流离无告，深可悯恻。着户部、都察院传谕各抚、按，转行道、府、州、县有司：凡各处逃亡民人，不论原籍别籍，必广加招徕，编入保甲，俾之安心乐业。察本地方无主荒田，州县官给以印信执照，开垦耕种，永准为业。俟耕至六年之后，有司官亲察成熟亩数，抚按勘实，奏请奉旨，方议征收钱粮。……务使逃民复业，田地垦辟渐多。各州县以招民劝耕之多寡为优劣，道府以责成催督之勤惰为殿最。每岁终，抚按分别具奏，载入考成。①

该上谕发布之后，清廷又先后数次增订请垦和奖励规定，如顺治十四年（1657 年）诏令："有殷实人户能开至二千亩以上者，照辽阳招民例录用。"② 即任命为知县或守备之职。同年颁行的《垦荒劝惩则例》规定："文武乡绅垦五十顷以上者，现任者纪录，致仕者给扁旌奖。"③ 康熙十年（1671 年）户部奏准："准贡、监、生员、民人垦地二十顷以上，试其文义通者以县丞用，不能通晓者以百总用；一百顷以上，文义通顺者以知县用，不能通晓者以守备用。"④

根据清代前期的垦荒法令，凡有意愿开垦荒地之人，都可以向县级地方政府提出申请。地方官经过调查，确认是"无主荒田"，就会核发执照给申请人，作为他有权开垦土地的证明。土地垦成之后，报请官府派员前往丈量，决定面积与税率，登入税收账册；土地开垦者从垦户转为业户，永远合法拥有官府承认的土地业主权。而地方官负有招垦之责，以报垦额多少作为奖惩依据。

---

① 《清实录：世祖章皇帝实录》卷四三，顺治六年（1649 年）四月二十四日壬子，中华书局 1985 年版，第 348 页。《清朝通志》卷八十一《食货略一》志七二三三载："（顺治）六年，令地方官招徕逃民，不论原籍别籍，编入保甲，开垦荒田，给以印信执照，永准为业。三年后察成熟亩数，以劝垦之多寡，论有司殿最。"已将六年起科改为三年起科。

② 《清朝文献通考》卷一《田赋一》考四八五九。

③ 《清实录：世祖章皇帝实录》卷一〇九，顺治十四年（1657 年）四月壬午。

④ 《清朝文献通考》卷二《田赋二》，考四八六五。

现存清代台湾最早的请垦文献，是康熙二十四年（1685 年）十月沈绍宏（？—1744 年）的请垦禀文：

> 具禀人沈绍宏，为恳恩禀请发给告示开垦事。缘北路鹿野草荒埔原为郑时左武骧将军旧荒营地一所，甚为广阔，并无人耕作。伏祈天台批准宏着李婴为管事，招佃开垦，三年后输纳国课；并乞天台批发明示台道，开载四至，付李婴前往鹿野草地起盖房屋，招佃开垦，永为世业，须至禀者。
>
> 今开四至：东至大东及八掌溪，西至龟佛山及坎，南至抱竹及坎仔上，北至溪坎。
>
> 康熙二十四年十月　日。
>
> 垦荒，现奉上令，准速给照，以便招佃及时料理；候垦耕成熟之后，照例起科，照。[1]

上述文献中，日期后的数行文字应是官员的批示。该批示表明：地方官是根据朝廷鼓励垦荒的政策，迅速发给开垦执照，并要求垦成后"照例起科"。

根据文献记载，清初台湾的府县官员相继实行"招徕垦辟"的政策。首任台湾知府蒋毓英"见其井里萧条、哀鸿未复……招流亡、询疾苦"。[2]首任诸罗县令季麒光在《条陈台湾事宜文》中提出："南北草地一望荒芜，得人开垦，可成沃壤。合无请照昔年奉天四州招民之例，酌议名口，就现任候选官员，或纪录、或加级，广劝召募。在贫民有渡台之费，相率而前。到台之日，按丁授地，并将伪遗生熟牛只照田给配，按三年起科之令，分则征收。"[3]诸罗县令张玶，"康熙二十九年（1690 年），知县事……见邑治

---

[1] 《清代台湾大租调查书》，《台湾文献丛刊》第 152 种，第 1 页。

[2] （清）高拱乾：康熙《台湾府志》卷十《艺文志·蒋郡守传》，《台湾文献丛刊》第 65 种，第 260 页。

[3] （清）季麒光：《条陈台湾事宜文》，（清）陈文达：康熙《台湾县志》卷十《艺文志》，《台湾文献丛刊》第 103 种，第 228 页。

新造多旷土，招徕垦辟，抚绥多方，流民归者如市。"① 曾任职台湾县、台厦兵备道的陈瑸也主张，台湾"旷土尚多，弃之可惜。漳、泉等郡民居仅一水之隔，应广为招徕，以闲旷之地处之，使之耕食凿饮，安居乐业于其中"。并建议以土地开发的程度作为评价官员的标准，"至计典届期则以垦地之多寡、户口之登耗为吏治殿最"。②

然而，最初民间的响应并不热烈。季麒光在《条陈台湾事宜文》中就称："卑县设法招徕，虽时有授廛附籍之人，然重洋间隔，闻多畏阻而不前。"③ 第一任台湾总兵杨文魁也感叹道："奈阻于风涛，招徕不易。"④ 根据立于台南六甲的一块乾隆年间的碑文记载，季麒光曾不得已将荒田的税收缺额摊派给熟田业主，"始任诸邑县主季观其抛荒无主，额则犹存，欲减则详报已定，欲垫则禄薄难供；踌躇无策，思惟赤山居民居多，故就我赤山现耕之田暂为会摊，以俟将来招垦改正。因追有主以代无主，追熟田以代荒田……"⑤

二、闽主客佃

台湾地方官为求充足户口和钱粮，而"许一切人等认地开垦，照例纳粮，是以漳、泉二府富豪之户，及台湾各衙门书役人等，在于台湾各县地方，任其意之所愿，随便开垦"。⑥ "任其意之所愿，随便开垦"，语虽夸张，但"地经初辟，田尽荒芜，一纸垦照，便可耕耘"，⑦ 应是事实。居住在台南府城的商家富户，利用官方鼓励开垦和拓展税源的政策，合伙集资

① （清）周钟瑄：康熙《诸罗县志》卷三《秩官志·列传》，《台湾文献丛刊》第 141 种，第 52 页。
② （清）陈瑸：《陈清端公文选》，《台湾文献丛刊》第 116 种，第 13 页。
③ （清）季麒光：《条陈台湾事宜文》，（清）陈文达：康熙《台湾县志》卷十《艺文志》，《台湾文献丛刊》第 103 种，第 228 页。
④ （清）杨文魁：《台湾纪略碑文》，（清）高拱乾：康熙《台湾府志》卷十《艺文志》，《台湾文献丛刊》第 65 种，第 267 页。
⑤ 《孙太爷开租碑》（乾隆四十七年三月），《台湾南部碑文集成》，《台湾文献丛刊》第 218 种，第 126—127 页。
⑥ （清）梁文科：《奏请清查台湾隐漏之田以足兵饷事折》，收入国学文献馆编：《台湾研究资料汇编》第一辑第 16 册，台北：联经出版事业公司 1993 年版，第 6701 页。
⑦ （清）高拱乾：《劝埋枯骨示》，高拱乾：康熙《台湾府志》卷十《艺文志·公移》，《台湾文献丛刊》第 65 种，第 250 页。

组成垦号，向地方官申请开垦执照，或是径向土著业主商洽土地租佃，占据大片草地，招揽移民充当垦佃，坐收租粟。巡台御史尹秦（雍正五年任）在奏疏中指出："窃查台湾全郡……所有平原，总名草地。有力之家视其势高而近溪涧淡水者，赴县呈明四至，请给垦单，召佃开垦。"① 相关史料及研究成果都倾向于认为，当时在台湾"南、北二路之远方"从事佃垦者，大多是被称为"客"的粤籍潮州人；而取得垦照者，则是居住在府城的闽籍人士，因而其业佃关系被称为"闽主客佃"。

《诸罗县志》云："诸罗土旷，汉人间占草地（谓除草为田也，台人称庄社皆曰草地）……佃田者，多内地依山之犷悍无赖下贫触法亡命，潮人尤多，厥名曰客；多者千人，少亦数百，号曰客庄。""庄主多侨居郡治，借客之力以共其租。"② 《凤山县志》载："业户居郡城者十之七、八。"③ 黄叔璥《台海使槎录》载："淡水以南，悉为潮州客庄；治坤蓄洩，灌溉耕耨，颇尽力作。"④ 蓝鼎元《粤中风闻台湾事论》亦云："广东潮、惠人民，在台种地佣工，谓之客子，所居庄曰客庄，人众不下数十万，皆无妻孥，时闻强悍。然其志在力田谋生，不敢稍萌异念。往年渡禁稍宽，皆于岁终卖谷还粤，置产赡家，春初又复之台，岁以为常。"⑤ 其在另一篇文章中则指出，这数十万"客子"，"皆程、大、平、镇人民，而镇平尤依赖之，竟以台湾为外宅"。⑥ 《粤中风闻台湾事论》写于雍正十年（1732年），蓝鼎元谓当时在台湾种地佣工的潮州府籍"客子"有"数十万"，似有夸大之嫌。据陈孔立先生推算，康熙六十年（1721年）台湾的人口约26.1万，

---

① （清）尹秦：《台湾田粮利弊疏》，《福建通志台湾府》"田赋"，《台湾文献丛刊》第84种，第158页。
② （清）周钟瑄：康熙《诸罗县志》卷八《风俗志》，《台湾文献丛刊》第141种，第136页。
③ （清）陈文达：康熙《凤山县志》卷二《规制志·公馆》，《台湾文献丛刊》第124种，第13页。
④ （清）黄叔璥：《台海使槎录》卷三《赤嵌笔谈·物产》，《台湾文献丛刊》第4种，第53页。
⑤ （清）蓝鼎元撰、蒋炳钊等点校：《鹿洲全集》上册，厦门大学出版社1995年版，第236页。
⑥ （清）蓝鼎元：《镇平县图说》，《鹿洲全集》上册，第259页。"程、大、平、镇"是指程乡、大埔、平远、镇平诸县，这些县在雍正十一年（1733年）嘉应州设立之前，均隶属潮州府管辖。

乾隆元年（1736 年）约 35.5 万。① 黄叔璥《台海使槎录》谓："虽在台地者闽人与粤人适均，而闽多散处，粤恒萃居，其势常不敌。"② 黄叔璥康熙六十一年（1722 年）担任首任巡台御史，从"闽人与粤人适均"来看，康熙末年在台湾的闽人与粤人的数量应大体持平。

取得垦照的闽籍垦户为何不招募本省籍人佃垦而是招募粤籍潮州人？粤籍潮州人为何不径向台湾官府申请垦照而甘于充当闽籍业户的佃户？关于"闽主客佃"的成因，目前学界大致认为可能跟开垦成本、土地控制或耕作技术有关。"就像台湾现在从东南亚引进外劳，作为劳动产业的工人一样。清初的闽籍业主可以用比较便宜的费用，从经济发展相对落后的广东山区，招募劳工来台农垦。这些来自隔省的流寓，因为户籍和税收的关系被认为不能久佃成业，取代业主控制乡村的土地产权。"另一方面，可能是因为粤东山区的移民善于稻作农垦。但是，这些说法似乎都不够充分。③

黄叔璥《台海使槎录》记载："罗汉内门、外门田，皆大杰巅社地也。康熙四十二年 (1703 年)，台、诸民人招汀州属县民垦治。自后往来渐众……"④ 有学者认为："黄叔璥所称虽然是指'台、诸民人招汀州属县民垦治'，应该也有不少粤东客家县份的移民应招前来。因为粤东镇平、平远、程乡、大埔等县，不但与汀属武平、上杭、永定等县壤地相接、语言相近、习俗相同，且当时官方开放的渡台港口，只有厦门一处，从粤东诸县赴厦门，必须先取道漳州，这条路线与闽西诸县赴厦门的路线，后半程是一致的。"⑤ 由于粤东各县民众与汀州府属民众"语言、风俗相近，又同样吃苦耐劳，善于垦荒和稻作"，因此对于他们"混冒来台，充当'台、诸民人'的佃户垦治荒地，'台、诸民人'也乐于接受"。⑥

---

① 陈孔立：《清代台湾移民社会研究》（增订本），北京：九州出版社 2003 年版，第 144—145 页。

② （清）黄叔璥：《台海使槎录》卷四《赤嵌笔谈》，《台湾文献丛刊》第 4 种，第 92 页。

③ 参见李文良：《清代南台湾的移垦与"客家"社会》，台北：台湾大学出版中心 2011 年版，第 27—29 页。

④ （清）黄叔璥：《台海使槎录》卷五《番俗六考》，《台湾文献丛刊》第 4 种，第 112 页。

⑤ 谢重光：《客家、福佬源流与族群关系》，北京：人民出版社 2013 年版，第 205 页。

⑥ 谢重光：《客家、福佬源流与族群关系》，北京：人民出版社 2013 年版，第 206 页。

粤东民众"混冒"应招前往台湾充当"台、诸民人"佃户，这种分析不无道理。也有学者提出："以垦户资本主义经营的心态而言，他们最关心的是在限期（三年）内尽早募足佃农完成拓垦，以利其'报升纳赋'，确定所有权而牟利，所以他们并不太在意佃农的族群属性。"① 不过，台湾学者陈秋坤的研究尤值得关注。根据陈先生研究，至迟在康熙四十六年（1707 年）前后，居住于台南府城的施世榜（号文标，1670—1743 年）取得了下淡水东港溪以东地区的开垦执照。② 在施世榜取得垦照之前，一批从广东镇平县（今蕉岭县）移居万丹滥滥庄的温、张、林和钟等姓客民，早在此地周围建立聚落，先后垦成万峦庄、头沟水、高岗和鹿寮等庄。③ 在施世榜的租业中，有相当部分由粤籍佃户耕种。如果客民早在施世榜之前业已辟土成田，他们为何愿意自甘以"佃户"身份，向后来的垦户认佃纳租？据学者推测，有一种可能性是客民缺乏垦照，为避免官僚清查田园的骚扰，自愿委身"佃户"，寄托有力之家充当垦户业主。另一种可能性则是施世榜利用官僚关系，率先向官方申请垦照，再以垦户身份"招聘"已在其地开垦的客民充当佃户。④ 这一开垦实例提示我们，"闽主客佃"的形成，并非都是闽籍垦户申领垦照后，再到广东潮州地区招募垦佃前来开垦。部分粤籍垦佃在闽籍垦户获得垦照之前，已在当地从事垦殖，只是他们并未获得地方官府核发的垦照。

清代康熙年间在台湾"南、北二路之远方"从事佃垦的粤东客民，为何未获得地方官府核发的垦照？《临时台湾旧惯调查会》依据《钦定大清会典事例》"乾隆二年奏准，凡荒地开垦，应先呈报。如土著呈报在先，即准土著承垦；如流寓呈报在先，即准流寓承垦"的规定，推断清廷不分

---

① 简炯仁：《屏东平原的开发与族群关系》，屏东：屏东县立文化中心 1999 年版，第 11 页。
② 陈秋坤：《清初屏东平原土地占垦、租佃关系与聚落社会秩序，1690—1770——以施世榜家族为中心》，陈秋坤、洪丽完主编《契约文书与社会生活》（1600—1900），台北："中央研究院"台湾史研究所筹备处 2001 年版，第 25 页。
③ 林正慧：《六堆客家与清代屏东平原》，台北：远流出版事业股份有限公司 2008 年版，第 86 页。
④ 陈秋坤：《清初屏东平原土地占垦、租佃关系与聚落社会秩序，1690—1770——以施世榜家族为中心》，陈秋坤、洪丽完主编《契约文书与社会生活》（1600—1900），台北："中央研究院"台湾史研究所筹备处 2001 年版，第 26 页。

土著、流寓均得请垦的规定始于乾隆二年（1737年）。有学者据此推测，"清初闽籍移民以台湾为福建管辖，自居'土著'地位，便可将粤籍归为流寓，而在康、雍年间独占垦权"。①事实上，正如该学者在同一著作另一章中所云：清初的垦荒法规并未就申请者之身份以及资产等条件做出限制。②康熙二十九年（1690年）还议准："以四川民少而荒地多，凡流寓愿垦荒居住者，将地亩给为永业。"③

笔者认为，清代前期迁台的粤民之所以没有获得垦照，应与台湾地方官府对粤民的防范戒备及赋税征收的考虑有关。

康熙二十二年（1683年）收复台湾后，施琅是否曾实行"严禁粤中惠、潮之民，不许渡台"的政策，学界一直存在争议。台湾学者尹章义认为，作为负有"统辖台湾之责"的施琅，"是可以以治安为由禁止惠、潮之民移民东渡"。④大陆学者李祖基认为，"惠、潮沿海自明末开始就是盗寇活动最猖獗的地区之一，直到康熙后期仍然如此"。对于身居福建水师提督要职又在海上征战多年的施琅来说，从确保闽海治安的立场出发，"限制隔省的惠、潮人民渡海来台完全属于其职权范围内的事，并非不可能"。再者，有关台湾的早期文献，如林谦光的《台湾纪略》⑤、高拱乾在康熙三十四年（1695年）修的《台湾府志》、郁永河在康熙三十六年（1697年）到台湾采集硫黄时撰写的《采硫日记》（又称《裨海纪游》）等，都未提及粤籍移民。与相关史料相印证，《台海使槎录》所引《理台末议》中关于施琅"严禁粤中惠、潮之民不许渡台"的记载，"应该说是比较可信

---

① 李文良：《清代南台湾的移垦与"客家"社会》，台北：台湾大学出版中心2011年版，第30页。同书《序言》（第7页）中亦提道："粤民没能在清初获得垦照……应该是城居的闽籍士绅，以台湾是福建省管辖的省别区分，排挤他们竞逐土地资源。"
② 李文良：《清代南台湾的移垦与"客家"社会》，台北：台湾大学出版中心2011年版，第49页。
③ 嘉庆《四川通志》卷六十二《食货志·田赋上》，台北：京华书局1967年版，第2222页。
④ 尹章义：《台湾客家史研究》，台北市政府客家事务委员会2003年版，第12页。
⑤ 周宪文在该书"弁言"中称林谦光《台湾纪略》"著于康熙二十四年（1685年），是台湾的一种'早期文献'"，但《台湾纪略》所载内容有迟至康熙庚午年者，由此推断，该书成书下限至少应为康熙二十九年（1690年）。

的"。①

笔者认为，尹章义、李祖基两位学者的分析是可以信服的。施琅在世时，广东惠、潮之民被严厉禁止渡台，少数偷渡赴台者，自然无法向台湾地方官府申领垦照。施琅康熙三十五年（1696 年）去世，此后，"渐弛其禁，惠、潮之民乃得越渡"，但是，台湾地方官府对广东客民的防范戒备并未改变。康熙五十年代所修的《诸罗县志》和《凤山县志》，对广东客民的记载都极为负面，或曰"好事轻生，健讼乐斗"；②或曰"朋比齐力而自护，小故辄哗然以起，殴而杀人，毁匿其尸"。③《诸罗县志》甚至把"流民"与"土番"视作台湾北路的两个"内忧"，并明确指出："今流民大半潮之饶平、大埔、程乡、镇平，惠之海丰，皆千百无赖而为，一庄有室家者百不得一。"同书还引用明末数十年间"潮寇"对福建汀州、漳州二府的侵扰："汀、漳与潮州接壤，明季数十年，汀被潮寇者十有一，漳被潮寇者十有六，而饶寇之张琏、程乡之李四子，至于攻破城邑，洗荡邨坊；两郡记载，斑斑可考也。"进而认为："以倾侧之人，处险阻之地至于千万之众，而又无室家宗族之系累，有识者得不为寒心乎？今之盗牛肱篚、穿窬行凶而拒捕者，日见告矣。其未发觉者，驱之则实繁有徒，容之则益张其慢；名曰佃丁，而睥睨其业主、抗拒乎长官，不逞之状，亦既露其机矣。"④来自广东的"流民"被视为随时可能爆发社会动乱的根源，这应该会影响到台湾地方官府核发垦照时的选择。

另一方面，闽主客佃的形成，应与赋税征收的考虑有关。如前所述，顺治后期至康熙前期都有鼓励"殷实人户""文武乡绅"招民垦荒的规定。文武乡绅资金充裕，能顺利招徕垦民，以较大规模和较快速度开垦较大面积的土地，这不仅对地方官按开垦面积以评优叙有利，而且能够顺利报课升科，交纳田赋，保证税收。相比之下，若由官府直接招徕贫民开垦，贫

---

① 李祖基：《论清代移民台湾之政策——兼评〈中国移民史〉之"台湾的移民垦殖"》，《历史研究》2001 年第 3 期。

② （清）陈文达：康熙《凤山县志》卷七《风土志·汉俗》，《台湾文献丛刊》第 124 种，第 80 页。

③ （清）周钟瑄：康熙《诸罗县志》卷八《风俗志》，《台湾文献丛刊》第 141 种，第 136 页。

④ （清）周钟瑄：康熙《诸罗县志》卷七《兵防志》，《台湾文献丛刊》第 141 种，第 121 页。

民缺乏生产资料，官府还须补助耕牛、种子、农具，兴修水利，而每一贫民所垦面积不过数十亩，又多零星分散，难于管理。① 因此，鼓励士绅垦荒的政策也在台湾得到推广。首任诸罗县令季麒光即提议："合无请照昔年奉天四州招民之例，酌议名口，就现任候选官员，或纪录、或加级，广劝召募。"② 在赋税征收的压力之下，作为清初台湾的地方官，与其让百姓自由提出小额面积的开垦申请，还不如将垦照发放给居住在府城的可以信任的士绅，让他们掌握乡村的土地开垦。

康熙年间，远离府城的凤山、诸罗两县知县大多侨居府城。凤山县治设在兴隆庄（今高雄市左营区），但"邑自开辟以来，虽卜地于兴隆庄以为治，而衙斋浅陋，制多简略；官斯土者，辄就郡之公馆而居，（康熙）四十三年（1704 年），奉文归治"。③ 诸罗县治设于诸罗山，但"置县后，以民少番多，距郡辽远，县署、北路参将营皆在开化里佳里兴（今台南市佳里区），离县治南八十里。（康熙）四十三年奉文：文武职官俱移归诸罗山，县治始定"。④ 不过，"未几仍寄寓如故，无非以府治稍近纷华，饮食宴会有资"，⑤ 直到"康熙六十年台匪窃发后，始奉文归治"。⑥ 凤山、诸罗两县官员在府城侨居，这就为住居府城的闽籍士绅与他们接触、交游提供了机会，也为闽籍士绅申请垦照提供了便利。诚如学者指出："清初历任凤山知县大多滞留游宴于郡城，因此，请垦下淡水溪以东屏东平原的业户，大多亦是居住于府城的漳、泉人士。"⑦

清初台湾田赋征收本色（谷）而非折银，官府收到税粮后必须尽快放进粮仓储存。据县志记载，截至康熙五十年间（18 世纪 20 年代），凤山

① 参见彭雨新编著：《清代土地开垦史》，北京：农业出版社 1990 年版，第 35、57 页。
② （清）季麒光：《条陈台湾事宜文》，康熙《台湾县志》卷十《艺文志》，第 228 页。
③ （清）陈文达：康熙《凤山县志》卷九《艺文志》，《台湾文献丛刊》第 124 种，第 144 页。
④ （清）周钟瑄：康熙《诸罗县志》卷一《封域志·建置》，《台湾文献丛刊》第 141 种，第 5 页。
⑤ （清）陈瑸：《陈清端公文选》，《台湾文献丛刊》第 116 种，第 17 页。
⑥ （清）王瑛曾：乾隆《重修凤山县志》卷一《舆地志·建置沿革》，《台湾文献丛刊》第 146 种，第 5 页。
⑦ 施添福：《国家与地域社会——以清代台湾屏东平原为例》，载詹素娟、潘英海主编：《"平埔族群"与台湾历史文化论文集》，台北："中央研究院"台湾史研究所筹备处 2011 年版，第 62 页。

全县共有仓廒 76 间，其中在府治 46 间、安平镇 10 间，两者合占 74%；而县治所在地兴隆庄仅 7 间，只占 9%。[①] 诸罗县，清初有仓廒 93 间，其中 88 间位于府治，5 间位于开化里赤山庄（今台南市六甲区）。自康熙四十年（1701 年）起，诸罗县才先后在今台南市后壁、东山、柳营、下营等地，以及嘉义市、斗六市、彰化市、淡水镇等地修筑仓廒。[②]《凤山县志》云："县治离府八十余里，业户居郡城者十之七、八焉；正供概系本色，开征之后，就府治催比，民之输将更便、官之催科不烦。"[③]《诸罗县志》亦云："凡征粟四万有奇，府仓半焉。故县令一年之间，居郡治者强半；由正供之粟多纳在郡，于催科较易也。"[④]

有清一代，业户权虽频繁转让，但接手的业户，亦大多府城人士。到同治年间，依然"（凤山）邑之大户，多僦居府城"。[⑤] 根据学者对台湾南部六堆粤庄大租持有者的统计，虽然从 18 世纪中叶开始下淡水粤民不断地从闽籍业主手中买回大租业，但即使到了 20 世纪初期，仍有高达 81% 的六堆粤庄大租，是掌握在非六堆之人手中。[⑥]

三、田底权与闽、客分类

由于闽籍业主大多侨居府城，在乡村地区从事实际开垦的佃户，逐渐强化了对于土地的控制，"田之转移交兑，头家拱手以听，权尽出于佃丁"。[⑦] 康熙五十六年（1717 年）编成的《诸罗县志》记载：

> 若夫新、旧田园，则业主给牛种于佃丁而垦者十之六、七也，其

① （清）陈文达：康熙《凤山县志》卷二《规制志·仓廒》，《台湾文献丛刊》第 124 种，第 24—25 页。
② （清）周钟瑄：康熙《诸罗县志》卷二《规制志·仓廒》，《台湾文献丛刊》第 141 种，第 27—29 页。
③ （清）陈文达：康熙《凤山县志》卷二《规制志·公馆》，《台湾文献丛刊》第 124 种，第 13 页。
④ （清）周钟瑄：康熙《诸罗县志》卷六《赋役志》，《台湾文献丛刊》第 141 种，第 95 页。
⑤ （清）卞宝第：《闽峤𫐐轩录》，《台湾舆地汇钞》，《台湾文献丛刊》第 216 种，第 89 页。
⑥ 李文良：《清代南台湾的移垦与"客家"社会》，台北：台湾大学出版中心 2011 年版，第 34 页。
⑦ （清）周钟瑄：康熙《诸罗县志》卷八《风俗志》，《台湾文献丛刊》第 141 种，第 148 页。

自垦者三、四已耳。乃久之佃丁自居于<u>垦主</u>，逋租欠税；业主易一佃，则群呼而起，将来必有久佃成业主之弊；争讼日炽，案牍日烦，此渐之不可长者。又佃丁以田园典兑下手，名曰田底，转相授受，有同买卖。或业已易主，而佃仍虎踞，将来必有一田三主之弊，纳户可移甲为乙，吏胥必飞张作李，册籍日淆，虚悬日积，此又渐之不可长者也。然则去二渐之弊与移置近县之仓，亦当务之急矣。①

佃户拖欠租税，集体抗拒业主撤换佃户，甚至出现"转相授受，有同买卖"的"田底"，说明当时的台湾社会已经出现佃户在乡村地区取代业主支配土地的倾向。"田底"相当于大陆东南地区的"田皮""田面"，一般认为是从福建移植过去的。②福建在明代中后期相继出现"一田二主""一田三主"的现象，只是各地叫法不同，"田面"有称"粪土田""田根""苗田""赔田"等名目。③

下淡水社康熙六十年（1721年）二月所立的一份合约中，明文约定："其佃人日后有别图生业，以及回唐者，其田底听凭佃人顶退，抵还工本，业主不得再生枝节。"所谓工本，该契约中言明："其筑埤开圳费用工本，俱系佃 自备，垦成水田。"④佃户通过修筑埤圳、辟土成田而获得田底，佃户转业或回乡时，可以自行顶退田底以"抵还工本"。学者认为，"表面上，田底离永佃或永耕还有一段距离，实际上'田底'一词所表达的土地支配权利已经内涵了永佃"。垦佃争得"田底"权利，"最重要的并不（是）说他们可以自由转卖土地，而是业户无法随意撤换垦佃，他们可以在台湾的乡村定居下来"。⑤

在方志中，"久佃成业"和"一田三主"的发展趋势被视作是必须革

---

① （清）周钟瑄：康熙《诸罗县志》卷六《赋役志》，《台湾文献丛刊》第141种，第95—96页。

② 参见杨国桢：《台湾与大陆大小租契约关系的比较研究》，《历史研究》1983年第4期。

③ 杨国桢：《明清土地契约文书研究》，人民出版社1988年版，第102—103页。

④ 台湾惯习研究会原著、台湾省文献委员会编译：《台湾惯习记事》中译本第三卷，卷首写真，南投：台湾省文献委员会1987年版。

⑤ 李文良：《清代南台湾的移垦与"客家"社会》，台北：台湾大学出版中心2011年版，第98、110页。

除的两种弊端，呼吁地方政府要作为"当务之急"，着手进行处理，不要再让情况继续恶化。然而这两种"弊端"后来不但没有被革除，还发展成为台湾的社会习惯，获得地方政府和社会的普遍认可。台湾法学者戴炎辉曾归纳清代台湾契约文书有关田底、大小租等词汇之使用变化，指出：雍正年间垦户招垦佃契约，虽然常常写明垦佃回内地或转卖田底时需事先禀明业主，但通常只是为了查明旧佃有无欠租以及新佃是否诚实可靠，[①] 并非业主主张拥有先买权或为强化土地支配。乾隆十二年（1747 年）后开始出现任由垦佃"转佃"田底或"转售他人"的约定；到了嘉庆年间，垦佃已不再称其业为"田底"，或用"退佃"等文字，而通称将自己的田园典卖，仅记录大租额。[②]

康熙晚期田底的出现和佃户支配土地的倾向，引起了闽籍业主的恐慌，业、佃关系趋于紧张。《诸罗县志》云："各庄佃丁，山客十居七、八，靡有室家；漳、泉人称之曰客仔。客称庄主，曰头家。头家始藉其力以垦草地，招而来之；渐乃引类呼朋，连千累百，饥来饱去，行凶窃盗，头家不得过而问矣。田之转移交兑，头家拱手以听，权尽出于佃丁。"[③] 原本佃田佣工的"客"，有了"反客为主"的情形。

康熙五十年间（18 世纪 20 年代）编成的三本台湾县级方志，对"客民"的书写都极为负面。《凤山县志》和《诸罗县志》的相关记载前面已有所提及，《诸罗县志》还称：斗六以北，因客庄"愈多"，"风景亦殊邻以下矣"，[④] 意即风景鄙俗不堪。《台湾县志》亦载："台无客庄，比户而居者，非泉人、则漳人也；尽力于南亩之间。……无生事、无非为，俗之厚

---

① 如雍正十一年（1733 年）二月业主杨秦盛立佃批："佃等欲回内地，或别业，将田底顶退下手，务要预先报明业主，查其短欠租谷及新顶之佃果系诚实之人，听其顶退，收退田底工力之资。"《清代台湾大租调查书》，《台湾文献丛刊》第 152 种，第 61 页。

② 戴炎辉：《清代台湾之大小租业》，《台北文献》第 4 期，1963 年 6 月，第 14—15、19、27 页。

③ （清）周钟瑄：康熙《诸罗县志》卷八《风俗志》，《台湾文献丛刊》第 141 种，第 148 页。

④ （清）周钟瑄：康熙《诸罗县志》卷八《风俗志》，《台湾文献丛刊》第 141 种，第 136—137 页。

也，风斯隆矣！"①在作者看来，没有"客庄"，风俗就淳厚；有"客庄"，风俗就粗野。诚如学者所言，方志中的"客民"书写，"应该不是出自'客民'之手，而是来自于'非客'的闽南地区漳泉籍民"。②因此，"透过文献的'客民'书写所要对照出来的，可能不是客家人的问题，而是当时'非客家'之人所面对的社会问题"。③方志作者之所以赋予"客民"负面的形象，是其对原本佃田佣工的"客民""反客为主"感到焦虑的反映。

关于清代台湾志书中"客""客子"等称谓，学界一直有不同的解读。④值得注意的是，南台湾客家历史文献——《六堆忠义文献》，收录了不少南台湾客民在朱一贵事件后呈递给各级官府的禀文。在这些禀文中，来自广东潮州府山区和闽西永定、武平、上杭等地的义民均自称为"客民"，其中一篇禀文明确提到"客民"的由来及范畴：

> 台湾居民有土著、客民之别，但取其语音相符，联属一谊。福属则永定、武平、上杭，广属则程乡、镇平、平远，江右则会昌、瑞金。此数县之民来台则为客民。若兴化、漳、泉之民来台则为土著。即广之饶平、海丰、海阳、揭阳、潮阳之民，语音相符，来台亦算土著。何为土著？其所来之人，俱带家眷，⑤生齿日繁；所辟之土，或倚仗绅衿，或仗势衙门，承一垦户，动称业主。绅衿衙门，悉属漳泉。此土著之所由来也。客民，父母妻儿俱在内地，一分一钱寄回家中救

---

① （清）陈文达：康熙《台湾县志》卷一《舆地志·杂俗》，《台湾文献丛刊》第103种，第57页。

② 康熙五十六年（1717年）成书的《诸罗县志》，由漳州府漳浦县监生陈梦林、台湾府凤山县学廪膳生员李钦文编纂；康熙五十八年（1719年）编成的《凤山县志》，由台湾府学岁贡生陈文达、前述李钦文、诸罗县学廪膳生员陈慧编纂；康熙五十九年（1720年）编成的《台湾县志》，由前述陈文达、李钦文和岁贡生林中桂、廪膳生员张士箱（泉州府晋江县人）编纂。

③ 李文良：《清代南台湾的移垦与"客家"社会》，台北：台湾大学出版中心2011年版，第138页。

④ 参见施添福：《从"客家"到客家（三）：台湾的客人称谓和客人认同（上篇）》，台湾《全球客家研究》2014年第3期，第1—110页。

⑤ 在康熙六十年（1721年）朱一贵事件之前，清廷只是禁止一般民众携眷赴台。朱一贵事发，一些文武官员首先带领家口逃到澎湖，引起清廷的不满，遂下令："嗣后文武大小各官，不许携带眷属。"参见邓孔昭：《清代大陆向台湾移民中的女性移民》，收入邓孔昭主编：《闽粤移民与台湾社会历史发展研究》，厦门大学出版社2011年版，第37页。

急，是以确守耕种，并无过犯，无绅衿衙门之势依仗，此客民之称由来也。①

由上述引文可知，当时在台湾的汉人移民，存在"土著/客民"的分类，其分类的标识主要是"语音"。"土著"来自福建兴化、漳、泉三府，也就是一般所称的"闽南"。不是从福建这三府来的移民，不论是来自闽西永定、武平、上杭，还是粤东程乡、镇平（今蕉岭）、平远，抑或赣南会昌、瑞金，都是"客民"，这几个县正处于被视为"客家大本营"的闽粤赣交界地区。而来自粤东潮惠地区饶平、海丰、海阳、揭阳、潮阳等县的移民，因"语音相符"，也算"土著"。可见，"土著/客民"的分类，不仅与省籍有关，还与使用的方言相关。来自闽西永定、武平、上杭的移民，虽然隶属福建省，亦为"客民"。

觉罗满保在《题义民效力议叙疏》中亦云："查台湾凤山县属之南路淡水，历有漳、泉、汀、潮四府之人，垦田居住。潮属之潮阳、海阳、揭阳、饶平数县与漳、泉之人语言声气相通，而潮属之镇平、平远、程乡三县则又有汀州之人自为守望，不与漳、泉之人同伙相杂。"②该奏疏亦说明当时台湾下淡水地区的人群分类是以"语言声气"是否相通为标准。

此外，蓝鼎元雍正元年（1723年）撰写的《闽粤相仇谕》强调："今与汝民约……以后不许再分党羽，再寻仇衅。漳、泉、海丰、三阳之人经过客庄，客民经过漳、泉村落，宜各息前怨，共敦新好，为盛世之良民。"③蓝鼎元把来自福建省漳泉与广东省海丰、三阳的移民归为一类，把"客民"划为另一类，其划分的标准与前述下淡水客民呈文及觉罗满保奏疏如出一辙。

综上所述，清康熙年间台湾拓垦过程中闽主客佃关系的形成，与台湾

---

① 《台湾公呈》，邱维藩汇集、邱炳华抄录：《六堆忠义文献》，第28—29页。感谢台北"中央研究院"台湾史研究所林正慧博士慷慨提供《六堆忠义文献》扫描档。
② （清）王瑛曾：乾隆《重修凤山县志》卷十二《艺文志·奏疏》，《台湾文献丛刊》第146种，第343页。
③ （清）王瑛曾：乾隆《重修凤山县志》卷十二《艺文志·文移》，《台湾文献丛刊》第146种，第353页。蒋炳钊等点校《鹿洲全集》收录《东征集》卷五，题为《谕闽粤民人》（第586—587页），文字略有不同。

地方官府对粤民的防范戒备及赋税征收的考虑有关。康熙晚期田底的出现和佃户支配土地的倾向，引起了闽籍业主的恐慌，业、佃关系趋于紧张。台湾汉人移民的闽、客分类，不仅对应"业主/佃户"的租佃关系，同时也是"闽南（福佬）/客家"两个方言群的分类。田底权的出现，使得佃户可以在台湾乡村定居下来；而闽、客人群分类，成为清代台湾移民社会闽粤冲突、械斗频发的一个重要因素，对台湾的族群关系影响深远。

第二节　朱一贵事件与下淡水的闽客关系

一、朱一贵事件与人群分类

朱一贵事件是台湾归入清版图以后第一次波及全台的社会动乱。朱一贵是漳州府长泰县人，本名朱祖，康熙五十三年（1714年）到台湾。[①] 据其供词称，起事原因主要有：（1）税粮征收，每石税谷折银7钱2分，[②]使得"众人俱各含怨"；（2）官府以百姓无故拜把为由，逮捕了四十余人，又逮捕砍竹者二三百人，进而索贿，不给钱的，责板逐回原籍；（3）民间耕牛每只交银3钱打印，否则不许使唤；（4）每座糖磨铺要交银7两2钱方许开铺；[③]（5）向米店、砍藤者勒派抽分。康熙六十年（1721年）三月，朱一贵与李勇、郑定瑞等人在罗汉门黄殿家会合，因其姓朱，议以"明朝后代"为号召。[④] 知府王珍以朱一贵等人"结党聚众"，派人前去逮捕，未获。[⑤] 四月十九日，朱一贵与李勇、吴外、郑定瑞等52人拜把结盟，纠集一千余人，以"激变良民""大明重兴""大元帅朱"等旗号起事。

---

① 《朱一贵供词》，台湾"中央研究院"历史语言研究所编：《明清史料戊编》第1本，台北："中央研究院"历史语言研究所1994年影印2版，第21页。
② 这一比率约为当时官定折银价格的2倍，也远高于市场的平均米价，参见李文良《清代南台湾的移垦与"客家"社会》，台北：台湾大学出版中心2011年版，第94页。
③ 应是方志所称"蔗车"，每张征银5两6钱。（清）陈文达：康熙《凤山县志》卷六《赋役志·杂税》，《台湾文献丛刊》124种，第74页。
④ 《朱一贵供词》，台湾"中央研究院"历史语言研究所编：《明清史料戊编》第1本，台北："中央研究院"历史语言研究所1994年影印2版，第21页。
⑤ 《清圣祖实录选辑》，《台湾文献丛刊》第165种，第174页。

在朱一贵起事前后，杜君英亦在下淡水起事。杜君英，据其供词称，是潮州府海阳县人，康熙四十六年（1707 年）到台湾租地耕种。康熙五十九年（1720 年）十一月，被人告发私砍他人山上的木头，官府派人前去捉拿，他到淡水槟榔林（今屏东县内埔乡义亭村）躲藏。康熙六十年（1721 年）三月，杜君英先前认识的福建人柯妹告之：知府王珍每石税粮折银 7 钱 2 分，使得"众民怨恨生变，俱各纠人竖旗，要抢台湾仓库"，劝说杜君英"也纠人拜把竖旗"。杜君英于是纠集"我一处民"陈伯、庄勋、黄捷、陈会，"福建民"李国彦、李国恩、陈贵，"台湾府民"萧伯、郑十三等五十来人，于三月初十在山内竖旗起事。后来，杨来、颜子京、戴穆、刘国基、陈福寿、洪正、王义生、郭国正等各执旗色加入，共集一千来人。[1] 根据杜君英的供述，他是听了福建人柯妹的鼓动后起事的，最初跟他商议起事的有"我一处民""福建民"和"台湾府民"三类。所谓"我一处民"，是指在下淡水"种地佣工"的粤民，[2] 杜君英是潮州府海阳县人，随同他起事的粤民应是与他"语言声气相通"的潮属三阳等地人；"福建民"是从福建到下淡水移垦、尚未加入台湾籍的移民；而"台湾府民"是指较早移居下淡水、已加入台湾府籍的汉民，论其原乡，多为福建民。总揽朱一贵事件平定之责的闽浙总督觉罗满保在事平之后向皇帝上疏曰："贼犯杜君英等在南路淡水槟榔林招伙竖旗，抢劫新园，北渡淡水溪侵犯南路营，多系潮之三阳及漳、泉人同伙作乱，而镇平、程乡、平远三县之民，并无入伙。"[3] 因此，诚如台湾学者林正慧所言，杜君英阵营是下淡水地区"福佬语系的跨省连结"。[4]

起事之初，朱、杜两大势力各自行动。康熙六十年（1721 年）四月十九日，朱一贵等夜袭冈山汛，后又袭槟榔林（高雄市路竹区）、大湖（高

---

[1] 《朱一贵谋反残件》，台湾"中央研究院"历史语言研究所编：《明清史料丁编》第 8 本，台北："中央研究院"历史语言研究所 1999 年影印 2 版，第 797 页。

[2] 《朱一贵供词》，台湾"中央研究院"历史语言研究所编：《明清史料戊编》第 1 本，台北："中央研究院"历史语言研究所 1994 年影印 2 版，第 21 页。

[3] （清）觉罗满保：《题义民效力义叙疏》，《重修凤山县志》卷十二《艺文志·奏疏》，《台湾文献丛刊》第 146 种，第 343—344 页。

[4] 林正慧：《闽粤？福客？清代台湾汉人族群关系新探——以屏东平原为起点》，台湾《国史馆学术集刊》第 6 期，2005 年 9 月，第 41 页。

雄市湖内区）等汛，汛防把总张文学战败。^①二十一日，杜君英派遣杨来、颜子京与朱一贵商议合作事宜，双方竖旗拜把。二十三日，杨来、颜子京等与右营游击周应龙所率官兵交战，败回下淡水。^②

康熙六十年（1721 年）四月二十六日，杜君英阵营渡过下淡水溪。二十七日，朱一贵、杜君英两大阵营在赤山合攻周应龙所领官兵，周应龙大败，"逃归府治"。随后，杜君英率团伙攻陷南路营。^③三十日，总兵欧阳凯率兵在春牛埔（在今台南市）"排列设炮"，与朱一贵阵营交战。朱一贵阵营因"兵器缺少"，^④退屯竿津林。五月初一日，朱一贵与杜君英合力，数万人将欧阳凯官兵四下包围，清兵内乱，百总杨泰竟为内应，刺欧阳凯坠马，致使清军惨败，台湾府被攻破。杜君英入驻总兵官署，朱一贵继入台厦道署。十一日，朱一贵自立为王，年号"永和"。^⑤

朱一贵、杜君英合力攻破台湾府后，因利益分配不均及军纪问题而走向分裂。攻入府城后，杜君英"欲立其子杜会三为王，众不服，立朱一贵"，^⑥杜君英只受封为"国公"。蓝鼎元认为："彼（杜君英）当倡乱之初，声势猖獗，更甚于朱一贵。"^⑦杜君英对"国公"一职自然不满，而他与属下淫掠妇女等脱序行为，^⑧也加剧了与朱一贵之间的矛盾。《重修凤山县志》记载："粤党以入府无所获，且乱自粤庄始，而一贵非粤产，因有异谋；

---

① （清）蓝鼎元：《平台纪略》，收入（清）蓝鼎元：《鹿洲全集》，蒋炳钊、王钿点校，厦门：厦门大学出版社 1995 年版，第 818—819 页。
② 《朱一贵供词》，台湾"中央研究院"历史语言研究所编：《明清史料戊编》第 1 本，台北："中央研究院"历史语言研究所 1994 年影印 2 版，第 21 页。
③ （清）蓝鼎元：《平台纪略》，收入（清）蓝鼎元：《鹿洲全集》，蒋炳钊、王钿点校，厦门大学出版社 1995 年版，第 819 页。
④ 《朱一贵供词》，台湾"中央研究院"历史语言研究所编：《明清史料戊编》第 1 本，台北："中央研究院"历史语言研究所 1994 年影印 2 版，第 21 页。
⑤ （清）蓝鼎元：《平台纪略》，收入（清）蓝鼎元：《鹿洲全集》，蒋炳钊、王钿点校，厦门大学出版社 1995 年版，第 820—821 页。
⑥ （清）蓝鼎元：《平台纪略》，收入（清）蓝鼎元：《鹿洲全集》，蒋炳钊、王钿点校，厦门：厦门大学出版社 1995 年版，第 824 页。
⑦ （清）蓝鼎元：《东征集》卷三《答道府论陈福寿入山书》，收入（清）蓝鼎元：《鹿洲全集》，蒋炳钊、王钿点校，厦门大学出版社 1995 年版，第 550 页。
⑧ （清）蓝鼎元：《平台纪略》，收入（清）蓝鼎元：《鹿洲全集》，蒋炳钊、王钿点校，厦门大学出版社 1995 年版，第 824 页；《重修凤山县志》卷十一《杂志·灾祥（附兵燹）》，《台湾文献丛刊》第 146 种，第 274 页。

（翁）飞虎等大杀之，赤嵌楼下血盈渠。杜君英乃遁往北路，啸聚割据，戕杀闽人。"[1] 蓝鼎元《平台纪略》亦载："（朱一贵）密谋李勇、郭国正等，整兵围攻，杜君英败之。君英与林沙堂等，率粤贼数万人，北走虎尾溪，至猫儿干（今云林县仑背乡）屯扎，剽掠村社，半线上下多被蹂躏。"[2]

杜君英与朱一贵分裂后，原属杜君英阵营的郭国正、江国论、胡君用等闽人，[3] 皆投向朱一贵阵营，[4] 江国论、郑文远、林琏、胡君用、郑元长等人，还去追剿杜君英。[5] 如《台湾采访册》所言：

> 康熙六十年，朱一贵之乱，有伪封国公杜君英者，粤之潮州人也。其旗贼众最雄，闽之贼俱忿恨之。于是，合众攻君英。谚有云：十八国公灭杜是也。杀人盈城，尸首填塞街路，福安街下流水尽赤。[6]

杜君英与朱一贵的分裂，意味着起事阵营由福佬系的闽、粤联合演变成闽、粤分籍对立，下淡水地区的闽、客关系亦随之紧张。乾隆《重修凤山县志》记载：

> 自五月中，贼党既分闽、粤，屡相并杀。……南路赖君奏等所纠大庄十三、小庄六十四，并称客庄，肆毒闽人；而永定、武平、上杭

---

① （清）王瑛曾：乾隆《重修凤山县志》卷十一《杂志·灾祥（附兵燹）》，《台湾文献丛刊》第 146 种，第 274 页。

② （清）蓝鼎元：《鹿洲全集》，蒋炳钊、王钿点校，厦门大学出版社 1995 年版，第 824 页。据《朱一贵谋反残件》记载，杜君英带了一万余人逃往北路，参见台湾"中央研究院"历史语言研究所编：《明清史料丁编》第 8 本，台北："中央研究院"历史语言研究所 1999 年影印 2 版，第 797 页。

③ 江国论、胡君用都是漳州府平和县人，参见《"台匪朱一贵等案"残件》，台湾"中央研究院"历史语言研究所编：《明清史料戊编》第 3 本，台北："中央研究院"历史语言研究所 1994 年影印 2 版，第 202—204 页。

④ 参见林正慧：《六堆客家与清代屏东平原》表 11-1《杜君英阵营倒戈至朱一贵阵营之人物表》，台北：远流出版事业股份有限公司 2008 年版，第 255—256 页。

⑤ 参见郑文远、林琏、胡君用、郑元长等人供词，《朱一贵谋反残件》，台湾"中央研究院"历史语言研究所编：《明清史料丁编》第 8 本，台北："中央研究院"历史语言研究所 1999 年影印 2 版，第 792—796 页。

⑥ （清）林师圣：《闽粤分类》，载《台湾采访册》，《台湾文献丛刊》第 55 种，第 34 页。

各县人复与粤合。诸泉、漳人多举家被杀、被辱者。①

　　闽浙总督觉罗满保在上疏中指出："下淡水客民李直三等，于五月十日，会集十三大庄、六十四小庄共一万二千余名，在万丹社拜叩天地，立大清旗号，供奉皇上万岁圣旨牌，分设七营排列淡水河岸，又以八庄仓谷遣刘怀道等带领乡庄社番固守。"②客民武装初期一直采取守势，防止起事势力越溪侵扰，以保境安民，"各义民纠众拒河严守一月有余，不容贼夥一人南渡淡水"。至六月十二日，"贼首朱一贵遣贼目陈福寿、王忠、刘育、刘国基、薛菊生、郭国桢带贼人二万余，隔河结营，两相对垒"；六月十八日巳时，"贼从西港口偷渡，焚劫新园"；十九日，"贼犯万丹"，义民武装诱其至滥滥庄，"三面合攻，大败贼众"。③后"官军继至，乘势追捕"。④朱一贵部属的供词，也证实了该阵营对下淡水客庄的侵扰和进攻。朱一贵的一位部属供称："大兵进鹿耳门，□□□□□南淡水与客仔厮杀，打败了，逃往琅峤。"王忠的手下王拔也供称："六月初间，同王忠去南淡水征客仔，十九日输了，二十日同王忠坐一只船出海。"⑤"与客仔厮杀""征客仔"，这样的语气，"反映了福佬人对于客家人的蔑视和仇恨，也反映出朱一贵事件在反抗腐败的官府之余，掺杂有比较浓厚的族群械斗的成分"。⑥

　　值得注意的是，黄叔璥《台海使槎录》引《理台末议》云："康熙辛丑，朱一贵为乱，始事谋自南路，粤庄中继。我师破入安平，甫渡府治，南路粤庄则率众先迎，称为义民。粤庄在台，能为功首，亦为罪魁。"⑦引

① （清）王瑛曾：乾隆《重修凤山县志》卷十一《杂志·灾祥（附兵燹）》，《台湾文献丛刊》第146种，第276页。
② （清）觉罗满保：《为请议叙镇压朱一贵部之乡勇事题本》，张莉：《台湾朱一贵抗清史料（上）》，《历史档案》1988年第2期；《题义民效力义叙疏》，《重修凤山县志》卷十二《艺文志·奏疏》，《台湾文献丛刊》第146种，第344—345页。
③ （清）觉罗满保：《题义民效力义叙疏》，《重修凤山县志》卷十二《艺文志·奏疏》，《台湾文献丛刊》第146种，第345页。
④ 《清圣祖实录选辑》，《台湾文献丛刊》第165种，第173页。
⑤ 《朱一贵谋反残件》，台湾"中央研究院"历史语言研究所：《明清史料丁编》第8本，台北："中央研究院"历史语言研究所1999年影印2版，第792、795页。"□"为原文缺失。
⑥ 谢重光：《客家、福佬源流与族群关系》，北京：人民出版社2013年版，第222页。
⑦ （清）黄叔璥：《台海使槎录》卷四《赤嵌笔谈》，《台湾文献丛刊》第4种，第92页。

文中，"能为功首，亦为罪魁"的在台粤庄，应是各有所指，正如《台南东粤义民志》所云："其能为功首一语，系镇平、平远、程乡三县人也；亦为罪魁一语，系杜君英贼人也。杜逆原系潮人，潮属广东，故亦称粤。镇平等三县，昔属潮州，故亦称潮。迨雍正十年，始改程乡县为嘉应州，以镇平、平远二县割归嘉应州辖。何怪其于康熙年间统称之曰潮曰粤乎。"①

综上所述，朱一贵事件起事之初，朱一贵阵营是闽籍漳泉福佬语系，杜君英阵营是下淡水地区福佬语系的跨省联合，因而朱、杜的联合是福佬语系的闽、粤联合。五月中旬朱、杜分裂后，起事阵营由福佬系的闽、粤联合演变成闽、粤分籍对立，杜君英阵营中闽籍倒戈投向朱一贵阵营，杜君英率粤人北走虎尾溪，"戕杀闽人"。随后，"六月十三日，漳、泉纠党数千，陆续分渡淡水，抵新园、小赤山、万丹、滥滥等庄，图灭客庄"。②闽籍汀州府永定、武平、上杭各县人与粤籍客庄联合，抵御漳、泉起事者的侵扰和进攻，朱一贵事件演变成闽、客分类互斗。

二、下淡水闽客关系的演变

关于朱一贵事件之后闽、客关系的演变趋势，学界有不同的看法。有的学者认为，朱一贵事件之后，屏东平原的闽客关系有日益和缓或日趋淡化的趋势；③有的学者则认为，朱一贵事件是清代台湾闽粤分类械斗之始，自此而后，二者关系日益恶化。④笔者认为，朱一贵事件之后，在不同的地区、不同的时期，闽、客关系的走向并不一致，应做具体分析。

就下淡水地区而言，朱一贵事件平定后，参与"杀贼守土效力"的一

---

① （清）宋九云：《台南东粤义民志》，光绪十一年（1885 年）手抄本，第 35—36 页。
② （清）王瑛曾：乾隆《重修凤山县志》卷十一《杂志·灾祥（附兵燹）》，《台湾文献丛刊》第 146 种，第 276 页。
③ 简炯仁：《屏东平原客家"六堆"聚落的形成及其社会变迁》，收入徐正光主编：《聚落、宗族与族群关系——第四届国际客家学研讨会论文集》，台北："中央研究院"民族学研究所 2000 年版，第 26 页。
④ 林正慧：《闽粤？福客？清代台湾汉人族群关系新探——以屏东平原为起点》，台湾《"国史馆"学术集刊》第 6 期，2005 年 9 月；《六堆客家与清代屏东平原》，台北：远流出版事业股份有限公司 2008 年版，第 250 页。

万余名客家丁壮成为朝廷褒奖的"义民"。① 义民中，"为首起义及统众打
仗出力"的领袖和功臣，"各给以外委、都司、守备、千、把"，还"制
'怀忠里'匾额旌其里门"，② "谕建亭曰忠义亭，优恩蠲免差徭（立碑县门，
永为定例）"。③ 乾隆三年（1738 年）分巡台湾道尹士俍编纂的《台湾志略》
记载："下淡水多客民庄……辛丑助剿朱匪，因呼为'义民庄'。凡港东、
港西二里之客民，当时报册有名者，俱称为'怀忠里义民'。"④ 根据这一
记载，港东、港西二里各庄之客民，在协助剿平朱一贵事件之后，都经过
登记和造册。《六堆忠义文献》收录一篇台湾知府高铎发布的告示，指出
总督觉罗满保在朱一贵事件后不久就要求台湾府官员详细调查下淡水各庄
居民的情况："各庄民人原籍何处？何年来台？作何生业？有无家室亲属
在台？其所佃种田园若干甲数？或系自己产业，或系佃种何人之业？此三
十三庄之田通共甲数若干？内中升科若干，未升者若干，完纳钱粮租额若
干？俱即一并查明，于各人名下填注册内，星飞呈送，以凭会核明白，另
行酌量料理优恤。"⑤ 通过登记和造册，原本被视为隔省流寓的"客仔"，正
式取得了台湾户籍。朱一贵事件期间客民设立七营进行堵御，后发展成为
六堆乡团组织。此后，每遇发生反清事变，客民即设堆堵御，协助官府平
乱，官府则在事后给予封赏。雍正十年（1732 年）的吴福生事件、乾隆
五十一年至五十三年（1786—1788 年）的林爽文事件、嘉庆十年至十一
年（1805—1806 年）的蔡牵事件，莫不如此。⑥

　　随着客民社会、政治地位的上升，闽、客关系发生了变化。据首任巡

①　雍正十年（1732 年）内阁大学士张廷玉的一份题本称："台湾府查明，义民共 12199 名。"
　　《大学士管户部尚书张廷玉等题议准闽抚所请台属义民往来应立法稽查以杜偷渡之弊
　　本》，中国第一历史档案馆编：《雍正朝内阁六科史书·户科》第 86 册，桂林：广西师范
　　大学出版社 2007 年版，第 383—385 页。

②　（清）觉罗满保：《题义民效力义叙疏》，《重修凤山县志》卷十二《艺文志·奏疏》，《台
　　湾文献丛刊》第 146 种，第 345 页。

③　（清）王瑛曾：乾隆《重修凤山县志》卷十《人物志·义民》，《台湾文献丛刊》第 146
　　种，第 257 页。

④　（清）尹士俍：《台湾志略》中卷《民风土俗》，李祖基点校，北京：九州出版社 2003 年
　　版，第 45 页。

⑤　邱维藩汇集、邱炳华抄录：《六堆忠义文献》，第 35—36 页。

⑥　参见林正慧：《六堆客家与清代屏东平原》，台北：远流出版事业股份有限公司 2008 年
　　版，第 202—225 页。

台御史黄叔璥的观察 ："辛丑变后，客民（闽人呼粤人曰客仔）与闽人不相和协。再功加外委，数至盈千，奸良莫辨 ；习拳勇，喜格斗，倚恃护符，以武断于乡曲。保正里长，非粤人不得承充 ；而庇恶掩非，率徇隐不报。"① 从中可见，客民依仗协助官府平乱的功劳，武断乡曲，垄断保正、里长等公共权力。总兵蓝廷珍的幕僚蓝鼎元，在雍正元年（1723 年）撰文指出 ："汝等漳泉百姓，但知漳泉是亲 ；客庄居民，又但知客民是亲。""无故妄生嫌隙，以致相仇相怨，互相戕贼！"漳、泉、海丰、三阳之人经过客庄，客民经过漳、泉村落，常会发生 "言语争竞""攘夺斗殴"的情况，甚至"操戈动众相攻杀"。如当时发生的郑章事件，闽人郑章为复仇，擅自杀死粤籍义民赖君奏、赖以槐，"漳泉百姓，以郑章兄弟眷属被杀被辱，复仇为义，乡情缱绻，共怜其死"，② 闽客械斗一触即发。闽人还不断恐吓说，两岸往来的船只、咽喉、关隘、歇店，都由他们的亲友所控制，闽人要杀害客民，"甚如抹蚁"，使客民极为恐慌，一再向上级官员递禀呈文。③ 可见，朱一贵事件之后，下淡水地区的闽、客关系仍呈紧张的对立状态。

"嗣后地方安靖，闽每欺粤，凡渡船、旅舍、中途多方搜索钱文。"④ 这无疑加深了客民对闽人的积怨，借闽人起事之时，协助官府平乱进行报复 ："粤人积恨难忘，逢叛乱，粤合邻庄聚类蓄粮，闻警即藉义出庄扰乱闽之街市村庄，焚抢虏掠闽人妻女及耕牛、农具、衣服、钱粮无算，拥为己有，仇怨益深。吴福生反时，闽受粤之报复已惨，至黄教之乱，荼毒闽人尤甚。"⑤ 到道光年间，闽、粤 "仇日以结，怨日以深，治时闽欺粤，乱时粤侮闽，率以为常，冤冤相报无已时"。⑥ 分类冲突与反清民变相伴随，"有起于分类而变为叛逆者，有始于叛逆而变为分类者"，⑦ 闽、粤冲突愈演

---

① （清）黄叔璥 ：《台海使槎录》卷四 《赤嵌笔谈·朱逆附略》，《台湾文献丛刊》第 4 种，第 93 页。黄叔璥康熙六十一年（1722 年）任巡台御史，留任一年。

② （清）蓝鼎元 ：《闽粤相仇谕》，乾隆 《重修凤山县志》卷十二 《艺文志·文移（附禀札）》，《台湾文献丛刊》第 146 种，第 352—353 页。

③ 邱维藩汇集、邱炳华抄录 ：《六堆忠义文献》，第 29—33 页。

④ （清）林师圣 ：《闽粤分类》，载 《台湾采访册》，《台湾文献丛刊》第 55 种，第 34 页。

⑤ （清）林师圣 ：《闽粤分类》，载 《台湾采访册》，《台湾文献丛刊》第 55 种，第 34 页。

⑥ （清）林师圣 ：《闽粤分类》，载 《台湾采访册》，《台湾文献丛刊》第 55 种，第 35 页。

⑦ （清）陈盛韶 ：《问俗录》卷六 《鹿港厅》，刘卓英标点，北京 ：书目文献出版社 1983 年版，第 138—139 页。

愈烈,参见下表 2-1。到光绪末年,卢德嘉在下淡水地区采访时,向闽民"询及粤庄义民,无不切齿痛骂,谓其名为义民,而实则甚于贼"。[1]

表 2-1 清代凤山县下淡水闽、粤冲突事件表

年代	事件名称	冲突情况	资料来源
康熙六十年(1721 年)	朱一贵事件	"南路赖君奏等纠大庄十三、小庄六十四,并称客庄,肆毒闽人……漳、泉纠党数千……图灭客庄。"	乾隆《重修凤山县志》卷十一,第 276 页。
雍正元年(1723 年)	郑章事件	郑章以兄弟眷属被赖君奏、赖以槐杀害为由,殴死赖君奏、赖以槐,以求抵偿。	乾隆《重修凤山县志》卷十二,第 352 页。
乾隆三十三年(1768 年)	黄教事件	"南路一带,自罗汉门起,至水底寮止,相去一百余里,闽粤村庄联络庄民数万,拥众互斗。"	《台案汇录己集》卷二,第 66 页。
乾隆五十一至五十三年(1786—1788 年)	林爽文事件	"庄大田、庄锡舍等,合众力攻粤庄不得入,闽人被粤人擒杀极多。父母冻饿,兄弟妻子离散,不计其数。"	《台湾采访册》,第 34 页。
嘉庆十至十一年(1805—1806 年)	蔡牵事件	"凤山一县,粤人乘乱藉义焚毁、抢劫闽庄至四百余庄。"	《续修台湾县志》卷八,第 624 页。
嘉庆二十四年(1819 年)		四块厝庄潮州人抢夺万峦庄嘉应州人牛只,掳奸妇女,引发两庄互斗殴;社番潘添赐商同粤人宋阿二趁机焚抢邻近之佳佐庄。	林正慧:《六堆客家与清代屏东平原》,第 269—271 页。
道光十二年(1832 年)	张丙、许成事件	下淡水地区除了毕支尾、水底寮、枋寮三处闽庄外,"余皆焦土,可怜两里(港东里、港西里),遂作荒坵"。扩及台湾县及嘉义的闽人聚落。	《凤山县采访册》,第 430 页。
道光十四年(1834 年)		闽、粤分类械斗(酿事,凤山县蛮蛮[2]大庄)。	同治《淡水厅志》卷十四,第 365 页。
道光二十一年(1841 年)	陈冲案	陈冲等人组织青龙会,"焚抢滋事。闽粤各庄互相惊疑,纷纷搬徙,势将分类械斗,牵及台湾、凤山交界。闽粤民庄、番社,亦皆煽惑"。	《东溟奏稿》卷二,第 54 页。

---

① (清)卢德嘉:《凤山县采访册》,庚部《义民》,《台湾文献丛刊》第 73 种,第 276 页。

② 可能在滥滥或万峦,参见林正慧:《六堆客家与清代屏东平原》,台北:远流出版事业股份有限公司 2008 年版,第 266 页注(62)。

年代	事件名称	冲突情况	资料来源
道光二十六年 （1846 年）		万峦庄粤人与茗藤林庄闽、潮人，因窃牛事件起冲突，造成邻近客家人与闽、潮民聚落间相互焚抢斗杀。	林正慧：《六堆客家与清代屏东平原》，第 272—276 页。
咸丰三年 （1853 年）	林恭事件	粤人"怀挟私嫌，擅攻闽庄，焚抢掳杀，不分良莠，村社悉成焦土，财务被掠一空，难民无家可归，流离失所，因而被水冲毙、逃难死亡者，不可胜计。"	《凤山县采访册》，第 275 页。
咸丰十年 （1860 年）		因大路关庄粤人遭高朗朗庄闽人袭击，引发两庄间的冲突，美浓、万峦等庄粤人募民援助，参与械斗。	林正慧：《六堆客家与清代屏东平原》，第 277 页。
同治元年 （1862 年）		阿缑、海丰等庄闽人斩杀火烧庄粤人张维雄，火烧等庄粤人欲抗欠阿缑、海丰等庄闽人租谷，以消愤恨。	林正慧：《六堆客家与清代屏东平原》，第 277—278 页。
同治二年 （1863 年）		北市头、五魁寮等闽庄与万峦等粤庄互相纠众械斗抢掳。	林正慧：《六堆客家与清代屏东平原》，第 278 页。
咸丰十一年至同治四年 （1861~1865 年）		和兴庄粤人李恶狗等霸收海丰庄闽人郑元奎等租谷，还抢夺海丰庄人耕牛，攻扰海丰庄。	林正慧：《六堆客家与清代屏东平原》，第 279—281 页。

值得注意的是，乾隆以后，官方文献、闽人逐渐使用"粤民"来称呼广东省籍移民，广东省籍移民也接受了"粤民"这一称呼。[①] 虽然广东省籍移民包括潮州府、惠州府和嘉应州等地移民，但潮州府移民却称"潮人"。道光年间，台湾总兵武攀凤及台湾道熊一本在奏折中称：

> 台郡南路凤山县地方，均系闽、粤两籍民人分庄居住，闽与粤素分气类，积不相能，而旧属粤籍之潮州、嘉应州民人又分气类，彼此成仇，潮州人转与闽籍之漳、泉人和好，于是嘉应州人称潮州庄为潮人，潮州人称嘉应州庄为粤人，遇有鼠雀细故，潮人则附漳、泉人，

---

① 如林爽文事件期间，乾隆五十二年（1787 年），留营随征的六堆副总理刘绳祖、周敦纪、曾秀等二十余人连名呈称："粤民等祖父，自康熙六十年、雍正十年，逆匪朱一贵、吴福生等先后倡乱，屡从征剿，皆邀议叙职衔……今贼首林爽文、庄大田等南北肆扰……粤民等因遵康熙、雍正年间各义民祖父设堆堵御之例，推举义民曾中立为总理，分设六堆，统计义民八千余人，屡经打仗杀贼……"《钦定平定台湾纪略》卷三十六，《台湾文献丛刊》第 102 种，第 573 页。

与粤人斗杀焚抢，报复相寻，由来已久。①

　　姚莹《答孝信斋论台湾治事书》亦云："台之地……有泉人焉，有漳人焉，有粤人焉，有潮人焉，有番众焉。合漳、泉、潮、粤、番、汉之民而聚处之，则民难乎其为民。"② 由此可见，"粤人"在清廷官员看来，主要是指来自嘉应州的广东客家移民。至于汀州府移民，虽然隶属于福建省，但在闽、粤分类中，"汀人附粤而不附闽"。③ 道光年间，应凤山知县曹谨之召赴台入幕的林树梅亦指出，凤山"闽之汀州与粤连界，亦附粤庄"。④ 可见，下淡水地区的闽、粤分类和语言群的闽、客分类基本重叠。

　　清代下淡水地区的人群分类"惟分闽、粤，不分漳、泉"。⑤ 这应与下淡水地区闽、粤移民的力量对比有关。粤民人多势众，"村庄联络，声息可通"，且有六堆乡团组织及严密的防御工事；⑥ 闽庄"地广民散，绣壤错落，鸠众为难"，"居社亦四面受攻。虽上下与之毗连，而形势未足以相抗"。⑦ 粤民的团结与相对强势，使漳、泉必须合力面对共同的威胁，如蒋师辙所言："漳泉合又与粤仇，勾众忿阋，凤山最甚。"⑧ 在闽粤关系持续紧张的情形下，闽人在同治三年（1864 年）组成联庄自卫组织。在社皮庄黄正春的倡议下，社皮、公馆、刘厝庄、仑仔尾、归来、顶柳仔林、下柳仔林、大湖、新庄子、广安、玉成、顶宅、麻芝丹等十三庄的头人，组织

---

① 《总兵武攀凤、台湾道熊一本奏台郡南路凤山县闽粤潮民人挟嫌互相焚抢杀人、督带大兵弹压止息，先后拏获首要各犯严审律办地方臻安靖折》，《道光朝军机处录副奏折》79160。

② （清）姚莹：《东槎纪略》卷四，《台湾文献丛刊》第 7 种，第 110 页。

③ 《闽浙总督孙尔准奏为查办械斗完峻筹议善后事宜》［道光七年（1827 年）］，《道光朝军机处录副奏折》058972。

④ （清）林树梅：《啸云文抄》卷二《与曹怀朴明府论凤山县事宜书》，收入林树梅：《啸云诗文抄》，陈国强校注，厦门：厦门大学出版社 2013 年版，第 19 页。

⑤ （清）刘家谋：《海音诗》，载《台湾杂咏合刻》，《台湾文献丛刊》第 28 种，第 18 页。

⑥ （清）林师圣《闽粤分类》："粤大庄多种刺竹数重，培植茂盛，严禁剪伐，极其牢密。凡鸟枪、竹箭无所施，外复深沟高垒，庄有隘门二，竖木为之。又用吊桥，有警即辘起固守，欲出斗则平置，归仍辘起。其完固甲于当时之郡城矣。"《台湾采访册》，《台湾文献丛刊》第 55 种，第 34 页。

⑦ （清）郑兰：《请追粤砲议》，载《凤山县采访册》，癸部《艺文二·兵事（下）》，《台湾文献丛刊》第 73 种，第 433 页。

⑧ （清）蒋师辙：《台游日记》卷四，《台湾文献丛刊》第 6 种，第 127 页。

了名为"义勇公"的团体，以奉祀义勇公为名，购置田地二甲余为基本财产。其主要目的在于，发生械斗时，以基本财产的收益，犒劳械斗先锋，救济阵亡及伤者。日据以后，械斗敛迹，该会转变为十三庄的亲睦团体，至 1937 年解散。①

综上所述，朱一贵事件之后，下淡水地区的闽、客关系整体呈紧张的对立状态。其人群分类，粤之潮州人"与闽籍之漳泉人和好"，闽之汀州人则"附粤而不附闽"，因而下淡水地区的闽、粤分类和语言群的闽、客分类基本重叠。

第三节　台湾中北部的闽客关系

一、诸、彰二县

康熙五十六年（1717 年）编成的《诸罗县志》记载，"自下加冬至斗六门，客庄、漳泉人相半""斗六以北客庄愈多"。②下加冬在今台南市后壁区，斗六门即今云林县斗六市。由此可见，在康熙末年，现在的嘉义市县、云林县南部以及台南市北部的部分地区，是闽、客移民杂居共处；云林县斗六市以北的地区，客籍移民居多。

雍正元年（1723 年），割诸罗县虎尾溪以北设彰化县，并增设淡水捕盗同知，③负责虎尾溪以北的海防、治安、理番等事务。雍正九年（1731年），将大甲溪以北刑名钱谷归淡水同知管理，移驻竹堑。④乾隆十二年（1747 年）五月，闽浙总督喀尔吉善在密奏中谈到台湾粤人的分布情况："粤人处台、诸、彰、淡之境者，不过一二万人；在凤山县境港东、港西列庄而居者，约计百余十庄，统计不下十余万人，结连亲故，侵夺番地，

---

① 戴炎辉：《清代台湾之乡治》，台北：联经出版事业公司 1979 年版，第 190 页注（75）。
② （清）周钟瑄：康熙《诸罗县志》卷八《风俗志》，《台湾文献丛刊》第 141 种，第 136—137 页。
③ 《清世宗实录选辑》，《台湾文献丛刊》第 167 种，第 3—4 页。
④ 《清世宗实录选辑》，《台湾文献丛刊》第 167 种，第 36 页；同治《淡水厅志》卷八《职官表·官制》，《台湾文献丛刊》第 172 种，第 203 页。

获赀颇饶。"①此时台湾中北部粤人数量与南部凤山县悬殊较大。乾隆五十二年（1787年），郑光策《上福节相论台事书》亦云："按全台大势，漳泉之民居十之六七，广民在三四之间。以南北论，北淡水、南凤山多广民，诸、彰二邑多闽户。"②与70年前的康熙末年相比，诸罗县（乾隆五十二年改称嘉义）和彰化县闽、粤籍移民的比例出现逆转，由原来粤籍移民占大部分变为以闽籍移民为主。该地区的族群关系如刘家谋《海音诗》所云："北路则先分漳、泉，继分闽、粤；彰、淡又分闽、番，且分晋、南、惠、安、同。"③乾隆四十七年（1782年），彰化县莿桐脚庄民因赌博口角引发漳泉分类械斗，开启了台湾中部地区分类械斗的序幕。

1. 林爽文事件——泉、粤联合抗漳

乾隆五十一年（1786年）林爽文事发。林爽文是漳州府平和县坂仔人。据学者研究，林爽文事件期间，台湾中部附从林爽文的势力以漳州福佬人最多，其次为漳州客家，第三为泉州同安福佬人，第四为汀州永定客家。其中漳州福佬和客家合占82.41%，是附从林爽文的主要人群。④反抗林爽文的势力以泉州福佬人最多，其次为嘉应客家与潮州客家，第四为泉州同安福佬，第五为漳州福佬人。其中潮州客家与嘉应客家合占20.16%，为反抗林爽文的第二大势力。因此，林爽文事件期间台湾中部的语群分类，大致呈现漳州福佬、漳州客家、泉州同安福佬和汀州客家，对抗泉州福佬、粤籍客家和泉州同安福佬的分类格局。其中泉州同安福佬附从和反抗的比例，约为二比一。⑤汀籍客家附漳而不附粤籍客家，不同于朱一贵事件中下淡水汀籍与嘉应州客籍联合，共同对抗漳泉。另据学者研究，嘉义大林

① 《为密奏携眷过台之弊请勒限一年停止缘由事》[乾隆十二年（1747年）五月二十一日]，《明清台湾档案汇编》第一辑第19册，台北：远流出版事业股份有限公司2006年版，第319—320页。

② （清）贺长龄等编：《清朝经世文编》卷八四《兵政一五·海防中》，北京：中华书局1992年版，第2071页。

③ （清）刘家谋：《海音诗》，载《台湾杂咏合刻》，《台湾文献丛刊》第28种，第18页。

④ 林爽文事件的最后，今日南投中寮的漳州诏安客属，为林爽文提供了一条逃亡的生路，因而在中寮留下"爽文路"地名。参见邱彦贵、吴中杰：《台湾客家地图》，台北：猫头鹰出版社2001年版，第80页。

⑤ 吴正龙：《清代台湾的民变械斗与分类意识的演变——以林爽文事件为中心所作的探讨》，台北：中国文化大学文学院史学系博士论文，2013年，第165页。

西半部的广东饶平刘、陆丰张姓客属，和东半部的福建永定江姓、南靖简姓客属，数百年来为水火不容的两个集团，清代争水械斗，今日仍为两大壁垒分明的派系。①

林爽文变起后，彰化县嘉应州移民亦有设堆堵御之举。

> 广东嘉应州监生李乔基，当林爽文倡乱之初，即在彰化县岸里社地方，首先倡义，捐资招募民番，分设七堆，并分拨义勇协守鹿仔港海口，接候官兵，与贼打仗数十次，杀贼甚多。②

在变乱和镇压变乱的过程中，"乱民"与"义民"之间的焚掠时有发生。如：

> （乾隆五十一年十二月）十有二日辛亥，北庄粤监生李安善，起义克复彰化县城，擒伪将杨振国等，解省正法；城复失守。北庄有广东嘉应州监生李安善字乔基者，素怀忠勇。其祖于康熙年间平朱一贵之乱，有功受职。及爽文攻诸罗城，安善在岸里社，捐赏募义，纠合各路义勇，伺贼攻郡城，遂与原任彰化县知县张贞生、把总陈邦光，克复县城，获伪官杨振国、高文麟、陈高、杨轩，槛送内地伏诛。时义民中有不肖者，焚庄肆掠，致胁从无所归，平民亦不敢出，以故空城莫守，仍为贼据。北庄在贼巢后，贼畏其逼，并力攻之。各义庄莫敢出援。③
>
> 五十二年春正月……二十有三日壬辰……时爽文知北路分类起义，方与众贼还攻北路，焚掠义民庄社，彰化再陷。④

---

① 参见吴中杰：《台湾漳州客家分布与文化特色》，《客家文化研究通讯》第 2 期，1999 年 6 月，第 90 页。

② 《福康安、徐嗣曾奏为查明殉难最烈之幕友义民贞女等奏请思恤事》，《宫中档乾隆朝奏折》第 68 辑，台北：故宫博物院 1987 年版，第 204 页。

③ 道光《彰化县志》卷十一《杂识志·兵燹》，《台湾文献丛刊》第 156 种，第 366—367 页。

④ 道光《彰化县志》卷十一《杂识志·兵燹》，《台湾文献丛刊》第 156 种，第 368 页。

这类相互焚掠，无疑加深了闽、客之间的矛盾和仇恨。

2.张标案——漳、粤联合抗泉

乾隆五十五年（1790年），彰化县南投地方，漳州人张标与泉州人向不和睦，结合粤人谢志，欲复兴天地会，以防备泉人，后被查获。不过，涉案49人中，仅施錬一人是由谢志邀集入会；其他人员都是张标邀集或是转邀。①

3.黄红案——泉、粤联合抗漳

嘉庆十四年（1809年）九月初八日，彰化县拺东保翁仔社（今台中市丰原区翁社里）粤人黄增仔、林委伯，挑米经过沙辘街，被漳人误杀。当时正值淡水厅属中港等处因泉州民人黄红之妻与漳人蔡成通奸，引发漳泉械斗，波及彰化、嘉义两县，石冈仔（今台中市石冈区）、东势角（今台中市东势区）粤民纠集牛骂头（今台中市清水区）泉人，于初十赴葫芦墩等与漳人寻斗。彰化知县陈国麟带领义民首王松等驰往禁止，即行解散。与此同时，拺东保匪徒二百余人南窜至北投欲抢粤庄，附近一带均系粤人插居漳庄，十分惊惶。台湾镇武隆阿带兵过山由南投兜截匪徒。十二日，漳人欲攻抢吴厝粤庄，武隆阿派兵驱散。十四日，又有泉粤民人勾出生番七十余名与漳人互斗，知县陈国麟谕令通事屯弁将生番赶回内山。十六日，牛骂头等泉人与粤人焚烧漳庄，千总翁朝龙等带兵赶到，即各逃窜。②据《彰化县志》记载："迨早稻登场，庄民各思回庄收获，始复平定。"③

4.李通案——闽、粤械斗

道光六年（1826年）四月，彰化县东螺保睦宜庄（今彰化县田尾乡睦宜村）李通等，因偷窃粤民黄文润猪只起衅，互相斗狠。李通等散布谣言，谓是闽、粤分类，各自纠伙焚抢粤庄。彰化许厝埔黄源（泉州府晋江人）、西螺廖旺传（漳州府诏安人）、水沙连陈月中（漳州府龙溪人）和江愿（漳州府平和人）、东螺王妈兴（漳州府漳浦人）、牛骂头蔡燕（泉州府

———————

① 《清高宗实录选辑》，《台湾文献丛刊》第186种，第681页；《台案汇录己集》卷八，台北：文海出版社有限公司1981年版，第378—383页。

② 参见林伟盛：《清代淡水厅的分类械斗》，《台湾风物》第52卷第2期，2002年6月，第27页。

③ 道光《彰化县志》卷十一《杂识志·兵燹》，《台湾文献丛刊》第156种，第383页。

晋江人）、嘉义吴妈赐（泉州府南安人）、凤山陈茂盛等闽人，纷纷起意纠众攻打粤人；各地粤人也纷纷纠众报复。①"员林一带粤人，纷纷搬入大埔心庄及关帝厅等处，坚守防御。而小庄居屋，被焚过半。"只有白沙坑（今彰化县花坛乡白沙村）等庄，潮州府人与泉州人比屋杂处，仰赖恩贡生曾拔萃与各庄士绅、耆老、总理、董事善为保护，方得安堵如故。内山葫芦墩（今台中市丰原区）等处，则互相焚杀。沿至大甲溪以北，淡属闽、粤，亦皆分类焚杀。虎尾溪以南嘉义县界内，初亦"人心摇动"，后因县令王衍庆办理得宜，才获得安宁。②

5. 张丙案——闽粤械斗与抗官民变相互交错

道光十二年（1832年），居住在嘉义县北仑仔庄的陈办，漳州龙溪人，③其族人因摘取双溪口粤庄大族张阿凛家（饶平客属）芋叶而受辱，陈办毁其芋田报复。闰九月十日，张阿凛率众焚陈办屋，并牵走其族人牛只。陈办约店仔口（今台南市白河区白河等里）张丙助斗。张丙纠集三百人，与陈办、陈连攻双溪口，受创潜回店仔口。陈办、陈连焚掠附近各粤庄，张阿凛也率众焚抢陈连庄。二十五日，陈办抢大埔林汛防器械，后又攻埔姜仑庄，遭官兵弹压，逃到店仔口诉诸张丙。当时因为夏天干旱，米谷收成不好，各庄约定禁米出乡，店仔口由张丙负责。有米商在店仔口屯积米谷数百石，贿赂庄上生员吴赞庇护送出乡，但在中途却被匪徒劫夺。吴赞怀疑张丙主谋，向嘉义知县邵用之控告张丙通盗，拟逮张丙治罪。张丙，其先漳州府南靖人，④认为知县收受贿赂，此时又听到陈办之言，更加怀恨，认为官方专杀闽人，偏袒粤人，于是竖旗起事，闽粤分类械斗演变为抗官民变。⑤

① 参见曹如秀：《初探清代闽粤械斗及其空间分布演变——以道光朝李通事件为例》，台湾《竹堑文献杂志》第27期，2003年8月，第49—50页。
② 道光《彰化县志》卷十一《杂识志·兵燹》，《台湾文献丛刊》第156种，第383页。
③ 参见吴中杰：《台湾漳州客家分布与文化特色》，台湾《客家文化研究通讯》第2期，1999年6月，第90页。该作者的另一著作则称陈办是泉州同安人，参见邱彦贵、吴中杰：《台湾客家地图》，台北：猫头鹰出版社2001年版，第80页。
④ 据吴中杰先生研究，张丙为居住在台南白河"客庄内"的南靖客，参见吴中杰：《台湾漳州客家分布与文化特色》，台湾《客家文化研究通讯》第2期，1999年6月，第90页。
⑤ （清）周凯：《内自讼斋文选·记台湾张丙之乱》，《台湾文献丛刊》第82种，第32—33页。

十一月初二日起，彰化县拣东上保罩兰庄（今苗栗县卓兰镇老庄等里）粤人詹番婆、吴阿贤等，率众焚抢葫芦墩等庄，及淡水厅属旧社（今台中市后里区）、北庄（今台中市神冈区）、大甲（今台中市大甲区）、后垄（今苗栗县后龙镇）、中港（今苗栗县竹南镇）等闽庄。后经福建陆路提督马济胜、台湾总兵刘廷斌带兵弹压，强令居民归庄安业。十二月，张丙被捕，难民归庄，分类互斗始见停息。①

6.戴潮春事件——粤人的双边关系

同治元年（1862年），戴潮春事发。戴潮春，原籍漳州府龙溪县，居住在彰化县四张犁（今台中市北屯区仁美里一带）。事件中，泉属绅民多出死力与戴党相拒，东势角粤人罗冠英亦招募壮士数百，对抗戴春潮所部；②彰化永靖陈义方（广东饶平籍）也组织漳粤联军助官平乱。③但戴案后期，"彰邑海丰仑七十二庄粤籍人多附贼抗官，抢劫军饷"，④形成漳粤联合抗清的形势。

由上述可见，台湾中部地区的汉人以闽籍移民为主，粤籍移民在人数上处于少数。在林爽文事件中，漳州客家和汀州客家均附漳不附粤，粤人则联合泉人共同抗击漳人。在此后的族群互动中，人数上处于弱势的粤人，或是依附泉人，或是与漳人联合。面对激烈的生存竞争，粤人往往向闽人少而荒埔多的山区地带迁徙，原住在粤人优势区的闽人则由内往外迁移，形成闽、粤籍分区集居的现象。中部地区因冲突事件造成的闽、粤人迁居，主要有：

（1）彰化县东螺西堡（今彰化县埤头乡大部分、北斗镇、田尾乡、溪洲乡一部分），康熙五十四年（1715年），有粤人黄利英招佃开垦，其后，又有粤人罗泉者继来。雍正至乾隆年间，漳泉人亦大量移来，粤籍居民因经受不住漳泉人声势，乃变卖田产，移往台中盆地及其他地区。到嘉庆初

① 参见吴正龙：《清代台湾的民变械斗与分类意识的演变——以林爽文事件为中心所作的探讨》，台北：中国文化大学文学院史学系博士论文，2013年，第197页。
② （清）林豪：《东瀛纪事》卷下《翁仔社屯军始末》，《台湾文献丛刊》第8种，第43~44页。
③ 参见郭伶芬：《清代彰化平原福客关系与社会变迁之研究——以福佬客的形成为线索》，《台湾人文生态研究》第4卷第2期，2002年，第42页。
④ （清）林豪：《东瀛纪事》卷下《余匪》，《台湾文献丛刊》第8种，第50页。

年，已无粤人足迹。①

（2）大肚溪支流猫罗溪东部，雍正年间，潮州府大埔县曾、何、巫等姓相继进入开垦，垦成柳树浦、登台（一名丁台，皆在今台中市雾峰区）二庄。乾隆七、八年（1742、1743年），漳州人林江率族人由大里杙（今台中市大里区）南进番境，向猫罗社番购得耕地，开拓今雾峰一带。乾隆十五年（1750年）后，泉州晋江人吴洛亦请垦丁台之野。随着草莱益辟，移民益众，生存竞争日趋激烈，乾隆四十七年（1782年），发生闽粤分类械斗，粤人势单，退往东势角一带。②

（3）乾隆五十一年（1786年），因林爽文事件而引起的闽粤械斗，促使牛骂头（今台中市清水区）一带粤籍居民迁往南坑（在今台中市丰原区）、葫芦墩、东势角一带，牛骂街遂成为泉州人之地盘。

（4）位于台中盆地内部的大墩一带，原是闽粤村落杂错分布的地区。道光初年以后的闽粤械斗，使这一地区粤籍居民迁往盆地北部东势角、葫芦墩地方。

（5）道光六年（1826年）闽粤械斗，彰化员林一带粤人向大埔心庄（今彰化县埔心乡）、关帝厅（今彰化县永靖乡）迁移集中，其中部分人迁往葫芦墩、东势角与苗栗一带。

（6）道光六年（1826年）以后至咸丰三年（1853年）的闽粤械斗，道光二十四年（1844年）漳泉械斗，不仅促使粤人自北庄（今台中市神冈区）、神冈东迁葫芦墩、东势角，亦迫使泉人迁出南坑、葫芦墩、东势角、茄荎角（今台中市潭子区）、军功寮（今台中市北屯区），移往北庄、神冈地方。③

二、淡水厅南部

如前所述，大甲溪以北，雍正九年（1731年）起归淡水厅管辖。其

① 曾庆国：《彰化县三山国王庙》，彰化：彰化县立文化中心1999年再版，第28页。
② 洪丽完：《大安、大肚两溪间拓垦史研究》，《台湾文献》第43卷第3期，第190页。
③ 参见施添福：《清代在台汉人的祖籍分布和原乡生活方式》，台北：台湾师范大学地理系1987年版，第81—82页；洪丽完：《清代台中地方福客关系初探——兼以清水平原三山国王庙之兴衰为例》，《台湾文献》第41卷2期，1990年，第68—69页。

中，淡水厅南部，即今桃竹苗地区，就整体而言，是台湾西部开发较晚的地区。据《诸罗县志·兵防志》记载，康熙五十一年（1712 年），设淡水分防千总（驻今新北市八里区），并设置大甲（在大甲溪之北）、猫盂（今苗栗县苑里镇）、吞霄（今苗栗县通霄镇）、后垄、中港、竹堑（今新竹市）、南崁（今桃园市芦竹区）七塘官兵。"盖数年间而流移垦辟之众，又渐过半线（今彰化市）、大肚溪以北矣。此后流移日多，乃至南日（今台中市大甲区日南、幸福里一带）、后垄、竹堑、南崁，所在而有。"[①] 不过，康熙时期文献，本地区尚无街庄记载；乾隆六年刘良璧《重修台湾府志》，记载了一街十五庄：竹堑街、坑仔庄（在桃园市芦竹区）、虎茅庄（桃园市桃园区一带）、奶笏庄（今桃园市北部）、涧子坜庄（今桃园市中坜区）、甘棠庄、南庄、北庄（以上三庄不明，疑在今桃园市中部）、芝巴里庄（今中坜区芝芭里）、大溪墘庄（今桃园市杨梅区西北部）、翠丰庄（今新竹县新丰乡一带）、猫儿锭庄（今新竹县竹北市）、中港庄、永安庄（不详）、猫盂印斗庄（疑在今苗栗县苑里镇）、吞霄庄。[②] 说明直到乾隆初年，该地区的开发范围仍属相当有限。乾隆以后，这一区域进入了积极开发的时期。随着土地的日渐垦辟，移民间的生存竞争逐渐显现，地缘或语群意识开始高涨。

乾隆四十八年（1783 年），淡水厅属黄泥塘（今桃园市龙潭区）地方，因争垦埔地发生闽粤械斗。黄泥塘、乌树林一带，因接近生番地域，乾隆三十三年（1768 年）在黄泥塘和乌树林各招募乡勇二十名设隘防守，准其就近垦种作为口粮。张昂为乌树林乡勇。乌树林附近有马陵、武陵（均在龙潭区）两块埔地，其中武陵埔地是张昂的族叔张凤攀向霄里社通事知母六认垦，并出有押地银三十元。后知母六之子凤生又将两块埔地招闽籍汉人林淡、李探等合股开垦，张昂不肯退地。董醇、林淡等人趁张昂护卫庄民入山樵采之机，前往张昂寮内击碎屋瓦，抢取杂物。张昂率同乡勇前

---

① （清）周钟瑄：康熙《诸罗县志》卷七《兵防志》，《台湾文献丛刊》第 141 种，第 110、118 页。
② （清）刘良璧：乾隆《重修福建台湾府志》卷五《城池（坊里、街市附）》，《台湾文献丛刊》第 74 种，第 80、85 页；盛清沂：《新竹、桃园、苗栗三县地区开辟史》（上），《台湾文献》第 31 卷第 4 期，第 167 页。

往报复，林云等人分路伏截，张昂等四人被杀焚尸。①

乾隆五十一年（1786年）林爽文事发，本区域的嘉应州移民亦组织民间武装对抗变乱者。《淡水厅志》记载：

> 钟瑞生，后垅七十分庄人，籍镇平（今广东省蕉岭县），与刘维纪、谢尚杞里居相近。林爽文乱，瑞生同维纪、尚杞，招集后垅一十八庄义民二千五百人，在地设堆于南北河、西山等处，擒杀贼党邱圭、黄宁等，复带勇，破大甲赋（贼）巢，平堑南，分卡堵御。越年，选义民赴鹿港助守埔心庄。适闽安副将徐鼎士按临大甲，仍带勇随军进攻彰化猪哥庄、龙目井等处。事平，奉旨赏瑞生府经历，维纪九品职衔，尚杞千总。②

林爽文事件期间，桃园南崁（今芦竹区）与龟仑口（今龟山区）一带发生闽粤械斗。此后，闽、粤冲突时有发生，以道光、咸丰年间最为剧烈，参见表2-2。

表2-2 清代淡水厅南部闽、粤冲突事件表

时间	冲突情况	资料来源
乾隆四十八年（1783年）	黄泥塘附近，闽粤民人因开垦草地互相争斗	《台案汇录己集》卷六，第283—285页。
乾隆五十二年（1787年）	南崁与龟仑口闽粤械斗	《桃园县志》卷首《大事记》，第133页。
乾隆五十四年（1789年）	龟仑口闽粤再械斗	《桃园县志》卷首《大事记》，第134页。
嘉庆十四年（1809年）	因黄红案引发漳泉械斗，"淡属猫里等处粤人纠集多人，名为保护村庄，实欲攻抢中港漳庄"。	《清仁宗实录选辑》，第153页。
	南崁漳人与粤人合击泉人，秩序混乱。	《桃园县志》卷首《大事记》，第135页。

---

① 《台案汇录己集》卷六，台北：文海出版社有限公司1981年版，第283—285页；林伟盛：《清代淡水厅的分类械斗》，《台湾风物》第52卷第2期，2002年6月，第20—22页。

② （清）陈培桂：同治《淡水厅志》卷九《列传三·义民》，《台湾文献丛刊》第172种，第275页。

续表

时间	冲突情况	资料来源
道光二年 （1822 年）	南崁、龟仑、中坜闽粤械斗，埔子、桃仔园等处粤泉人合击漳人。	《桃园县志》卷首《大事记》，第 136 页。
道光六年 （1826 年）	受李通案波及，淡水南坎、大甲等庄闽、粤民人互相焚毁；黄斗乃、黄武二等，趁机率生番乱中港。	《清宣宗实录选辑》，第 43 页；同治《淡水厅志》卷十四，第 364 页。
道光十三年 （1833 年）	受张丙案影响，"堑北桃仔园一带，闽、粤各庄，造谣分类，互相残杀。堑南铜锣湾、哈仔市等处，靠山粤匪，无故焚毁闽庄，公然掠抢"。	同治《淡水厅志》卷十五，第 388 页。
咸丰二年 （1852 年）	大姑崁、龙潭陂泉粤人合击漳人。 许厝港（今桃园市大园区）粤人丁多逞强，漳人许长江、张清元等迎草漯天上圣母，择大坵园地筑石城以防，与粤人鏖战三日，粤人挫败求和。	《桃园县志》卷首《大事记》，第 139 页。
咸丰四年正月（1854 年）	田寮庄罗庆二、赖得六等，在中港抢牛肇衅，酿及中坜闽、粤互斗。	同治《淡水厅志》卷十四，第 365—366 页；光绪《苗栗县志》，第 134 页。
咸丰九年 （1859 年）	大姑崁泉粤人合击漳人，械斗之风益甚。	《桃园县志》卷首《大事记》，第 140 页。

道光六年（1826 年），受李通案波及，淡水厅也卷入分类械斗。寄居彰化县罩兰（今苗栗县卓兰镇）的嘉应州人黄阿肆，纠同詹妈轻等人攻打葫芦墩、四张犁、三十张犁、漳仔墘、茄荎角、员宝庄、军工寮等大小闽庄。彰化县的黄源听到北路粤人复仇攻庄，而其本身又和淡水吞霄庄（今苗栗县通霄镇）粤人有仇，亦纠集数百名闽人前往吞霄庄械斗。[①]

中港三角店（今苗栗县竹南镇新南里）、田寮（今苗栗县头份镇田寮里）一带，系乾隆四年（1739 年）泉人林耳顺率领闽粤两籍三十余人共同开垦。械斗将波及本地方时，两籍士绅相议，特订五月初五日在崁顶庄大湾（现竹南镇营盘里）设筵和议。不幸筵席中有人从中煽动，引发闽粤相斗，竹南各庄焚杀不已，并祸延客雅溪畔田中央、内厝、大竹围（新竹

---

① 林伟盛：《清代淡水厅的分类械斗》，《台湾风物》第 52 卷第 2 期，2002 年 6 月，第 28 页。

市北区兴南里）、芦竹围（新竹市北区西雅里）等村庄。[①]

铜锣湾巫巧三、严阿奉平日游荡不务正业，因常受闽人欺侮，乃各自纠人结盟兄弟会。巫巧三纠众攻打葫竹滥、南港、中港、后垄等处大小闽庄，并掳获素有嫌隙泉人朱雄、赵红，肢解取心。中港刘万盛、谢馨恩、温杏相等人各自纠众出斗，攻击中港一带。[②]

有粤人逃入田尾（今苗栗县南庄乡），与黄斗乃密谋煽动南庄、田尾的番人出斗。黄斗乃，原名黄祈英，嘉应州人，嘉庆年间只身渡台，至斗换坪（今苗栗县头份镇斗换里）与番人交易，深得番人信任，番人遂邀其到田尾开垦。他娶番女为妻，并从番俗，改名为黄斗乃。[③]黄斗乃率生番沿中港溪流域驱逐闽人，并进而攻击中港城。城内民众欲出西门沿海避难至竹堑，竞相争抢城外不及二米的濠桥，前挤后推相继跌入濠中，尸体填河。[④]

道光十二年（1832 年）张丙案发后，受其影响，"后垅、中港闽、粤两籍，互相焚庄"。"北路闽、粤居民怀疑搬徙，互相焚抢。"至道光十三年正月，"其淡水之铜锣湾、桃仔园，尚有被焚情事"。[⑤]据台湾镇刘廷斌奏称，当时的情形是："其厅治迤北之桃仔园，东西沿山沿海，闽籍漳州、粤籍惠潮及附粤之汀州互焚房屋……至堑南，系闽籍泉州与粤籍互焚，并有受雇之人不受约束，互相攻庄。其堑北系闽籍漳州与粤籍及闽籍汀州各筑土围，因南路互焚，致生疑惧，雇人防守；至散时勒价不遂，肆行焚烧。南北两处，又有自焚而诬赖他人者。"[⑥]如：李四进，纠众攻抢淡北闽庄，到处杀人放火，并对桃仔园一带闽人所搬集的二坪、草漯（今桃园市观音区）的财物垂涎，于十二月十五、十六、十七等日接连攻打二坪、草

---

① 波越重之：《新竹厅志》第十四编《兵燹》，宋建和译，新竹县政府文化局 2015 年版，第 478—479 页；陈金田：《中港善庆祠的故事》，《台湾风物》第 31 卷第 1 期，1981 年 3 月，第 63 页。

② 林伟盛：《清代淡水厅的分类械斗》，《台湾风物》第 52 卷第 2 期，2002 年 6 月，第 28—29 页。

③ 盛清沂：《新竹、桃园、苗栗三县地区开辟史》（下），《台湾文献》32 卷 1 期，第 142 页。

④ 陈金田：《中港善庆祠的故事》，《台湾风物》第 31 卷第 1 期，1981 年 3 月，第 64 页。

⑤ 《清宣宗实录选辑》，《台湾文献丛刊》第 188 种，第 128、130 页。

⑥ 《清宣宗实录选辑》，《台湾文献丛刊》第 188 种，第 133—134 页。

漯等闽庄；谢阿法，始则纠人守庄，后探悉闽人搬集二埔、草漯两庄，起意纠抢牛、谷，并放火烧屋；吴荣柏，开始也是纠人守庄，后纠众攻抢二埔、草漯等闽庄，杀毙闽人多人。①

咸丰四年（1854 年），淡水"粤人何阿番因失牛只，纠得匪党张阿挞、赖阿丁、赖得六、罗馨二等，借端拥抢中港庄闽人方谅耕牛。庄众追匪，被匪拒捕杀死工人甘达一命。何阿番、赖阿丁亦被闽人格毙。因之匪谣四起，遂成闽粤分类"。"延至彰境，纷纷焚掠。彰、淡被焚各庄，全为焦土，哀鸿遍野，触目心伤。"②自新社（新竹县竹北市新社里）、六张犁（新竹县竹北市东平里）、斗仑（新竹县竹北市斗仑里）、红毛港、大湖口等方面起到杨梅坜、中坜，都陷入闽、粤争斗的漩涡。③

上述闽粤械斗，尤其是道光年间的两次冲突，对闽、粤移民的地理分布产生了一定影响。④

1. 竹堑客雅溪流域一带，原为泉、粤交错拓垦区，道光六年及十二至十三年的闽粤分类械斗，促使粤籍居民向内陆迁移。

2. 中坜街原为漳人郭樽于乾隆三十年（1765 年）开拓，⑤后来由于粤人大量入垦而成为粤籍密集居住的地区。道光六年（1826 年），粤人在总理彭阿辉倡导之下，修筑高十二尺、厚五尺的土墙来防御，并收容其他地方的粤籍人士前来避难。⑥逃难进入中坜的粤民在街东搭建草屋居住，以后逐渐发展成街肆，即中坜新街。⑦道光十三年和咸丰四年发生的闽粤械

---

① 林伟盛：《清代淡水厅的分类械斗》，《台湾风物》52 卷 2 期，2002 年 6 月，第 31 页。
② 台湾镇总兵邵连科奏折，转引自陈孔立：《清代台湾移民社会研究》（增订本），北京：九州出版社 2003 年版，第 411 页。
③ 波越重之：《新竹厅志》第十四编《兵燹》，宋建和译，竹北：新竹县政府文化局 2015 年版，第 480 页。
④ 参见施添福：《清代在台汉人的祖籍分布和原乡生活方式》，台湾师范大学地理系 1987 年版，第 84 页。
⑤ 盛清沂：《新竹、桃园、苗栗三县地区开辟史》（上），《台湾文献》第 31 卷第 4 期，第 175 页。
⑥ 林伟盛：《清代淡水厅的分类械斗》，《台湾风物》第 52 卷第 2 期，2002 年 6 月，第 29 页。
⑦ 施添福：《清代在台汉人的祖籍分布和原乡生活方式》，台北：台湾师范大学地理系 1987 年版，第 84 页。

斗，中坜亦成为粤籍或汀州附粤籍者的聚集之所。①

3. 桃仔园原为广东人薛启隆于乾隆二年（1737 年）率丁数百名首先入垦，②后来漳州人逐渐取得优势。道光十三年（1833 年）闽粤械斗后，"闽籍俱聚桃仔园、艋舺等处……其厅南沿海被焚之家，俱在后垅、中港、厅城三处"。③

综上，淡水厅南部，即今桃竹苗地区，乾隆以后才进入积极开发的时期。自乾隆四十八年（1783 年）以后，闽、粤冲突时有发生，以道光、咸丰年间最为剧烈，影响到闽、粤移民在该地区的地理分布。

三、淡水厅北部

淡水厅北部台北盆地，汉人入垦为期甚早，不过有组织、有规模的拓垦工作当始于康熙四十年（1701 年）以后。④开垦初期（康熙末期至雍正年间），由于"待垦荒地广大却缺乏劳动力"，"因而不同的族群、语群（或籍贯）并无严重的利害冲突，在新庄平原上形成'庄社杂居'（闽、粤等各籍汉人的垦庄和先住民武朥湾社各支社）和'家户杂居'[同一垦首之下有不同籍贯的垦佃，新庄街上各籍移居（移民）杂居，各籍移民先后建立的三大寺也等距并列，并以其围墙和灌溉渠构成一大防御体系——大城仔]"。⑤到乾隆中叶，台北盆地内的拓垦已大致完成。如新庄平原各籍移民的分布情况：

> 土城、柑林到树林彭厝一带是客属潮州人集中的地方；树林、后
> 港、琼林、新庄以及中港厝一带是闽南漳、泉人比较占优势的地区
> （著名的垦首有漳州人林成祖、泉州人张必荣、张广福、胡诏和漳州
> 人郭宗嘏）。稍北头、二重埔是平埔番武朥湾北势社的分布区。今二、
> 三重埔和芦洲、五股一带则是粤籍潮州人较多的地区。今林口台地边

---

① 《清宣宗实录选辑》，《台湾文献丛刊》第 188 种，第 133 页。
② 盛清沂：《新竹、桃园、苗栗三县地区开辟史》（上），《台湾文献》第 31 卷第 4 期，第 173 页。
③ 《清宣宗实录选辑》，《台湾文献丛刊》第 188 种，第 133—134 页。
④ 参见尹章义：《台湾开发史研究》，台北：联经出版事业公司 1989 年版，第 62—63 页。
⑤ 尹章义：《台湾客家史研究》，台北：台北市政府客家事务委员会 2003 年版，第 3 页。

缘，水源充分的泰山、五股地带则是以客属汀州人为主的地区（以胡
焯猷为代表），新庄街则是各籍移民集中的商业区、货物集散地、吞
吐港。①

新庄三山国王庙广福宫，现存一方乾隆十五年（1750 年）所立的"奉
两宪示禁"碑，碑文述及闽、粤移民由于户籍造册规费问题而产生摩擦：
"缘淡水两保地方离治避远，向遭虎保蒲粉。庄民奉比造册，敢每名苛银
三钱六分；又另索户头谷一石，民难堪命。乾隆十一年保内刘伟近等愿炤
通台大例，每名给纸张银三分；金呈前宪勒碑，新直街土地祠竖立示禁，
暂得两年平安。殊虎保鹰眼未化，乘十三年火灾新直街，借修土地祠为名，
欺前宪升任，将禁碑碎灭，仍叛前禁，苛派如故。"刘伟近等人再次向淡
水同知请愿，乾隆十五年（1750 年）三月得以再次立碑禁止勒派。反映
了闽、粤移民因户税而产生矛盾，"群体意识"抬头。②乾隆中期（1761—
1772 年），闽、粤移民由于竞凿灌溉渠争夺水源而形成对立的紧张形势，③
乾隆四十五年（1780 年）新庄三山国王庙广福宫的兴建，"显示了台北平
原上闽、粤移民从容忍相安以至矛盾、冲突、对立的过程，成为客属潮人
'群体意识'发展到巅峰的象征，同时也是闽、粤对立达到高潮的象征"。④

---

① 尹章义：《台湾开发史研究》，台北：联经出版事业公司 1989 年版，第 367 页。
② 尹章义：《台湾开发史研究》，台北：联经出版事业公司 1989 年版，第 373 页。
③ 尹章义：《台湾开发史研究》，台北：联经出版事业公司 1989 年版，第 102—106、113—
　115 页。
④ 尹章义：《台湾开发史研究》，台北：联经出版事业公司 1989 年版，第 379—380 页。

图 2-1 新庄三山国王庙广福宫藏 "奉两宪示禁" 碑

图片来源：作者摄于 2016 年 3 月 25 日。

位于淡水河支流大汉溪和三峡溪之间的柑园（今新北市树林镇），乾隆二十一、二十二年（1756、1757 年）间，粤人钟姓、李姓等相继前来开垦。乾隆中叶，安溪人来此争地，乾隆四十二年（1777 年）发生闽粤械斗，粤人不敌，悉数迁移。①

① 《台北县志》卷五《开辟志》，《中国方志丛书》台湾地区第 66 号，第 1276—1277 页。

乾隆五十一年（1786年），林爽文起事，淡北王作、林小文等漳州人响应，泉州人与粤人为义民助官兵平乱。《彰化县志》记载：乾隆五十一年（1786年）十二月十三日，被害淡水同知程峻的幕友寿同春，"约原任竹堑巡检李生椿，书院掌教（原任榆陵县）孙让，纠合义民一万三千余人，收复堑城"。① 漳州人因而与泉、粤人生隙。泉、粤义民在平乱的过程中，因难民"与贼同乡，遂不分皂白，从而抢杀，以致避难白石湖（今台北市内湖）、金包里（今新北市金山）等处"。② 乾隆五十二年（1787年）五月，白石湖、金包里、七堵、八堵、三貂之漳、泉、粤民分庄互杀。③ 后经官员"开诚劝谕，闽、粤各庄，始得安辑"。④

乾隆末年，金包里（今新北市金山）、水返脚（今新北市汐止）等地发生闽粤械斗，其中金包里是泉、粤械斗，水返脚是漳、粤械斗。两地粤籍居民最后都败退他迁。⑤

道光十四年（1834年），兴直堡（今新北市新庄区）及八里坌等地，闽粤展开长达六年的分类械斗，直到道光二十年（1840年），鸦片战争爆发，英舰进窥台湾，台北形势紧急，粤人变卖田业，悉迁桃涧、中坜一带。⑥

四、噶玛兰

现在的宜兰县，原来称为蛤仔难，是台湾开发较晚的地区，嘉庆十五年（1810年）始设噶玛兰厅。噶玛兰是由漳、泉、粤三籍人士共同开垦而成。三籍人士在开垦过程中，有合作，也有冲突。嘉庆元年（1797年），

---

① 道光《彰化县志》卷三《官秩志·政绩·寿同春》，《台湾文献丛刊》第156种，第367页。
② 《闽浙总督臣李侍尧奏察看北淡水情形及拨兵接应徐鼎士折》[乾隆五十二年（1787年）八月十七日]，中国人民大学清史研究所、中国第一历史档案馆编：《天地会》（三），北京：中国人民大学出版社1982年版，第274页。
③ 同治《淡水厅志》卷九《列传一·名宦》，第259页。
④ 道光《彰化县志》卷十一《杂识志·兵燹》，《台湾文献丛刊》第156种，第367页。
⑤ 施添福：《清代在台汉人的祖籍分布和原乡生活方式》，台北：台湾师范大学地理系1987年版，第85页。
⑥ 《台北县志》卷一《大事记》，第204页；尹章义：《台湾开发史研究》，台北：联经出版事业公司1989年版，第376页。

漳州府漳浦县移民吴沙"尝深入蛤仔难,知其地平广而腴,思入垦。与番割许天送、朱合、洪掌谋,招三籍流民入垦,并率乡勇二百余人、善番语者二十三人",进至乌石港南,筑土围垦之,即头围(头城)也。吴沙"虽首纠众入山,而助之资粮者,实淡水人柯有成、何绩、赵隆盛也"。① 资助钱粮的三人中,赵隆盛是粤籍,曾参与新庄平原潮州系水利系统——刘厝圳(万安圳)的修建,在新庄平原垦地四十七甲一分八厘。② 吴沙所招之民"多漳籍,约千余。泉人渐乃稍入,粤人则不过数十为乡勇而已"。③ 第二年(1798年),吴沙正式向淡水厅申请开垦执照,得到同知何茹连的批准。吴沙进而出单招佃,"每地五甲为一张犁,取番银二十助乡勇费",④ 同时开辟道路,设立隘寮,为进一步开垦打下基础。嘉庆三年(1799年),吴沙病死,⑤ 由其侄吴化代领其众,继续往南开垦,进垦至四围(礁溪乡吴沙村)。当时,"漳人益众,分地得头围至四围、辛仔罕罕溪。泉籍初不及二百人,仅分以二围菜园地,人一丈二尺。粤人未有分地,民壮工食仰给于漳"。嘉庆四、五年间(1800、1801年),粤人与泉人斗,"泉人杀伤重,将弃地走;漳人留之,更分以柴围之三十九结、奇立丹二处,人四分三厘。(吴)化及三人者戒约其众,毋更进,亦相安矣"。⑥

嘉庆七年(1803年),福建漳州、泉州及广东的移民越来越多,垦地进一步扩大,当时漳州人吴表、杨牛、林碏、简东来、林胆、陈一理、陈孟兰,泉州人刘钟,广东人李先共同"率众一千八百十六人进攻,得五围地,谓之九旗首,每人分地五分六厘。漳得金包里、股员山、仔大、三阄深沟地。泉得四阄、一四阄、二四阄、三渡船头地,又自开溪洲一带。粤得一结至七结地"。⑦ 随吴沙入垦的乡勇也分到民壮围作为酬谢,民壮围即

① (清)姚莹:《东槎纪略》卷三《噶玛兰原始》,《台湾文献丛刊》第 7 种,第 70 页。
② 参见尹章义:《台湾客家史研究》,台北:台北市政府客家事务委员会 2003 年版,第 160、168 页。
③ (清)姚莹:《东槎纪略》卷三《噶玛兰原始》,《台湾文献丛刊》第 7 种,第 70 页。
④ (清)姚莹:《东槎纪略》卷三《噶玛兰入籍》,《台湾文献丛刊》第 7 种,第 72 页。
⑤ 尹章义:《从天地会"贼首"到"义首"到开兰"垦首"——吴沙的出身以及"聚众夺地、违例开边"的借口》,《台北文献》直字第 181 期,2012 年 9 月,第 126 页。
⑥ (清)姚莹:《东槎纪略》卷三《噶玛兰原始》,《台湾文献丛刊》第 7 种,第 70—71 页。"三人"指吴养、刘胎先、蔡添福。
⑦ (清)姚莹:《东槎纪略》卷三《噶玛兰原始》,《台湾文献丛刊》第 7 种,第 71 页。

今壮围乡壮一至壮七、宜兰市东南郊区一带。

嘉庆十一年（1806 年），"山前漳、泉械斗，有泉人走入蛤仔难者，泉人纳之，亦与漳人斗。阿里史诸番及粤人、本地土番皆附之，合攻漳人，不胜，泉所分地尽为漳有，仅存溪洲。斗几一年始息"。①

道光元年（1821 年），姚莹出任噶玛兰通判。他很重视各族群间的团结，"锄除强暴，教以礼让，民番大和。乃以秋仲会集三籍汉民、生熟各社番，设厉坛于北郊，祀开兰以来死者。为漳籍之位于左，泉、粤二籍之位于右，列社番之位于地，以从其俗。城隍为之主，列位于上。是日文武咸集，率各民番，盛陈酒醴牲核以祀之，至者二千余人。社番亦具衣冠，随众跪拜，如汉人礼。祀毕，又使民番互拜。莹乃剀切谕以和睦亲上之义，陈说五伦之道，使善番语者逐句传绎之。环听如堵，多泣下者"！② 在官府的引导监督下，噶玛兰族群关系有了一定改善。

道光六年五月间，嘉义、彰化的分类械斗波及噶玛兰，"匪徒窜入兰境，布散谣言"，冬瓜山（今宜兰县冬山乡）粤庄吴郑成、吴集光、吴乌毛等人，聚众数千人，焚烧村庄，抢劫财物，"合兰鼎沸"。署理噶玛兰通判乌竹芳召集乡勇会同驻军前往平乱，"合兰不致蹂躏，粤民得以保全矣"。当时有从中港逃来的粤籍难民三千多人，乌竹芳劝谕闽庄绅耆、头人，将这三千多粤籍难民安置于头围，安排居处，发给救济的粮食和银两，并且严饬各闽庄不许滋扰，这才没有发生事端。在淡水厅属的小鸡笼地方，也有粤籍难民一千多人，被附近的漳籍人围困在山上。乌竹芳饬令漳属各庄头人撤了围，并且带米粮前去救济。③

综上所述，康熙末期，台湾中北部尚处于拓垦初期，荒地广阔，劳动力不足，又处于番社之中，各籍移民没有严重的利害冲突，因而朱一贵事件对中北部闽、粤族群关系影响不大。乾隆中叶以后，随着开垦日趋成熟，耕地的获取日趋不易，"人群关系因生活所系，愈益复杂化，原就区分气

① （清）姚莹：《东槎纪略》卷三《噶玛兰原始》，《台湾文献丛刊》第 7 种，第 71 页。
② （清）姚莹：《东槎纪略》卷三《噶玛兰厉坛祭文》，《台湾文献丛刊》第 7 种，第 87 页。
③ 《噶玛兰厅志》卷八《杂识下·纪事》，《台湾文献丛刊》第 160 种，第 430—431 页。

类的闽粤人士，不同语族人群间的我群意识，日益突显。"① 乾隆年间出现闽粤分类械斗，此后愈演愈烈，道光咸丰年间达到高潮。值得注意的是，在闽粤对立中，漳州客往往依据省籍划分，跟漳州福佬共进退，并未根据族群因素，和广东客属密切合作。② 如彰化的粤籍客家并未与邻近的漳州诏安客家合作，桃园的漳州客家亦未把邻近的粤籍客家视为同一气类的自己人。③ 而"汀附粤"的案例，也只是在粤东客方言移民较为优势的区域，如南路下淡水和北路淡水厅比较显见，其余分散在福佬优势地域内的汀州移民的认同，可能也有其他因时因势的不同选择。当今，汀州移民依其清代的居地选择，及当地优势族群有别，形成被四县客方言化或福佬化的现象。④

第四节　闽客族群的合作共生与文化整合

闽、客族群在台湾移垦过程中不仅有冲突对立，还存在合作共生关系。

一、协力开垦与经贸往来

拓垦初期，由于荒地广阔，移民之间没有土地资源缺乏和分配不均的问题，反而有劳动力不足的问题；另一方面，移民还面临着少数民族"出草"的威胁，"耕种采樵，每被土番镖杀，或放火烧死，割去头颅"。⑤ 因此同为汉人移民也成为一种凝聚力，不同籍贯并不构成拒斥的原因。⑥ 康熙五十六年（1717 年）编成的《诸罗县志》记载：

---

① 洪丽完：《清代台中地方福客关系初探——兼以清水平原三山国王庙之兴衰为例》，《台湾文献》第 41 卷第 2 期，1990 年，第 68 页。
② 参见吴中杰：《台湾漳州客家分布与文化特色》，《客家文化研究通讯》第 2 期，1999 年 6 月，第 90 页。
③ 参见徐正光主编：《台湾客家研究概论》，台北：台湾"行政院客家委员会"、台湾客家研究学会 2007 年版，第 68—69 页。
④ 林正慧：《台湾客家的形塑历程——清代至战后的追索》，台北：台湾大学出版中心 2015 年版，第 229 页。
⑤ （清）黄叔璥：《台海使槎录》卷五《番俗六考·北路诸罗番四》，《台湾文献丛刊》第 4 种，第 112 页。
⑥ 参见尹章义：《台湾开发史研究》，台北：联经出版事业公司 1989 年版，361—362 页。

凡祭于大宗……台无聚族者，同姓皆与焉。

凡流寓，客庄最多，漳、泉次之，兴化、福州又次之。初辟时，风最近古；先至者为主，其本郡后至之人不必赍粮也。厥后乃有缘事波累，或久而反噬，以德为怨；于是有闭门相拒者。然推解之谊，至今尚存里闬也。

土著既鲜，流寓者无葺功强近之亲，同乡井如骨肉矣。疾病相扶，死丧相助，棺敛埋葬，邻里皆躬亲之。贫无归，则集众捐囊襄事，虽悭者亦畏讥议。

失路之夫，不知何许人；才一借寓，同姓则为弟侄，异姓则为中表、为妻族，如至亲者。然此种草地最多。亦有利其强力，辄招来家，作息与共。①

由此可见，台湾拓垦之初，在地广人稀的情形下，汉人移民因利害关系的考虑，不论闽粤漳泉各籍人士，同姓与否，皆能协力合作开垦。

本章第一节已就康熙时期闽主客佃的相关情况展开论述。闽人不在地业主，除了依赖私人管事经营租业外，尚与粤籍佃户保持合作，共同维持聚落安全。如：下淡水港东里老东势庄业主吴恒记，为防"无知不法之徒恃强藉端滋扰"，于咸丰十年（1860 年）五月，和粤籍管事、头家等共同拟定合约章程，以保卫村庄安全。合约规定如何处理庄中纠纷、盗匪案件、牛只水份安排，以及处理庄务的摊费问题。如："庄中不得恃强欺弱，倘有不平之事，宜预投明庄中管事办理"；"债务事情，如有坚抗不还，亦须声明庄中，协同公规，到欠债家中理论，自有处办之法，不得在田中、牛埔，擅行抢夺，违者重罚"；对于土匪、强盗，通庄出力抵御，如拿获贼匪一名者，由庄管事给领赏金六元，如系要犯，则酌议加赏；若被贼伤、亡者，给予相应抚恤；庄中所需公费，"除事主（直接关系人）出三分外，余俱通庄田甲均派"。② 由此可知，"闽主客佃"关系，并非单纯只是租佃、

---

① （清）周钟瑄：康熙《诸罗县志》卷八《风俗志》，《台湾文献丛刊》第 141 种，第 142、145、148 页。

② 参见戴炎辉：《清代台湾之乡治》，台北：联经出版事业公司 1979 年版，第 148—150 页。

银钱往来，还具有合作、共享安危的成分。

在台湾拓垦史上，除了闽主客佃外，还有闽、客共组垦号，或是闽、客共同向番承垦。试以台湾中部地区的开垦为例：

六馆业户和台中平原的开垦：六馆业户是以张达京为首的开垦组织。张达京（1690—1772 年），广东潮州府大埔县人，康熙五十年（1711 年）渡台。当时岸里社遭瘟疫侵袭，张达京施药救治，番人感激，妻以六番女，后人因称之"驸马爷"。[1] 由于张达京精通番语、熟谙番情，康熙五十四年（1715 年），岸里等社土番归化，张达京成为第一任通事。他不仅教导其"饮食、起居、习尚、礼义、伦理"，亦教导其"耕种、凿饮、开辟"，[2] 更为番社招佃开垦，为已广置田产。雍正十年（1732 年）十一月，张达京约同五位殷实垦户，组成"六馆业户"，与岸里等社签订"割地换水"契约：

公同立给垦字人六馆业户：张振万（张达京垦号）、陈周文、秦登鉴、廖朝孔、江又金、姚德心；岸里、搜揀、乌牛栏、旧社等社土官：潘敦仔、茅格……缘敦等界内之地，张振万自己能出工本开筑埤圳之位，水源不足，东西南势之旱埔地，历年播种五谷未有全收……向垦通事张达京与四社众番相议，请到六馆业户取出工本，募工再开筑朴仔篱口大埤水，均分灌溉水田，敦等愿将东南势之旱埔地，东至旱复沟，直透至赖家草地为界，西至张振万自己田地、牛地为界，南至石牌，透至西，与张圳汴为界。……以此酌工本付与六馆业主前去招佃开垦阡陌，永远为业……今据通事张达京代敦等请到六馆业户担承，计共出本银六千六百两，开筑大埤之水与番灌溉，当日议明六馆业户开水到公圳汴内之水，定作一十四分，每馆应该配水二分，留额二分归番灌溉番田。……六馆业户与四社众番敦等当日议明，举为六馆以张振万为首也……敦等甘愿割地换水，六馆业户愿出本银开水分番灌溉换地……每年六馆业户坐粟六百石，每馆应该粟一百石，听敦

① 洪丽完：《大安、大肚两溪间拓垦史研究》，《台湾文献》第 43 卷第 3 期，第 184 页。
② 参见尹章义：《台湾开发史研究》，台北：联经出版事业公司 1989 年版，第 244 页。

等自己到佃车运……同立给垦约字七纸，各执一纸为照。①

上述契约中，"东南势"，包括东员宝庄、头家厝庄、甘蔗仑庄、茄荂角庄（以上今台中市潭子区）、二份埔（今台中市北屯）。②六馆业户中，陈周文，原籍福州府福清县海口乡；江又（佑）金，原籍漳州府平和县大溪；③廖朝孔，漳州府诏安县官陂客家人。④因而，六馆业户是不同籍贯移民的组合。六馆业户修筑的水圳称为上埤，与张达京此前所开的水圳（下埤）合成猫雾捒圳水利系统（后又称葫芦墩圳），奠定今大台中平原繁荣之基，张达京因而被称为"手拓本区第一功臣"。⑤

秀水十三庄的开垦：今台中市清水区，原为拍瀑拉人牛骂社地。雍正十一年（1733 年），由闽、粤民人向番承垦，开辟成秀水庄、桥头庄、社口庄、上湳庄、三座庄、田寮庄、山下庄、青埔庄、客庄、后庄、水碓庄、下湳庄等十三庄。⑥尔后闽粤民人相继入垦牛骂新庄、公馆庄，垦地益广，居民益稠。十三庄中的三座庄（后称三块厝）、客庄、水碓庄及其南边的公馆庄（包括吴厝）一带，皆为客家村落。⑦乾隆十一年（1746 年），粤籍移民在牛骂新庄街道（今清水区大街路）上修建了三山国王庙；四年之后，即乾隆十五年（1750 年），闽籍移民亦在同一条街上修建了以奉祀观音佛祖为主神的紫云岩（俗称观音亭）。⑧三山国王是粤东人士的福神，观音佛祖是泉州晋江、南安及惠安三邑人的福神。两座庙宇相距不过十余步，反映了当时闽、粤移民杂居错处的情形，也预示着当时闽、粤移民的群体意识开始高涨。乾隆五十一年（1786 年），因林爽文事件而引起的闽粤械

---

① 《清代台湾大租调查书》，《台湾文献丛刊》第 152 种，第 23—25 页。

② 洪丽完：《大安、大肚两溪间拓垦史研究》，《台湾文献》第 43 卷第 3 期，第 187 页。

③ 陈炎正：《漳州人开发台中地方的历史意象》，《台湾源流》第 43 期，2008 年 6 月，第 51 页。

④ 邱彦贵、吴中杰：《台湾客家地图》，台北：猫头鹰出版社 2004 年版，第 52 页。

⑤ 洪丽完：《大安、大肚两溪间拓垦史研究》，《台湾文献》第 43 卷 3 期，第 186—187 页。

⑥ 《清代台湾大租调查书》，《台湾文献丛刊》第 152 种，第 601—603 页。

⑦ 洪丽完：《清代台中地方福客关系初探——兼以清水平原三山国王庙之兴衰为例》，《台湾文献》第 41 卷第 2 期，1990 年，第 72 页。

⑧ 洪丽完：《清代台中地方福客关系初探——兼以清水平原三山国王庙之兴衰为例》，《台湾文献》第 41 卷第 2 期，1990 年，第 71 页。

斗，促使这一带粤籍移民迁往南坑（在今台中市丰原区）、葫芦墩、东势角一带，牛骂街才成为泉州人之地盘。

前面两节论及，康熙六十年（1721 年）朱一贵事件之后，台湾南部下淡水地区闽、客关系持续紧张；乾隆四十年（1775 年）以后，特别是道光、咸丰年间，台湾中北部地区闽粤械斗频发。但是，这种紧张和对立，并不是整齐划一的，在有的地区、有的时期，仍有调和乃至合作的一面。

比如在林爽文事件后期，下淡水的闽、粤义民一度携手合作重建家园。据黄克《邀功纪略》载：

> （乾隆五十二年九月）十二日，接粤庄总理曾（中立）来札，称："埤头、竿林内等处，闽人为贼胁从者，皆苦于粮食，欲归附粤庄，反戈杀贼。察其来意，似无伪饰。即协各庄总理于粤庄沿边，搭盖草寮，安插闽人。当归义者，不下数十万，刻下粮食虽经粤庄分派，未免日久难继。因择其中殷实者，令其捐输，商副理陈云鬵、蓝卓桂等，渐向各庄借出，逐日发赈。俟平靖时，即向捐户清款。自是民得所生，犹念人众聚处，须别奸良。令该董事武举许士英督造花名清册，各给腰牌，以便认识。数日间，长河一带，烟火万家，熙熙攘攘，又别有一番景象矣。"[①]

另据《钦定平定台湾纪略》记载，义民首林成曾率泉民与下淡水粤民共同抵御庄大田夥党的攻击。该书卷四十二载："（乾隆五十二年）九月初七日，贼目张基光、洪赛等，率贼二千攻扰东港之竿林等庄，有义民首林成率众堵御，杀贼八十余人。初九日，张基光等复纠水底寮贼三千余来攻，又被林成会齐竿林内六庄义民，奋力杀贼并溺毙之贼，约有数百人，夺回大、小炮器械无数。并前被贼伙林进、李静等占踞之新园等庄，亦经林成等义民同粤庄义民恢复。……远近庄民，因贼匪勒取粮米、抽分田谷，俱

---

① 转引自郭维雄：《黄克〈邀功纪略〉所载清代台湾南路六堆义军参与平定林爽文事件始末探究》，赖泽涵、傅宝玉主编：《义民信仰与客家社会》，台北：南天书局有限公司2006 年版，第 72 页。

愿同心杀贼，保护村庄。""府城南至凤山一带，贼伙渐散，各庄民俱起义效顺。九月十一、二等日，山猪毛粤民会同泉民，在新园逐贼，杀溺死者甚多。沿途各庄俱相随杀贼。粤民札住新园，泉民札住下牌头，合万余人至郡具呈……"①

又载："……谕旨'准胁从者投诚，并遣十万天兵渡台剿匪'……南路民人，惟恐玉石俱焚，自呈实系良民，恳赏给腰牌以为识别者，共一百三、四十庄。九月十五日，又有凤山县竿林等庄及粤民共一万余人，来郡递呈，将军常青亦给以腰牌，令其回庄安业。"②"其（指凤山县——引者注）村落亦多遭蹂躏，惟广东庄义民田园庐舍最称完善。东港一处，先为逆匪占据，后为官兵克复，难民搭盖草寮多集于此。"③

综合《钦定平定台湾纪略》的上述记载，黄兑《邀功纪略》所记载的闽、粤义民携手合作重建家园一事应该有所本，只是称归义闽人"不下数十万"有夸大之嫌。下淡水粤民一方面在粤庄沿边搭盖草房安置附义的闽人，一方面又组织闽人富户进行捐输，以为灾民发赈之用，并为良民造册发给腰牌，使民得所生，下淡水溪两岸逐渐恢复烟火万家的景象。

道光十三年（1833年），张丙、许成之乱平息后，台湾南部归庄闽人搭寮盖屋的物料，多向粤庄购买，亦有粤人帮同工作的情形。④

又比如在台湾北部的内山开垦中，由于受到"生番"的强力抵抗，须设隘防番，投资巨重。为了减轻资金的压力，粤籍垦民往往与城内的闽籍绅商合作。

"金惠成"垦号与竹东地区的开垦：嘉庆十一年（1806年），竹堑城闽籍绅商、铺号与粤籍垦民组成"金惠成"垦号，开垦树杞林（今新竹县竹东街地区）。垦号共十四股，粤籍垦民七股，另外七股由竹堑城闽籍绅

---

① 《钦定平定台湾纪略》卷四十二，《台湾文献丛刊》第 102 种，第 670、673 页。
② 《钦定平定台湾纪略》卷四十二，《台湾文献丛刊》第 102 种，第 661 页。该书第 673 页引常青上奏，称"约有七、八千"。
③ 《钦定平定台湾纪略》卷五十七，《台湾文献丛刊》第 102 种，第 916 页。
④ 参见林正慧：《六堆客家与清代屏东平原》，台北：远流出版事业股份有限公司 2008 年版，第 265 页。

商、铺号组成。①

陈长顺与太平地、南河地区的拓垦：太平地、南河地区在今新竹县横山乡太平、沙坑、合兴、南河等村。粤籍垦民嘉庆初年起陆续在附近地区开垦，因"生番猖獗，时常出没沿处扰害"，欲建三座隘寮堵御，可是"隘粮无着""一切需费难以筹办"。嘉庆二十五年（1820年），猴洞（今芎林乡秀湖村）垦户刘引源（粤籍）、新兴庄（今关西）垦户卫寿宗（竹堑社熟番）等，联名禀请堑城泉籍殷户陈长顺，"自备口粮资本""建隘防番，招佃给垦"。陈家"三万余金倾尽……至光绪初年始得垦成"。陈长顺家族后来定居于太平地，其后人陈绍藩捐建太平地三元宫，供奉粤籍守护福神三山国王，可见闽粤两籍相处融洽。②

"金全兴"垦号与横山地区的拓垦：道光八年（1828年）前后，竹堑城的"利源号郊行"铺户郑武略、郑如磻家族（泉籍），与客籍林春秀等六股，组成"金全兴"垦号，合伙垦辟横山地区，"遂谋栳务，颇获利益"。③

"金广福"垦号与大隘三乡的拓垦：道光十四年（1834年）十二月，淡水同知李嗣邺为彻底解决竹堑城东南厢的番害，先给银1000元，着令九芎林总理姜秀銮（祖籍广东惠州府）于沿山设置隘寮，雇募隘丁160名分驻巡防，所需隘粮由官方每月给银100余元，并移拨各处隘谷数百石。因隘费丁粮所需庞大，官方所拨钱粮"不敷尚多"，道光十五年（1835年）二月，下令姜秀銮与竹堑城西门总理林德修二人于城乡分别"劝捐定股整本，招佃开垦，就地取粮"，以谋长久。因此就殷户中劝捐，并举姜秀銮、林德修二人为垦户首，组成"金广福"垦号。林德修不久即去世，改由竹堑城东门总理周邦正（泉州府安溪县人）接任闽籍垦户首。④

"金广福"垦号的含意，据吴子光《金广福大隘记》云："台商俗例，

---

① 吴学明：《头前溪中上游开垦史暨史料汇编》，新竹县竹北：新竹县立文化中心1998年版，第61—63页。

② 吴学明：《头前溪中上游开垦史暨史料汇编》，新竹县竹北：新竹县立文化中心1998年版，第83—88页。

③ 黄卓权：《从版图之外到纳入版图：清代台湾北部内山开垦史的族群关系》，《台湾"原住民族"研究学报》第3卷第3期，2013年秋季号，第175页。

④ 吴学明：《金广福垦隘研究》（上），新竹县竹北：新竹县政府文化局2013年版，第44—47页。

争取得金意义，凡会计簿多以金字蒙头；广谓广东也，福谓福建也，故名金广福大隘云。"① 可见垦号名称就寓含闽粤合作共同开垦之意。起初，闽粤各捐银 12600 元，合计 25200 元，每股为 1000 元，合计 25.2 股。后因不敷使用，多次捐派，至咸丰三年（1853 年），闽粤两籍股户捐派已达四万余元。闽籍捐股股绅多为竹堑城的郊商铺户，粤籍捐户则多为农业拓垦者。②

闽籍垦户首负责在城与官方的交涉及其他事宜，粤籍垦户首负责在乡设隘募丁防番取地垦辟的工作。③ 在两籍垦户首的共同努力下，金广福垦号实际运作了近半个世纪，在防番和拓垦两个方面都取得很大成功。除了防番和拓垦外，金广福还承担了乡职的保举及斥革、维持地方治安、平乱等地方公务。④ 道光、咸丰、同治时期，台湾各地械斗频仍，唯独新竹地区比较平静，其主要原因就在于金广福拥有由隘丁组成的强大武力可维持治安，而且由于官府较早注重闽粤两籍间的和谐问题，谕令两籍人士合办隘垦。"在两籍人士利益与共的情况下，新竹地区民情的融洽，早于其他地区。"⑤

在日常经济生活上，闽、客移民因维生方式不尽相同，亦须相互依赖，互通有无。比如在南部下淡水地区，闽南（福佬）移民或选择低湿沼泽带，在沿海捕鱼，在潟湖内侧围埔养殖，在各港口经营船业；或选择冲积平原带，广开蔗园，设廍硖糖。不论是前者或后者，皆属传统社会经济的"末业"。而客家移民，则进入扇端涌泉带，从事以水稻耕作为主的"务

---

① （清）吴子光：《一肚皮集》卷七《金广福大隘记》，台北：龙文出版社股份有限公司 2001 年版，第 416 页。

② 吴学明：《金广福垦隘研究》（上），新竹县竹北：新竹县政府文化局 2013 年版，第 63—64、73 页。

③ 吴学明：《金广福垦隘研究》（上），新竹县竹北：新竹县政府文化局 2013 年版，第 148 页。不过，后来闽籍垦户首所从事者，"已不再限于先前约定的堑城的联络工作，而是与垦务关系密切，同时还兼理'各庄大小公务'"。尤其是粤籍垦户首姜荣华在光绪三年（1877 年）十二月去世，当时其次子姜金火（绍基）年方十七岁（长子金发已去世），以其年幼垦务即由闽籍垦户首承担。《淡新档案》谓："此数年间，在垦户，惟周懋祥（周邦正之孙）一人经办。"参见吴学明：《金广福垦隘研究》（下），新竹县竹北：新竹县政府文化局 2013 年版，第 85 页。

④ 吴学明：《金广福垦隘研究》（上），新竹县竹北：新竹县政府文化局 2013 年版，第 154—158 页。

⑤ 吴学明：《金广福垦隘研究》（上），新竹县竹北：新竹县政府文化局 2013 年版，第 158 页。

本"维生方式。① 因此，福佬和客家都不能完全自给自足，不但逐末的福佬需要客家米粮、菜蔬的接济，而且务本的客家，亦须福佬提供日常用品，"油盐等物全靠闽人流通卖给"。② 甚至来往原乡，亦须搭乘福佬经营的船只。根据 20 世纪初期的一份调查报告，下淡水地区粤籍地域的稻米消费量，大约仅占该地稻米总产量的三成左右。也就是说，粤籍地域有七成的米谷要卖到该地域之外。清代下淡水粤民的生产和交易结构，可能与此相去不远。③

在台湾中北部地区，闽、客之间的经贸往来同样频繁。《树杞林志》的《风俗考·商贾》，即记载了竹东地区与竹堑城的商业往来：

> 树杞林堡为新竹辖地，无港口往来船只，故无郊。然该地所出之楛、茶、米、糖、豆、麻、苎、菁等项，商人择地所宜，雇工装贩，由新竹船运大陆者甚夥，运诸各国者亦复不少；布、帛、杂货则自福州、泉、厦返配；甚有远至宁波、上海、乍浦、天津、广东，亦为梯航之所及者。④

由上述可以看出，在拓垦初期，闽、客移民一度杂居共垦，或是成为业佃关系，或是共组垦号，共同向番社承垦。即使是在朱一贵事件之后，台湾南部下淡水地区闽、客关系持续紧张，但在林爽文事件和张丙、许成之乱后，闽、粤义民仍携手合作重建家园。尽管乾隆四十年（1775 年）以后，特别是道光、咸丰年间，台湾中北部地区闽粤械斗频发，但在台湾北部今桃竹苗地区的内山开垦中，粤籍垦民与城内的闽籍绅商合作，在拓垦方面取得较大进展。而日常经济生活中频繁的经贸往来，亦使闽、客移民之间互通有无，保障各自的生活所需。

---

① 施添福：《国家与地域社会——以清代台湾屏东平原为例》，詹素娟、潘英海主编：《平埔族群与台湾历史文化论文集》，台北："中央研究院"台湾史研究所筹备处 2001 年版，第 66—82 页。

② 《闽浙总督崔应阶折》乾隆三十四年二月初二日，《台案汇录己集》，第 91 页。

③ 李文良：《清代南台湾的移垦与"客家"社会》，台北：台湾大学出版中心 2011 年版，第 216 页。

④ 《树杞林志》，《风俗考·商贾》，《台湾文献丛刊》第 63 种，第 97 页。

二、成立联庄与订立合约

清朝为了加强对地方基层社会的控制，推行保甲制度，将民户组织成牌（10户）、甲（100户）、保（1000户）等基本治安单位，并指定牌头、甲长、保正或保长。《钦定大清会典》记载："凡保甲之法，户给印单，书其姓名、习业，出注所往，入稽所来。十户为牌，立牌长；十牌为甲，立甲长；十甲为保，立保长。自城市达于村乡，使相董率遵约法，察奸宄，劝嬺行。善则相共，罪则相及，以保安息之政。"① 清统一台湾后，也在台湾推行保甲制度，但是成效极为有限，朱一贵事件时随军入台平乱的蓝鼎元指出："今保甲之法，久已视为具文，虚应故事，莫肯实心料理。"② 乾隆、嘉庆年间，虽时而下令台湾地方官编排保甲，"但终不实力奉行，致保甲徒具形骸而无其实"。③

道光年间以后，为了维持治安，约束住民，在保甲制度的基础上，台湾官府命街庄④ 举办"清庄联甲"，简称"联庄"。⑤ 据载，胡承珙任台湾兵备道期间（道光元年至四年，1821—1824年），曾"力行清庄弭盗之法"。⑥ 道光五年（1825年），闽浙总督赵慎畛、福建巡抚孙尔准亦联合上奏《查办台湾清庄事宜疏》，⑦ 并得到谕旨批准。⑧ 所谓"清庄"，主要是为了管束游民。游民因无业可执，为饥寒所迫，往往作贼、倡乱或附和，或煽惑分类械斗。官府颁行《清庄章程》，委员督同街庄总理、董事等，编查保甲清册，清查游民，另造闲民册，责令总理、族长等严加稽查及管束，

---

① （清）允裪等编纂：《钦定大清会典》（乾隆朝）卷九《户部·户口》，杨一凡、宋北平主编，李春光点校，南京：凤凰出版社2018年版，第61页

② （清）蓝鼎元：《东征集》卷四《请行保甲责成乡长书》，收入蓝鼎元：《鹿洲全集》下，蒋炳钊、王钿点校，厦门：厦门大学出版社1995年版，第572页。

③ 戴炎辉：《清代台湾之乡治》，台北：联经出版事业公司1979年版，第79页。

④ 街及庄是里、堡下的地方自治团体（自然形成的），参见戴炎辉：《清代台湾之乡治》，第15页。

⑤ 戴炎辉：《清代台湾之乡治》，第61页。

⑥ （清）胡培翚：《福建台湾道胡君别传》，载《续碑传选集》，《台湾文献丛刊》第223种，第46页。

⑦ 《道咸同光四朝奏议选辑》，《台湾文献丛刊》第288种，第1—3页。

⑧ 《清宣宗实录选辑》，《台湾文献丛刊》第188种，第34—35页。

并给予工作；如不率教，则驱逐庄外，或禀官逐水内渡。① 但是，清庄执行的情况似乎不佳："总理、族长难得其人；认真清庄者，尤难得其人。不然，何以嘉义、彰化清庄甫退，众匪衅乱，梦梦不觉。……清庄者，实指其人之不善，使无所容。总理之邪者不肯为，总理之正而无势力者又不能为。"因此，陈盛韶认为，"清庄之法，不如联甲"。②

所谓"联甲"，据陈盛韶《问俗录》记载，是孔昭虔参考保甲制而变通的一种制度，嘉庆二十五年至道光二年（1820—1822年）曾在福建省延平府、建宁府、邵武府实行，效果不错。③ 陈盛韶道光十三年（1833年）署理台湾北路理番同知兼鹿港海防，④ 将孔昭虔的联甲法应用于鹿港，其具体做法："惟选立联首，奉行联甲，以小村联大村，以远村附近村，同心缉捕，保固乡邻，则各庄之正气盛、邪气衰。罗汉脚势难为匪，必改邪归正，否则公同禀逐内渡。为政之道，以官治民难，以民治民易。联甲法行，民自清理，固易易也。况联甲不分漳、泉，不分闽、粤，可以息分类之祸。予于建阳县行之而效，今鹿港街行之亦效。真孔荃溪观察治闽之良剂欤！"⑤ 联甲是几个街庄的联合，借用保甲制的中层组织单位（甲），以一庄为一甲，以小庄附于大庄，不分漳、泉和闽、粤，联合邻近各街庄，共同维持治安，以此来平息分类械斗。

道光后期，嘉义县地方官员将清庄附之团练，并联合多庄来推行，亦即"联庄"。⑥ 道光十八年（1838年），初任福建分巡台湾兵备道的姚莹，对嘉义县令范学恒"特立团练章程为清庄联庄之法"的构想大加赞赏，⑦ 认为："此事既办，即结联众庄，就地方远近、形势昆连、力能彼此照应

① 戴炎辉：《清代台湾之乡治》，台北：联经出版事业公司1979年版，第59页。
② （清）陈盛韶：《问俗录》，刘卓英标点，北京：书目文献出版社1983年版，第137页。
③ （清）陈盛韶：《问俗录》，刘卓英标点，北京：书目文献出版社1983年版，第103页。孔昭虔，字元敬，号荃溪，道光二年任分巡延建邵道，道光四年接替胡承珙任分巡台湾道。参见陈寿祺等：《重纂福建通志》卷一〇七《国朝职官》，台北：华文书局股份有限公司1968年版，第2056页。
④ 道光《彰化县志》卷三《官秩志·文秩》，《台湾文献丛刊》第156种，第76页。
⑤ （清）陈盛韶：《问俗录》，刘卓英标点，北京：书目文献出版社1983年版，第137—138页。
⑥ 潘是辉：《联甲与联庄》，《中正历史学刊》创刊号，1998年，第93页。
⑦ （清）姚莹：《饬嘉义县收养游民札》（戊戌七月初六日），收入姚莹：《中复堂选集》，《台湾文献丛刊》第83种，第185页。

者，各庄总理董事相与合约，协力同心，凡遇有事，一家有贼，则一庄鸣锣，一庄鸣锣，则各庄鸣锣相应，各出庄丁，走相救应。"①姚莹要求各庄遵照施行："本司道斟酌情形，特为此举，先行之嘉、彰二县，以次及于全台。……除已出示发给分贴各保外，今更刊刷印谕，遴委大甲巡检蒋律武赍赴该县，仰即查照，一体示谕各庄总理，并饬斗六、笨港两县丞暨佳里兴巡检会同蒋巡检，驰赴各保，传集各庄总理董事遵照示谕，妥议核实办理。"②姚莹认为这种"结联众庄"的方法，"非于旧行章程有所更改也。正即清庄联甲之法而推行之"。③经由姚莹的积极推广，此后台湾各地或自动或受官命而联庄，其主要目的，"在于共同维持治安（以守望相助为口号），肃清内奸，对抗外敌"；与此同时，亦有肃立庄规，约束境内住民，防止闽粤分类械斗。④

道光十八年（1838 年），水里崎脚新盛庄甲首沈骧棠及庄耆何士栋、陈士团、林荣利、沈长春等人，因"迩年来我庄被窃偷劫抢者，难以胜数，屡次受欺，饮泣莫何"，全立合约，期望庄众"遇有盗贼偷劫我庄者，须当鸣锣发炮为号，使众闻之同救，竭力同追"，并就有关费用、奖赏议订公约。清代中叶的新盛庄，包括今台中市龙井区山脚、田中、三德等里及沙鹿区的一部分。当时在这份联甲公约签字的共有 37 人，其中，龙井林家的林文炳，祖籍漳州府漳浦县乌石乡；社口林宅的林君宠，祖籍广东惠州府陆丰县吉康都新田圩横山岭店仔头；何光惜，祖籍泉州。⑤漳、泉、惠三籍人士携手订约，共同维护村庄治安。

咸丰七年（1857 年）六月，中港内外庄闽粤总理叶廷禄、温腾芳，

---

① （清）姚莹：《谕嘉、彰二县总理董事》，收入姚莹：《中复堂选集》，《台湾文献丛刊》第 83 种，第 189 页。

② （清）姚莹：《饬嘉义县收养游民札》（戊戌七月初六日），收入姚莹：《中复堂选集》，《台湾文献丛刊》第 83 种，第 187 页

③ （清）姚莹：《上督抚请收养游民议状》（戊戌七月），收入姚莹：《中复堂选集》，《台湾文献丛刊》第 83 种，第 41 页。

④ 戴炎辉：《清代台湾之乡治》，台北：联经出版事业公司 1979 年版，第 68 页。

⑤ 参见许雪姬：《龙井林家的历史》，台北："中央研究院"近代史研究所 1990 年版，第 26、86～88 页；杨仁江：《社口林宅》，台北：弘化文化事业股份有限公司 1987 年版，第 18 页。据杨仁江研究，林君宠，字笃雅，妻郭氏、钟氏，曾自神冈移居彰化县大肚堡秀水庄及武鹿庄，参见杨仁江：《社口林宅》，第 18 页。

保正林定元、锺捷和、徐振福，暨各庄正副、殷铺户等，鉴于中港地区为交通要道，每有匪徒窃劫抢夺，造谣分类，以致闽粤发生冲突，因而"为遵谕联庄，以保地方事"，共同商议："无分闽粤，好人连为一家。"设立闽粤总局，请专人负责，雇丁巡逻，"一遇窃劫、抢掠、造谣、分类一切恶俗，公举围拏、解究"，费用由业主出百分之六十，佃农出百分之四十。庄内外有什么事都联合解决，"不得随便列械计较滋闹"。其中，叶廷禄为中港街庄总理，温腾芳为中港内庄等处总理。① 据学者考证，中港街庄组织的范围，大致以今苗栗县竹南镇为主，包括苗栗县头份镇西南角、造桥乡西北角地区；而温腾芳所管理的"内庄"，包含了"头份街庄"地区，大致以今头份镇为主。② 就早期拓垦移民而言，竹南镇以漳、泉籍为主，头份镇以粤籍为主。③ 中港街庄总理，主要负责处理闽籍居民事务；内庄等处（头份街庄）总理，则是负责处理粤籍居民事务。④

闽、粤共同成立联庄组织，订立合约，有助于约束境内住民，共同维持治安，防止闽粤分类械斗。

三、民间信仰整合

民间信仰是普通百姓日常生活的一部分，对百姓的生活、生产等各个方面都有深刻的影响。闽、客族群在移垦台湾的过程中，也把原乡的各种民间信仰传播到台湾。正如吴子光所云："闽、粤各有土俗，自寓台后又别成异俗。各立私庙，如漳有开漳圣王、泉有龙山寺、潮有三山国王之类；独天妃庙，无市肆无之，几合闽、粤为一家焉。"⑤ 由于闽、客族群信奉的地方守护神各不相同，一些全国性的神灵，如妈祖、关帝、观音、神农大帝

---

① 《中港闽粤总局联庄合约》，收入《淡新档案选录行政编初集》，《台湾文献丛刊》第 295 种，第 450—451 页。
② 林圣钦：《清代淡水厅竹南一保街庄名的社会空间意涵：试论慈裕宫五十三庄宗教组织的形成》，台湾《地理研究》第 50 期，2009 年 5 月，第 28、30 页。
③ 参见王彩霞：《民间信仰与族群关系——以竹南头份造桥五谷宫为例》，新竹县竹北：交通大学客家文化学院硕士论文，2009 年，第 23—26 页。
④ 林圣钦：《清代淡水厅竹南一保街庄名的社会空间意涵：试论慈裕宫五十三庄宗教组织的形成》，台湾《地理研究》第 50 期，2009 年 5 月，第 36 页。
⑤ （清）吴子光：《台湾纪事》附录三《淡水厅志拟稿·台俗》，《台湾文献丛刊》36 种，第 98 页。

等，成为跨族群整合的媒介，其中以妈祖信仰最为普遍，如彰化天门宫七十二庄、苗栗中港慈裕宫五十三庄、[①] 苗栗苑里慈和宫、新竹北埔慈和宫等。

天门宫，位于今彰化县社头乡枋桥村。在清代，该地位于武西保与武东保交界处中心点，也是闽籍与粤籍移民的交会点。据考证，该庙建于乾隆二十年（1755 年），嘉庆三年（1798 年）改建，后多次重修。[②] 正殿一块嘉庆三年"海国安澜"木匾，落款"大武郡保街庄众弟子公立"。大武郡保为武东、武西二保的前身。殿内左墙 1961 年重修竣工碑志书："本天门宫妈祖庙宇，昔由武东、西保七十二庄众姓弟子奠基于此。"七十二庄不仅共同建庙，还联合到鹿港天后宫谒祖进香。七十二庄以昔武东保及武西保为范围，以目前行政区划来说，包括：（一）社头乡及埔心乡的全部；（二）永靖乡（21 村）、田中镇（18 里）的大部分；（三）员林镇（10 里）、田尾乡（7 村）一部分；（四）大村乡（1 村）、秀水乡（1 村）、南投县名间乡（1 团体）一小部分，换算成目前村里行政区，共有 105 村里。其中，唯一例外的是秀水乡下仑村，它不属武东西保，属马芝保，但它与天门宫有特别渊源：该村秀才吴椪嘉庆三年曾捐款协助天门宫的修建。[③] 七十二庄的住民，田中镇及社头乡东南部以漳州府籍为主，埔心乡、永靖乡、田尾乡、员林镇及社头乡西北部以广东潮州府饶平县籍为主，两籍移民毗邻杂居。[④] 七十二庄的形成，据许嘉明先生考察，源于道光年间的泉、客械斗。彰化平原上漳、泉、客三个主要人群，势力并不均衡，漳、客两个人群的总和，尚不及泉州居民的三分之二。道光年间械斗之后，漳、客两个人群组成联盟，以抵御泉州人。[⑤] 永靖乡永安宫（三山国王庙）石柱对联：

---

① 七十二庄、五十三庄与十三庄、二十四庄、三十六庄，都是台湾民间信仰组织中最常见的"联庄"数字。参见林美容：《妈祖信仰与汉人社会》，黑龙江人民出版社 2003 年版，第 132 页；邱彦贵：《新街三山国王与五十三庄：管窥北港溪流域中游的一个福佬客信仰组织》，《台湾宗教研究》第 3 卷第 2 期，2005 年 4 月，第 8—11 页。

② 参见曾庆国：《彰化七十二庄》，原载《台湾文献》第 47 卷第 1 期，1996 年 3 月，后收入曾庆国：《彰化县三山国王庙》，南投：台湾省文献委员会 1999 年再版，第 334—335 页。

③ 曾庆国：《彰化七十二庄》，《彰化县三山国王庙》，第 329、340—341 页。

④ 曾庆国：《彰化七十二庄》，《彰化县三山国王庙》，第 371 页。

⑤ 许嘉明：《彰化平原福佬客的地域组织》，《"中央研究院"民族学研究所集刊》第 36 期，1973 年，第 180—181 页。

"永保七十二庄年年青吉，安桃三百六日事事亨通。"可见，永安宫也是七十二庄的祭祀中心之一。光绪九年（1883年）以后，彰化平原的客籍村落还跟不同祖籍人群组成老四妈会和圣四妈会，成为彰化南瑶宫的两个会妈会，每年三月廿八日在南瑶宫作会。① 甚至在南瑶宫妈祖到笨港进香谒祖时，天门宫武西二妈（属老四妈会）与其邻居的枋桥头镇安宫三山国王庙还一同去接二香，他们会各自保有两片各半边的银制锁片，在接香的溪底、石塔处将信物吻合，成为接二香的证物。② 由此可见，在彰化平原，由于泉州府籍移民人多势众，漳州府籍移民与粤东客家移民通过妈祖信仰结成联盟。

图2-2 彰化社头天门宫

图片来源：作者自摄。

---

① 参见许嘉明：《彰化平原福佬客的地域组织》，《"中央研究院"民族学研究所集刊》第36期，1973年，第184—185页；曾庆国：《彰化七十二庄》，《彰化县三山国王庙》，第375—376页；林美容：《妈祖信仰与汉人社会》，哈尔滨：黑龙江人民出版社2003年版，第56—64页
② 参见郭伶芬：《清代彰化平原福客关系与社会变迁之研究——以福佬客的形成为线索》，《台湾人文生态研究》第4卷第2期，2002年，第29页。

中港慈裕宫五十三庄：慈裕宫主祀天上圣母，原建于中港南门口，最迟在乾隆四十八年（1783 年）即已存在，嘉庆二十一年（1816 年）重修，道光十八年（1827 年）迁建于现址番社口。嘉庆二十一年（1816 年），甘腾驹等人捐修慈裕宫，翌年七月，"中港内外街庄众弟子"为庆祝慈裕宫重修落成，在庙中敬立"护国庇民"匾额。显然，乾隆、嘉庆年间的慈裕宫，是中港地区闽籍的外庄与粤籍的内庄人士共同的信仰中心。据传早期的宗教活动，是由五十三个村庄共同参与，因而有中港慈裕宫五十三庄之说。中港五十三庄一词，在道光六年（1826 年）就已经出现，只是这五十三庄究竟包括哪些村庄，迄今没有一个明确的说法。不过，后来受道光六年、十三年（1833 年）及咸丰四年（1853 年）中港地区闽粤械斗的影响，尽管咸丰七年中港内外庄共同制定了联庄章程，明文禁止闽粤分类械斗，但同治三年（1864 年）在淡水同知张启煊的倡议下，内庄（头份街庄）的粤籍居民于田寮庄创建永贞宫来祀奉天上圣母。此后，中港慈裕宫逐渐成为中港街庄组织内闽籍居民的信仰中心。① 与慈裕宫相距不远的五谷宫，则仍然是由闽、粤籍居民共同奉祀。

图 2-3 苗栗中港慈裕宫

图片来源：作者自摄。

———————————
① 参见林圣钦：《清代淡水厅竹南一保街庄名的社会空间意涵：试论慈裕宫五十三庄宗教组织的形成》，台湾《地理研究》第 50 期，2009 年 5 月，第 40—43 页。

　　五谷宫：坐落于苗栗县竹南镇新南里，主祀神农大帝。乾隆四年（1739年），泉州人林耳顺率领闽粤两籍移民开垦三角店（今苗栗县竹南镇新南里）及田寮地区，为了祈求地方安宁，民丰物阜，希冀闽粤两籍人民能共建家园并永续和谐相处，因此组织五谷王会兴建五谷王庙，由当时驻于中港庄武官丁伯龙前往大陆恭迎神像奉祀。[①] 五谷宫位于闽粤交界处，祭祀范围涵盖竹南、头份、造桥三个乡镇。同治十年（1871年）曾进行重修。据学者研究，重修发起人与主要捐款人47人（商铺）中，可以推知祖籍的有30人（商铺），其中闽籍3人（含商铺），粤籍27人（含商铺，内有1人为附粤之汀州府武平县籍）。虽然参与重修的人群以粤籍为主体，但总理陈绍熙，祖籍福建省泉州府惠安县。五谷宫的重建，增加闽、粤间的良性互动，成为两籍之间的润滑剂。自创建到光绪年间，每逢神农寿诞，闽粤共同举行祝寿庆典仪式。后因闽籍先民在该地人口日益增加及经济渐趋稳定，逐渐演变成闽粤分开祭祀。农历四月二十五日，由内庄（头份、造桥）信众为神农大帝举行庆典仪式；四月二十六日，由外庄（竹南）信众为神农大帝举行祝寿仪式。[②]

　　苑里慈和宫：清乾隆三十六年（1771年）以前即已创建，[③] 主祀天上圣母（妈祖），祭祀圈包含了整个苑里镇以及通霄的下五里牌聚落。苑里是闽、粤混居区，不过大致而言，闽人居于靠海之地，近山区域则以客家人为主，形成内区（山脚区）、外区（近海平原区）之分。从清代开始，慈和宫不论是回大陆湄洲进香，还是到本岛北港进香，妈祖回銮至苑里时都有绕境游庄的活动。每次游庄活动，都包含内区和外区。《苑里志》记载："咸丰三年（1853年），闽、粤械斗；白沙墩及房、苑各街庄皆被粤人烧毁，闽人尽逃鹿港。惟田寮郑玉庆雇民丁自守，保全不陷。"[④] 慈和宫的进香和

---

① 五谷王庙建庙年代，除了庙方所称的乾隆四年（1739年）外，尚有两说：一是嘉庆二年（1797年），参见 [日] 波越重之：《新竹厅志》第七编《典礼·祠庙》，宋建和译，新竹县竹北：新竹县政府文化局2015年版，第250页；一是嘉庆二十二年（1817年），参见《新竹县志初稿》卷三《典礼志·祠祀》，《台湾文献丛刊》第61种，第124页。

② 参见王彩霞：《民间信仰与族群关系——以竹南头份造桥五谷宫为例》，新竹县竹北：交通大学客家文化学院硕士论文，2009年，第16—17、56—71、74、118页。

③ （清）王廷珪：《苑里慈和宫碑文》，收入（清）蔡振丰：《苑里志》下卷《文征》，《台湾文献丛刊》48种，第101页。

④ （清）蔡振丰：《苑里志》下卷《祥异考（兵燹附）》，《台湾文献丛刊》48种，第99页。

绕境游庄活动，对于苑里清代后期闽客问题的解决，应有融合的作用。①

图 2-4　苗栗竹南五谷宫

图片来源：作者自摄。

北埔慈天宫：与前述金广福垦隘相依而生，在垦首姜氏家族运作下，成为大隘地区的"护隘庙宇"，处处可见闽粤合作的痕迹。道光十五年（1835 年），金广福开始进入北埔拓垦。同年七月，垦民遭凶番袭击，死伤八九十名。② 十月，为祈求神明庇护取得心灵上的安全感，以凝聚垦民的向心力，姜秀銮将其观音像，在东方山麓（今秀銮山）下以茅草搭一小公厝祀奉，垦民以"观音庙"称之。道光十八年（1838 年）修建庙宇，道光二十六年至二十八年（1846—1848 年）第一次重建，咸丰三年至四年（1853—1854 年）改建于现址，同治十三年（1874 年）重修奠定今日规模。据云：慈天宫之"慈"代表慈航普度的观音佛祖，"天"代表天后妈祖，"宫"代表女神的居所。慈天宫庙内正殿明间神龛两旁有一道光二

———————
① 参见王志宇：《庙会活动与地方社会——以台湾苑里慈和宫为例》，《逢甲人文社会学报》第 12 期，2006 年 6 月，第 239—262 页。
② 北埔乡公所：《北埔乡志》，新竹县北埔：新竹县北埔乡公所印行，1977 年，第 8 页。

十八年（1848年）的木质对联"慈航普度众生得登彼岸，天道广施福祉
获庇吾人"；慈天宫内藏有两具大小形制相同的石造香炉，铭文为"道光
戊申吉旦，慈天宫，南兴庄众信立"，说明道光二十八年已经并祀天后妈
祖。[①] 观音与妈祖，是闽、粤族群都能接受的神祇，有利于闽、粤合作拓
垦。但金广福垦民毕竟以粤籍为主，因而慈天宫所奉祀的神祇，除了主神
观音和妈祖外，还有三山国王、义民爷和龙神等与粤籍移民关系密切的神
祇。其建筑风格，"主体建筑（前后殿及两廊）的大木作风格与泉州派近
似，而横屋与过水廊的栋架则趋近于客家建筑风格。另外，前后殿耳房的
配置、正殿及三川殿中轴线作有石阶等与金广福及姜氏家庙的作法类似。
因此可知慈天宫的建造匠师可能以泉州师父为主，但亦有客籍匠师参与其
中，故说慈天宫是座闽粤合筑的庙宇"。[②]

图2-5 新竹北埔慈天宫

图片来源：作者自摄。

---

① 参见龙玉芬：《一座护隘庙宇的个案研究：以新竹北埔慈天宫为例》，新竹县竹北：新竹
　县文化局2009年版，第50—56页。
② 龙玉芬：《一座护隘庙宇的个案研究：以新竹北埔慈天宫为例》，新竹县竹北：新竹县文
　化局2009年版，第348页。

　　值得一提的是，个别具有鲜明地域色彩的神灵，在特定的环境下，或由于某种机缘，也有可能成为闽、客共同奉祀的对象。如三山国王，一般认为是粤东移民的守护神。但屏东县林边乡林边村的三山国王庙，却由"闽、粤善信捐资鼎建"。该庙建于乾隆二十六年（1761年），据忠福宫《新建明贶庙记》碑文载："三山国王自粤肇基于凤城郡者，福神炉烟过台，东土威灵赫濯，神庥默佑，护国庇民。我港东里人士，爰集倡议，闽粤善信捐资，鼎建庙宇在林仔边，崇奉三山国王神像……"闽、粤移民之所以共同捐资鼎建庙宇，与该地区的社会环境有关。根据乾隆时期《台湾舆图》记载，乾隆中叶，林边地区还是平地少数民族"凤山八社"之一——放索社的地盘，是属于未垦"番地"。闽、粤移民为了共同拓垦这块番地，一起出资兴建三山国王庙。[①] 而在宜兰，三山国王作为"御番"神灵，受到漳州府籍移民的奉祀，其中福佬与客家俱有，不分族群共同奉祀。[②]

　　再如定光古佛，一般认为是汀州客家移民的守护神，但在桃园大溪的福仁宫和新北市板桥接云寺，均供奉在正殿龙边，地位仅次于主神。大溪福仁宫，又被称为"大溪大庙"，正殿主祀漳州移民的福神——开漳圣王，左祀定公古佛（即定光古佛），右祀玄坛元帅。该庙在嘉庆十八年（1813年）由当地富农李炳生、吕蕃调等募捐兴建。李家来自漳州诏安二都秀篆大坪头，以汀州上杭李火德为一世祖；吕家迁自诏安二都秀篆河尾，以汀州宁化石壁吕万春为始祖。这两个家族都是诏安客属，其迁移路线都是由闽西汀州迁至漳州诏安，清代前期再迁到台湾桃园，最后在大溪定居。因此，在漳州人族群意识浓厚的地区，福仁宫中定光古佛与开漳圣王一起护

---

①　参见简炯仁：《屏东平原的开发与族群关系》，屏东：屏东县立文化中心1999年版，第120—121页。该书第120页行文称"根据雍正时期《台湾舆图》的记载，雍正中叶，林边地区还是平地少数民族'凤山八社''放索社'的地盘"；但第121页插图却是"《乾隆台湾舆图》放索社部分"。根据学者研究，乾隆中期后，放索社大部分社众才由林边地区先后迁居近山力力溪冲积扇带的大响营、新开、内寮、顶营各地，因此作了修正。参见施添福：《国家与地域社会——以清代台湾屏东平原为例》，载詹素娟、潘英海主编：《平埔族群与台湾历史文化论文集》，台北："中央研究院"台湾史研究所筹备处2011年版，第47页。

②　参见邱彦贵：《宜兰溪北地区的三山国王信仰——自传说看历史性的族群关系论述》，《揭西文史》第13辑，1998年，第43—54页。

佑众生。①

图 2-6 桃园大溪福仁宫

图片来源：作者自摄。

板桥接云寺（又称观音妈庙），始建于咸丰六年（1856 年），至同治七年（1868 年）竣工，历经十二年，址在板桥旧城西北隅（即今林家花园停车场之尾端）。观音神像原供奉在柯子（科仔）仑石壁湖山慈云岩寺。始建于雍正年间的慈云岩，因漳泉械斗毁于祝融，"接云寺"名有"承接慈云岩香火"之意。光绪四年（1878 年），板桥林本源家族（祖籍漳州府龙溪县，今龙海市）欲扩建园邸，接云寺迁至旧城西南隅现址重建。接云寺现址所在地，原本是当时望族汀州胡氏住地，在林家的情商下，胡家将之捐建为接云寺，举家迁至顶浦仔地（约今华兴里），并将原本胡家所奉

---

① 参见蓝植铨：《大溪的诏安客——从福仁宫定公古佛谈创庙的两个家族》，《客家文化研究通讯》第 2 期，1999 年 6 月，第 61—64 页。该文提及李炳生、吕蕃调等人在嘉庆十八年（1813 年）曾订立《合约管业契字》，其中公议"要将店屋退卖他人，须要漳人承顶，不得另卖别州别府等人"，体现漳州人的族群意识。

祀的定光古佛，留存接云寺接受信众膜拜。① 接云寺大殿，主祀观音，左祀定光古佛，右祀注生娘娘。定光古佛与观世音菩萨一起，保佑地方众生。该寺于 1964 年修成右配殿，供奉开漳圣王。

图 2-7 新北市板桥接云寺

图片来源：作者自摄。

由上述可见，不仅妈祖、观音、神农大帝等全国性的神灵，成为跨族群整合的媒介，"合闽、粤为一家"，成为两籍之间的润滑剂；定光古佛、三山国王等闽、粤客家神灵也在特定的环境下，成为闽、客共同奉祀的对象，有利于闽、客之间的良性互动。

四、客家"福佬化"初现

如前所述，闽、粤的冲突与械斗造成闽、粤人的迁居，形成闽、粤籍分区集居的现象。南部粤人向六堆聚集，北部粤民迁往桃竹苗地区，中部粤民迁往东势等近山一带。留在平原漳泉人优势地带的客家人，由于人数上居于少数，开始出现"福佬化"的倾向。

---

① 参见康锘锡：《板桥接云寺建筑艺术与历史》，新北：板桥接云寺管理委员会 2007 年版，第 11—13 页。

语言是文化同化重要的指标。道光十年（1830 年）《彰化县志》记载：
"彰邑庠分闽、粤二籍，读书各操土音，各有师承。"① 可见在道光年间，彰
化县的粤籍学生还是讲客语。光绪十三年（1887 年），在嘉义县与彰化县
之间设置云林县。光绪二十年（1894 年），担任云林训导的倪赞元编修的
《云林县采访册》，以"前粤籍九庄"来称呼斗六附近的粤籍移民聚落，认
为这些客庄"籍本粤东，俗尚互异；因与土著杂处既久，言语起居多效漳
人"。② 倪赞元所称的"土著"主要是指漳州人，说明到了清末，粤籍移民
在语言和生活方面已被漳州人同化。同时代的马偕医师（George Mackay）
也在 *From Far Formosa* 一书中提到：

> The younger generation of the Hakkas learn the Hok-lo dialect and in
> time the Hakkas may become extinct.③

年轻一代的客家人学习漳州方言，随着时间推移，客家人可能会
灭绝。

台湾语言学家黄宣范 1993 年出版《语言、社会与族群意识：台湾语
言社会学的研究》一书，指出："彰化地区的客家人已经完全福佬化，他
们自认是闽南人，不是客家人，客家话在彰化地区已全然消失，并已完全
被闽南语所取代，取代的时间至少在 100—120 年之前已经完成。"④ 郭伶芬
认为，从彰化平原七十二庄成立到光绪九年（1883 年）永靖、社头、埔
心、田尾、员林参加"老四妈会""圣四妈会"之后，可以说是粤籍客家

---

① 道光《彰化县志》卷九《风俗志·士习》，《台湾文献丛刊》第 165 种，第 289 页。
② （清）倪赞元：《云林县采访册》，《台湾文献丛刊》37 种，第 16、30 页。据考证，倪赞
　元所称的"前粤籍九庄"，包括今云林县斗六市的社口（社口、镇南里）、大潭（龙潭
　里）、大仑（仑峰里）、沟仔坝（沟坝里）、江厝子（江厝里）、板桥、柴里（皆属三光里）
　及斗南镇的温厝角（将军里）、古坑乡浦仔（浦仔村）等九处聚落。一说九庄中没有温
　厝角、浦仔，而是九老爷（斗六市久安里）、田心（古坑乡田心村）两地。参见邱彦贵、
　吴中杰：《台湾客家地图》，台北：猫头鹰出版社 2001 年版，第 64 页。
③ 转引自黄宣范：《语言、社会与族群意识：台湾语言社会学的研究》，台北：文鹤出版有
　限公司 1993 年版，第 192 页。
④ 黄宣范：《语言、社会与族群意识：台湾语言社会学的研究》，台北：文鹤出版有限公司
　1993 年版，第 317 页。

与漳州人接触频繁的时间，也是粤籍客家最主要的"福佬化"的时候。[①]
吴中杰认为，虽然彰化县清代客属移民后裔目前没有人会说客语，但员林
地区福佬化客家人密集的乡镇（员林、社头、埔心、永靖、田尾、大村）
闽南语口音很特殊，俗称"员林腔"，亲属、祭祀称谓等专有名词还保留
着客语特色。如女性先祖普遍称客式的"孺人"而非闽南式的"妈"，安
镇屋宅的神明称为客式的"龙神"而非闽式的"虎爷"，亲属称谓跟潮州
客语（如饶平）、漳州客语（如平和）相当接近。[②]

　　不仅是粤籍客家出现"福佬化"，福建汀漳客家也不例外。有学者认
为："台湾的客家人当中，以漳州客属和福佬人的互动为最深。""在纷歧
的漳州闽客方言中，后来以府治龙溪为准的福佬话，被漳州移民广泛使
用，成为彼此沟通的共通语言，因而说客语的漳州移民渐次忘记了他们的
祖语。"[③] 除了语言之外，信仰、习俗等各方面也受到深刻影响。如台中市
西屯区诏安官陂廖氏家族宗祠烈美堂的祖先牌位，十四世女性先祖还称为
客式的"孺人"，十五世到十九世就已经改称为闽式的"妈"。据此推测，
廖姓家族最迟在清末以前就被福佬人同化了。[④]

　　综上所述，在台湾拓垦初期，由于地广人稀，加上"番害"的威胁，
闽、客移民往往杂居共垦，或是成为业佃关系，或是共组垦号，共同向番
社承垦，协力推进台湾的开发。即使嘉庆、道光以后，在台湾北部今桃竹
苗地区的内山开垦中，仍不乏闽、客合作的案例。在日常经济生活上，由
于闽、客移民维生方式不尽相同，亦须相互依赖，互通有无。另一方面，
为了约束住民，闽、粤共同成立联庄组织，订立合约，以防止分类械斗。
妈祖、观音、神农大帝等全国性的神灵，成为跨族群整合的媒介，增加闽、
客之间的良性互动。随着闽、客接触的频繁，留居在彰化平原等闽南人优
势地带的客家人，清末开始出现"福佬化"的倾向。

---

① 郭伶芬：《清代彰化平原福客关系与社会变迁之研究——以福佬客的形成为线索》，《台
湾人文生态研究》第 4 卷第 2 期，2002 年，第 44—45 页。
② 吴中杰：《台湾福佬客分布及其语言研究》，台湾师范大学华语文教学研究所硕士论文，
1999 年，第 34—36 页。
③ 邱彦贵、吴中杰：《台湾客家地图》，台北：猫头鹰出版社 2001 年版，第 81 页。
④ 吴中杰：《台湾福佬客分布及其语言研究》，台湾师范大学华语文教学研究所硕士论文，
1999 年，第 27 页。

第三章　日据时期的闽客关系

第一节　乙未抗日保台中的合作与分歧

1895 年，清政府在甲午战争中惨遭失败，被迫与日本签订《马关条约》，台湾被割让给日本。消息传到台湾，"绅民愤恨，哭声震天"，纷纷表示"愿人人战死而失台，决不愿拱手而让台"。[①] 在割台"势难挽回"的情况下，丘逢甲等台湾士绅致电清政府，表示"台湾士民，义不臣倭，愿为岛国，永戴圣清"。[②] 为了抗拒日本的入侵，五月初二日（5 月 25 日）正式成立"台湾民主国"，署理台湾巡抚唐景崧穿着朝服，向北面九叩首，表示忠于清朝，然后就任总统，年号"永清"，"仍应恭奉正朔，遥作屏藩，气脉相通，无异中土"。[③] 可见，"台湾民主国"的成立，是拒不臣倭，而非脱离中国。[④] 从 5 月 29 日日军在台湾东北部澳底登陆开始，至 10 月 21 日日军进占台南城，台湾人民开展了长达 5 个月的抗日保台斗争。整个台湾从北到南都投入其中，从战争的规模、激烈的程度来看，堪称台湾史上最大的战争。[⑤]

---

① 《全台绅民致中外文告》，载王晓波编：《台胞抗日文献选编》，台北：帕米尔书店 1987 年版，第 16 页。

② 郑喜夫：《民国丘仓海先生逢甲年谱》，台北：台湾商务印书馆股份有限公司 1981 年版，第 78 页。

③ 参见黄秀政：《台湾割让与乙未抗日运动》，台北：台湾商务印书馆股份有限公司 1992 年版，第 132 页。

④ 王晓波：《台湾意识的历史考察》，台北：海峡学术出版社 2001 年版，第 291 页。

⑤ 吴密察：《〈攻台战纪〉与台湾攻防战》，载许佩贤译：《〈攻台战纪〉——〈"日清战史"·台湾篇〉》，台北：远流出版事业股份有限公司 1995 年版，第 23 页。

一、闽、客合作抗日

日军在澳底登陆后，继续向基隆等地进攻，遭到守军的抵抗。1895年五月十二日（6月4日），台北、基隆间的交通要冲狮球岭失守，唐景崧率数十名亲丁乘夜奔逃淡水，十四日乘德轮内渡。台湾民众则纷纷组织义勇军，与刘永福为首的黑旗军及台湾知府黎景嵩编组的新楚军一同抗击侵略者，与日军展开了激烈的战斗。连横《台湾通史》记载："当是时，义军特起，所部或数百人、数千人，各建旗鼓，拮抗一方。"① 日军参谋本部编纂的《"日清战史"》记载："民勇的实力优于正规军，各地战斗时常为贼兵主力，其目的虽在消极的自卫，然他们散在各街庄整修战备，使得看来仿佛全台皆兵，其数今虽不详，实际与我军接战的民勇高达数万人。"② 义军首领吴汤兴、徐骧、姜绍祖、林昆冈、江国辉等，先后血洒疆场，英勇牺牲。其中，吴汤兴是苗栗铜锣湾人，祖籍广东嘉应州镇平县高思乡（今蕉岭县蓝坊镇高思村）；徐骧是苗栗头份人，祖籍广东嘉应州镇平县兴福乡谷仓下（今蕉岭县蕉城镇谷仓村）；姜绍祖是新竹北埔人，"金广福"垦号粤籍垦户首姜秀銮的曾孙，祖籍广东惠州府海丰县；3人均属粤籍客家。林昆冈是今台南市将军区人，祖籍福建泉州府晋江；江国辉是桃园大嵙崁（今大溪）人，祖籍福建漳州府平和。③ 不论是客家人还是闽南人，在抗日保台斗争中，均奋勇抵抗，展现出不屈的民族性格。

吴汤兴是苗栗生员，"台湾民主国"成立时，唐景崧授以义民统领关防。他返回苗栗，"大会乡人盟誓，益作大言励乡氓。乡氓亦粤籍，咸不愿属倭，听其言无不悦，则各搜器械，具馈粮备应用。汤兴乃作义勇衣，

---

① 连横：《台湾通史》卷三十六《丘逢甲列传》，北京：商务印书馆1983年版，第721页。

② 许佩贤译：《《攻台战纪》——〈"日清战史"·台湾篇〉》，台北：远流出版事业股份有限公司1995年版，第372页。

③ 参见洪弃生：《瀛海偕亡记》，《台湾文献丛刊》第59种，第5—6页；连横：《台湾通史》卷三十六《吴汤兴、徐骧、姜绍祖、林昆冈列传》，北京：商务印书馆1983年版，第722—724页；陈汉光：《台湾抗日史》，台北：海峡学术出版社2000年版，第132—136页；庄林丽、祁开龙：《试论乙未抗日斗争中的福、客关系》，《漳州师范学院学报》2012年第3期；徐博东、黄志平：《乙未武装反割台义军统领吴汤兴、徐骧、邱国霖大陆祖籍考》，《台湾研究》2015年第6期。

树义旗，置亲兵，列营号"。^①台北陷落后，新竹、苗栗绅民于五月十九日
（6月11日）祭旗誓师，推吴汤兴为首将，希望收复台北，"收集首提督
茂林二营、栋军谢天德等营，生员邱国霖、徐骧、吴镇觥、义勇姜绍祖诸
乡勇"。^②其中，谢天德是林朝栋旧部，邱国霖是丘逢甲诚字正前营长官，
吴镇觥（洸）为靖字正中营长官。^③

林朝栋是台中雾峰林家，祖籍福建漳州府平和县五寨乡。史载，林朝
栋"以击生番功，历保至道员，二品顶戴，赏穿黄马褂。所部皆百战之
卒，且训练有法，颇负时望"。^④中法战争期间，林朝栋率乡勇驻守狮球
岭，"与法军相持二阅月，法军不得逞志于台北也"。^⑤甲午战争爆发后，
林朝栋再次奉命驻守狮球岭，"以固台北之隘"。^⑥遗憾的是，乙未抗日前
夕，1895年四月二十三日（5月17日），因提督张兆连猜忌，命调守台中，
林朝栋因而在五月初二日（5月25日）拔队回台中。^⑦后接到唐景崧北上
救援的电令，于五月十五日（6月7日）又拔队救援台北，"遣防军营傅
德升、栋右营谢天德为前锋；以岳裔为参军，总理栋军营务为援台北第一
队；以分统林超拔、林兰、赖宽三营为二队；自将郑以金、袁明翼、林玉
亭及营务处梁美甫为三队；又令族亲林文钦募勇四千人为后劲。"^⑧五月十
九日（6月11日），林朝栋在后龙听说日军已至桃仔园、唐景崧已内渡，
率林超拔兵回彰化，^⑨后亦内渡，栋军谢天德、傅德升、陈澄波等人汇聚到
吴汤兴的旗帜下继续抗日。

丘逢甲，同治三年（1864年）出生于今苗栗县铜锣湾，祖籍广东嘉
应州镇平县。光绪十五年（1889年）中进士，钦点工部虞衡司主事，以

① 洪弃生：《瀛海偕亡记》，《台湾文献丛刊》第59种，第5页。
② 吴德功：《让台记》，载《割台三记》，《台湾文献丛刊》第57种，第43页。
③ 郑喜夫：《民国丘仓海先生逢甲年谱》，台北：台湾商务印书馆股份有限公司1981年版，
第53、93页。邱国霖，祖籍广东嘉应州长乐县横流渡（今五华县安流镇），参见徐博东、
黄志平：《乙未武装反割台义军统领吴汤兴、徐骧、邱国霖大陆祖籍考》，《台湾研究》
2015年第6期。
④ 俞明震：《台湾八日记》，载《割台三记》，《台湾文献丛刊》第57种，第12页。
⑤ 吴德功：《让台记》，载《割台三记》，《台湾文献丛刊》第57种，第33页。
⑥ 连横：《台湾通史》卷四《独立纪》，北京：商务印书馆1983年版，第67页。
⑦ 吴德功：《让台记》，载《割台三记》，《台湾文献丛刊》第57种，第32~33页。
⑧ 吴德功：《让台记》，载《割台三记》，《台湾文献丛刊》第57种，第41页。
⑨ 吴德功：《让台记》，载《割台三记》，《台湾文献丛刊》第57种，第43页。

亲老告归。1894 年甲午战争爆发后，奉旨督办团练（后改称义军），以守土拒倭号召乡里，捐资招募。次年三月，移驻南崁。① 《马关条约》签订次日，即三月二十四日（4 月 18 日），丘逢甲以"工部主事、统领全台义勇"衔，率领全台绅民呈文唐景崧请愿：

> 和议割台，全台震骇！自闻警以来，台民慨输饷械，不顾身家，无负朝廷。列圣深仁厚泽，二百余年所以养人心、正士气，为我皇上今日之用，何忍弃之？全台非澎湖之比，何至不能一战？臣等桑梓之地，义与存亡，愿与抚臣誓死守御。若战而不胜，请俟臣等死后，再言割地。皇上亦可上对祖宗，下对百姓。如日酋来收台湾，台民惟有开仗。②

唐景崧内渡后，丘逢甲从南崁撤回台中，后亦内渡，属下邱国霖、吴镇觥等在吴汤兴的指挥下继续抗日。

由上述可知，吴汤兴大致整合了闽籍漳州系林朝栋、粤籍客家丘逢甲的旧部及新竹、苗栗一带的义民军。若说此前是"林朝栋统率闽籍，丘逢甲统率粤籍台人"，③ 经由吴汤兴的整合，台湾中北部的闽南人和客家人联手抵抗入侵的日本军。1895 年 6 月至 8 月间桃竹苗地区的抗战，主要是由吴汤兴所统领的义民军所主导。他们的行动半径极广，以苗栗为中心，北自淡水河畔，南至嘉义附近。④ 林朝栋内渡后，亦有部分栋军散勇由台湾知府黎景嵩收编，并就地招募土勇组成新楚军，由杨载云统领，多次与吴汤兴所率的义民军配合作战。⑤ 反攻新竹之役即是各路义军联合作战的一个战例。

---

① 郑喜夫：《民国丘仓海先生逢甲年谱》，第 37、39、52 页。

② 转引自郑喜夫：《民国丘仓海先生逢甲年谱》，第 60—61 页。

③ 翁佳音：《台湾汉人武装抗日史研究（1895—1902）》，新北：稻乡出版社 2007 年版，第 123 页。

④ 萧新煌、黄世明：《客家族群史·政治篇》（上），南投：台湾省文献委员会 2001 年版，第 128 页。

⑤ 参见吴密察：《〈攻台战纪〉与台湾攻防战》，载许佩贤译：《〈攻台战纪〉——〈"日清战史"·台湾篇〉》，台北：远流出版事业股份有限公司 1995 年版，第 42 页。

　　新竹城于（1895 年）五月三十日（6 月 22 日）被日军攻陷，吴汤兴联合各路义军计划收复。闰五月十七日（7 月 9 日）夜，义军兵分三路，自头份进攻新竹城：傅德星（升）攻东门，陈澄波攻西门，吴汤兴攻南门，杨载云继后策应，姜绍祖、徐骧各领所部跟进。翌日，吴汤兴和傅德星二军自东南路进至十八尖，日军自虎头山出截，吴汤兴率队迎击，杨载云、傅德星分两翼夹击，日军不敌撤退，义军占据十八尖山与虎头山炮击新竹城。此后，日军不断增援，义军与日军在新竹附近地区几经争夺，各有死伤，姜绍祖等七十余人被俘，绍祖自杀，年仅二十岁。① 吴汤兴等人收复新竹城虽未成功，但是义军士气旺盛，不断袭击日军，彻底打乱了日军迅速南侵、"抚平"全台的计划。首任台湾总督桦山资纪在给日本首相伊藤博文的电文中提道："原本计划尽早占领安平与打狗，因近卫兵迟到，未果。惟占领新竹后，其附近土匪自称义民，出没于沿道山间，破坏铁路电线，或据于村落，妨碍我军。……故不得不改变计划，为先行巩固北部安全……始向南推进。"②

　　彰化八卦山之役是乙未抗日中的一次大会战。1895 年七月初八日（8月 27 日）夜，日军集全师团主力分三路进攻八卦山，吴汤兴、徐骧率领的义民军与新楚军及黑旗军并肩作战。只是抗日联军虽有 12 营之多，但实际上仅约 3600 人，而日军则动员了 1 个整编师团 15000 余人，在人数上占有绝对优势；在组织训练、装备火力和粮饷补给等方面，双方悬殊更大。经过激烈的攻防战后，八卦山、彰化城相继失守，吴汤兴及黑旗军统领吴彭年等人先后牺牲，③ 徐骧成功突围，转战云林、嘉义、台南等地，10月 20 日在曾文溪之役不幸中炮牺牲。④

　　台湾南部义民军，以林昆冈统领的嘉义南部十八堡联庄民兵和凤山南

---

① 参见陈汉光：《台湾抗日史》，台北：海峡学术出版社 2000 年版，第 77—79 页。
② 卢建荣：《入侵台湾——烽火家国四百年》，台北：麦田出版股份有限公司 1999 年版，第 209 页。
③ 参见黄秀政：《台湾割让与乙未抗日运动》，台北：台湾商务印书馆股份有限公司 1992 年版，第 225—227 页。
④ 陈汉光：《台湾抗日史》，台北：海峡学术出版社 2000 年版，第 115 页。

部六堆客庄势力较大。[①]

林昆冈，光绪年间，进嘉义县武庠，设教乡中，平生尚武好义，常为人排解纠纷。他听闻前敌叠败，召集曾文溪以北民众，共商抗敌之策，他说："台湾亡矣，若等将何往？吾欲率子弟卫桑梓，若能从吾乎？"一时应者百数十人。[②]日军参谋本部编纂的《"日清战史"》记载，嘉义以南、曾文溪以北的十八堡联庄包括：铁线桥堡、盐水港汛堡、太子宫堡、学甲堡、佳里兴堡、西港仔堡、沤汪堡、萧垄堡、麻豆堡、茅港尾东堡、茅港尾西堡、赤山堡、果毅后堡、下茄苳北堡、下茄苳南堡、哆啰啯东顶堡、哆啰啯东下堡、哆啰啯西堡。十八堡的耆老绅民，"于10月1日在新营庄会面立誓约章，公推沈芳徽为盟主，以林昆冈为前敌总统领，着手准备武器粮饷"。[③]林昆冈率领义军转战各役，[④]在台南学甲竹篙山不幸中弹，遂以军刀自戕，壮烈牺牲，卒年六十四岁。[⑤]林昆冈烈士牺牲的时间，日军方面的记载是10月18日，[⑥]一些著述则认为是10月20日。[⑦]

下淡水六堆绅民曾在屏东县内埔忠义祠集议誓师，公举邱凤扬为大总理，钟发春为总参谋。六堆各庄一面派义勇协防打狗、凤鼻头、旧城、凤山县城等地，于台南告紧时，又抽调义勇一千名前往协防；一面部署义民巩固乡村，守卫拒敌，以茄冬脚（今屏东县佳冬乡）之步月楼、长治乡之

---

① 许佩贤译：《〈攻台战纪〉——〈"日清战史"·台湾篇〉》，台北：远流出版事业股份有限公司1995年版，第396页。

② 《嘉义县志》卷七《人物志》，嘉义：嘉义县政府1976年版，第127—128页；连横：《台湾通史》卷三十六《林昆冈列传》，北京：商务印书馆1983年版，第724页。

③ 许佩贤译：《〈攻台战纪〉——〈"日清战史"·台湾篇〉》，台北：远流出版事业股份有限公司1995年版，第396页。

④ 参见许佩贤译：《〈攻台战纪〉——〈"日清战史"·台湾篇〉》，台北：远流出版事业股份有限公司1995年版，第399—404页。

⑤ 《嘉义县志》卷七《人物志》，嘉义：嘉义县政府1976年版，第128页。

⑥ 许佩贤译：《〈攻台战纪〉——〈"日清战史"·台湾篇〉》，台北：远流出版事业股份有限公司1995年版，第403—404、406页。

⑦ 如陈汉光：《台湾抗日史》，台北：海峡学术出版社2000年版，第115—116页；黄秀政：《台湾割让与乙未抗日运动》，台北：台湾商务印书馆股份有限公司1992年版，第244页；谢国兴：《导读》，载吕理政、谢国兴主编：《乙未之役随军见闻录》，台北："中央研究院"台湾史研究所，台南：台湾历史博物馆，2015年版，第28页。

火烧庄，以及高雄美浓、牛埔等处战斗最为激烈，牺牲亦最惨重。[①] 以茄冬脚战役为例，日军于 10 月 11 日入侵茄冬脚，左堆总理萧光明率队出战，据步月楼抵御。根据日军方面的报告，"妇女、儿童也拿起武器"，"进行肉搏时，庄民顽强抵抗，极力阻拒"。[②] 吴光志率林边（闽南人占绝对优势[③]）义民团来支援，日军死伤百余人。战至午后，日援兵大至。当时，先锋堆总理林芳兰、前堆总理邱维潘、中堆总理李镕经、后堆总理邱毓珍率众一千余人亦来赴援，见左堆庄民已溃，只好中途撤退。[④]

桦山资纪在 1895 年 11 月 11 日 "训示" 中宣布 "全岛平定"，[⑤] 但是，台湾人民的抗日斗争并没有停止。在 1895 年年末至 1902 年之间，台湾各地的武装抗日事件达 94 件，[⑥] 涌现出詹振、陈秋菊、胡嘉猷、林李成、简义、张吕赤、黄国镇、陈发等抗日义军领袖，被称为义军 "三猛" 的简大狮、柯铁、林少猫，更是其中的佼佼者。[⑦] 在这期间，闽、客携手抗日的事例亦复不少，如反攻台北之役和围攻潮州专员公署。

反攻台北之役是台湾北部最大规模的反攻战，由胡嘉猷策划。胡嘉猷，字阿锦，新竹安平镇（今桃园平镇）人，祖籍广东梅县。乙未抗战期间，日军先后于 1895 年 6 月 28 日、7 月 1 日侵入安平镇，胡嘉猷率部据守虎头冈竹围内之胡氏大厝迎战，日军虽调来炮兵与工兵协同作战，耗费子弹 7589 发、炮弹 91 发、火药 15 公斤，[⑧] 死伤百余人，[⑨] 仍不能取胜。乙未年

① 萧新煌、黄世明：《客家族群史·政治篇》（上），南投：台湾省文献委员会 2001 年版，第 134—135 页。

② 许佩贤译：《〈攻台战纪〉——〈"日清战史"·台湾篇〉》，台北：远流出版事业股份有限公司 1995 年版，第 404—405 页。

③ 参见简炯仁：《屏东平原的开发与族群关系》，屏东：屏东县立文化中心 1999 年版，第 121 页。

④ 陈汉光：《台湾抗日史》，台北：海峡学术出版社 2000 年版，第 113 页。

⑤ 台湾总督府警务局编：《台湾总督府警察沿革志》第二篇《领台以后之治安状况》上卷，王洛林总监译：《台湾抗日运动史》（2），台北：海峡学术出版社 2000 年版，第 267 页。

⑥ 翁佳音：《台湾汉人武装抗日史研究（1895—1902）》，新北：稻乡出版社 2007 年版，第 74 页。

⑦ 参见陈孔立：《前仆后继五十年——台湾人民抗日斗争史的回顾》，载中华全国台湾同胞联谊会编：《台湾同胞抗日 50 年纪实》，中国妇女出版社 1998 年版，第 38~39 页。

⑧ 许佩贤译：《〈攻台战纪〉——〈"日清战史"·台湾篇〉》，台北：远流出版事业股份有限公司 1995 年版，第 153 页。

⑨ 吴德功：《让台记》，载《割台三记》，《台湾文献丛刊》第 57 种，第 47 页。

冬，台湾北部各地义民抗日军首领，如台北陈秋菊、詹振，淡水简大狮、金包里许绍文、北投杨势，宜兰林李成、林大北、林火旺，三角涌（今新北市三峡）苏阿力、大科崁简玉和等，共推胡嘉猷为首，约定 12 月 31 日，在大屯山举火为号，同时起事，然后自各地集合，会攻台北城敌军。不幸，距总攻击前 3 日，顶双溪方面的抗日军行动被敌方密探侦悉，以报告日本宪兵，敌乃先发制人，立即调动军队，扼守要地，并截杀台湾各地义军。①等到大屯山上火号举起，各路抗日军事行动，或举事失利，或尚在苦战中，致无法集全力会攻台北敌营。1896 年 1 月 1 日，胡嘉猷与陈秋菊（闽籍）因无法集中抗日军大部队，只好率六百余名小部队来攻台北城。②日军闭城以守，因城坚固，无法攻入，3 日收队回。③

围攻潮州（在今屏东县）专员公署是由粤籍林天福和闽籍林少猫共同领导。据台湾总督府警务局记载：

（1898 年）12 月 28 日上午五时，千余名匪徒各按部署进入潮州庄，包围专员公署及宪兵分驻所。专员公署署长指挥署员凭藉门前的掩体进行抵抗，相峙四小时后上午九时署长被匪击毙……从潮州被围，一共八十一个小时才告解围。

袭击潮州的土匪主力是万峦赤山、四沟尾、五沟水、新北势等粤族各庄民众，和闽族部落凤山厝、九块厝、打铁店、北势尾、竹围内、赤山、沟仔墩及附近一带的庄民。由各庄的老庄长、耆宿进行指挥。总头领是四沟水庄的林天福，据说匪首林少猫也曾参加。此次匪变，土匪总数超过千人，号令严明，秋毫无犯。只杀日本文武官员。④

---

① 参见［日］伊藤幹彦：《"日治"时期台湾的客家人意识之研究——以桃园、新竹、苗栗的抗日运动为中心》，台湾《远东学报》第 28 卷第 4 期，2011 年 12 月，第 338 页。
② 萧新煌、黄世明：《客家族群史·政治篇》（上），南投：台湾省文献委员会 2001 年版，第 132 页。
③ 陈汉光：《台湾抗日史》，台北：海峡学术出版社 2000 年版，第 123 页。
④ 台湾总督府警务局编：《台湾总督府警察沿革志》第二篇《领台以后之治安状况》上卷，王洛林总监译：《台湾抗日运动史》（3），台北：海峡学术出版社 2000 年版，第 806、810 页。

　　上述记载中提到的总头领林天福，是先锋堆万峦四沟水庄庄长，也是日本人眼中"粤族土匪的头号匪首"。林少猫则是当时台湾南部声名最显赫的反抗势力，屏东万丹的闽南人。参与者不仅有来自先锋堆万峦、后堆内埔等地的"粤族"，也有附近分布在今竹田、万峦、潮州、九如及崁顶等乡镇的"闽族"。

　　由上述可见，当日本帝国主义割占台湾时，台湾民众自觉或不自觉地停止内部纷争，一致抵抗外来侵略。台湾闽南人和客家人还抛弃故有的成见，联合起来合作抗日。

二、抗日斗争中的分歧及其原因

　　由于清代以来的族群分类、地缘分类等因素，在抗日保台的斗争中，闽、客之间也不可避免地出现一些分歧。如：抗战期间，粤籍客家吴汤兴所率义军"饷械不继，新竹巨室复观望不供应"。吴汤兴只好"命新竹富家纳一年租税输军，不则军法从事。新竹人（大多闽籍——引者注）大哗"。当时日军迫近，吴汤兴只好退到苗栗，"而新竹人或使无赖数辈至大湖口输情。于是闰五月辛丑朔，日军整队来"，新竹遂被日军攻陷。[1] 或曰："新竹绅士郑林等率众迎请日军入城安民。"[2] 因日军逐渐逼近新竹，缺乏饷械的客籍义军向新竹地方的闽籍绅商要求饷械遭拒，闽籍绅商反而转向与日军合作，主动派人前往日营邀日军入新竹城，日后甚至协助兵力寡少的日军守备新竹城。[3] 新竹地区的抗日阵营分裂，闽客由联合抗日转向对抗，在台俄商阿米诺夫写给德商奥利的信中说道："有黄南球者，在此地及在新竹，据闻正招募人员拟与日人抗战，实则，彼等仅往乡下村庄威

---

① 洪弃生：《瀛海偕亡记》，《台湾文献丛刊》第59种，第7页。据台湾总督府警务局编《台湾总督府警察沿革志》第二篇《领台以后之治安状况》（上卷），日军入占新竹城是在1895年五月三十日（6月22日），参见王洛林总监译：《台湾抗日运动史》(1)，台北：海峡学术出版社2000年版，第115—116页。

② 吴德功：《让台记》，载《割台三记》，《台湾文献丛刊》第57种，第48页。有学者认为，郑林并非一人，而是郑家与林家的代表人之意，极有可能是郑如兰、林荣初。参见吴昭英：《乙未战役中桃竹苗客家人抗日运动之研究》，台北：政治大学日本语文学系硕士论文，2010年，第180页。

③ 吴昭英：《乙未战役中桃竹苗客家人抗日运动之研究》，台北：政治大学日本语文学系硕士论文，2010年，第170页。

胁较好和平之福佬人与日人串通同盟……"① 也有劝告客家人勿抵抗日军而被杀者。②

面对共同的倭敌,新竹闽籍士绅与粤籍客家表现迥异。学者普遍认为,"从事武力抗日的族群中,以客家人最为顽强激烈。""从乙未台湾民主国的抗日,到大规模抗日的西来庵事件被弭平为止,客家人始终扮演了重要的主导角色。"③ 侵台日军及日本殖民当局的观感亦印证了这一点。如:

《临时风俗画报增刊·台湾征讨图绘》云:"大姑陷附近之土民为本岛中最狞恶之客家种族,实在无法以寻常手段予以拯救。故若放任彼等跳梁,则将来会带给全岛施政上无法估计之弊害自然不言可喻,且将要南进之师团兵站亦不得不屡屡陷入危殆之地。"④

竹越与三郎《台湾统治志》记载较为详细:"大姑陷附近的人到处都是敌人,连少妇都大声呼喊,持枪械上战场。且冥顽不惧死,散布于村中靠着家屋掩蔽抵抗我军,就算我军以炮击击毁家屋,他们马上移至邻家战斗,看到一点可乘之机必定马上袭来。像这样的情况不只大姑陷,新竹地方一带皆是如此,因为此地方的人都是客家族,其有冥顽猛狞之名。因此攻击新竹附近前后花了近两个月。"⑤

1897 年台北县知事在其巡视新竹支厅的报告中提道:"广东人性情顽固难化,任侠重义,先前讨伐乱贼时,到处皆有抵抗发生,其中最令我军感到困难者,多半是这种人民……"⑥

1898 年出版的《台湾事情一斑》亦提及:"六堆人民为原支那人种中

---

① 程大学编译:《台湾前期武装抗日运动有关档案》,台中:台湾省文献委员会 1977 年版,第 90 页。

② 程大学编译:《台湾前期武装抗日运动有关档案》,台中:台湾省文献委员会 1977 年版,第 88 页。

③ 萧新煌、黄世明:《客家族群史·政治篇》(上),南投:台湾省文献委员会 2001 年版,第 124、204 页。

④ 《临时风俗画报增刊·台湾征讨图绘》第二编,东京:东洋堂 1895 年版,第 10 页;转引自王学新编著:《"日治"时期北部抗日史料选编》第 3 册,南投:"国史馆"台湾文献馆 2016 年版,第 41 页。

⑤ 竹越与三郎:《台湾统治志》,台北:南天书局有限公司 1997 年版,第 149 页。

⑥ 《新竹支厅下巡视所见ノ概要台北县知事具申》(1897 年 7 月 1 日),《台湾总督府公文类纂》,4518-9;转引自林正慧:《台湾客家的形塑历程——清代至战后的追索》,台北:台湾大学出版中心 2015 年版,第 330 页。

最彪悍之广东族……抗日战斗猛烈，面对被捕处斩时仍能从容不惧，如生蕃般凶猛。"①

侵台日军的随军记者注意到福建、广东籍移民的谋生方式与对日抵抗态度的差异：

> 新竹附近的土人原是福建、广东来的移民，福建人敏于商业发财，而广东人多以农耕为业且不少慷慨悲歌之士，且以人口来说，福建人虽然居多，但仅是所谓支那人气质之徒罢了，也就是毫无抵抗我方之气概且又不足以恃。离新竹西南十余里有苗栗县之处，其为义勇团领袖吴汤兴的故乡，全村悉为广东人，其男子皆入义勇团。向来彼等以乌合之众的土兵与我精锐的近卫兵为敌，真无异于举螳螂之斧抵抗龙车，纵然如此，亦在某种意思上其并非毫无可靠之处，出于无奈因彼等愚蠢、冥顽不灵，恣意操弄干戈酿成骚扰，是我军之所以实行膺惩，亦实出于不得已。②

台湾学者黄秀政认为，各籍移民由于谋生方式不同，乡土观念和抗战意识也有所不同：

> 晚清以来，北部地区因商业繁荣，商旅来往颇为频仍，因此住民成分较为混杂，亦比较散漫，不易团结一致。而新竹、苗栗一带，则因粤籍客家移民较多，仍保有传统的尚武风气。又中南部的闽籍移民系泉州籍和漳州籍移民为主，其中泉州籍移民多居于沿海口岸，由于从事商业者较多，时常往来台湾与大陆之间，守土的观念较为缺乏，故其抗日意识亦较为薄弱；至于漳州籍移民则多分布于海口至丘陵之间，因多从事农业，对土地的感情较为浓厚，思想亦较保守，故其抗

---

① 转引自林正慧：《台湾客家的形塑历程——清代至战后的追索》，台北：台湾大学出版中心 2015 年版，第 330 页。

② ［日］河村直编：《"日清战争"实记》第七卷第三十四编，东京：博文馆，1894—1897 年，第 9 页；转引自吴昭英：《乙未战役中桃竹苗客家人抗日运动之研究》，台北：政治大学日本语文学系硕士论文，2010 年，第 150 页。

日意识也较为强烈。……中南部抗战的义军，其组成分子似以客家移民和漳州籍移民为主。①

有的学者认为，乙未抗日与客家人的阶级属性亦有密切关联。钟纪东分析指出，日本近卫师团夺取台北城后，向南台湾挺进过程中，在今三峡、大溪、中坜、龙潭一带，遭遇客家人十分激烈的抵抗。客家人抵抗之壮烈，可能在于客系皆"佃丁庸工"，不若部分闽系地主士绅，为保护其土地产业，乃迅速与日本当局妥协。客系台湾人之阶级组成，偏于当时社会最低层之佃农及长工阶级，因此日据时代台共左翼农民运动，在客系村社中迅速广泛地展开。②

戴国辉表示，他曾与丘念台（丘逢甲三子）谈起为何乙未之际，特别激烈武装抗日人士中有许多是客家人，反而不是闽南人？他们一致的想法是，当时的客家庄属于山地与平原之间的新开发地区，他们经过艰辛的开垦过程，好不容易挤入小地主或自耕农阶级，却又碰上日军侵台占据，当然要激烈地反抗。③

粤籍移民的义民传统可能也是他们在乙未抗日中顽强抵抗的重要原因之一。据《台湾日日新报》载，吴汤兴在抗日之前，"奉新竹义民爷为主……在义民庙前筑坛高二丈许，自其上以碗为筊，掷于地，碗不破，众疑是天意，大事可成，同种族一类皆应之"。率义民军助战的粤籍武秀才姜绍祖被日军捕获后的"从容就刑"，也被粤人认为是"我真义民"。④台湾著名作家吴浊流在自传体小说《无花果》中亦写道："这义民庙的精神，在不知不觉中灌流在台湾人的血液中。保卫自己的村庄是自己的义务，这种观念，不知何时，在无意识中，已混入血液中。具有这种精神，一旦有了外敌，自然就要显露出来。因此，听到有日军来临，便涌起抗日的感情，

---

① 黄秀政：《台湾割让与乙未抗日运动》，台北：台湾商务印书馆股份有限公司1992年版，第267—268页。
② 萧新煌、黄世明：《客家族群史·政治篇》（上），南投：台湾省文献委员会2001年版，第129页。
③ 戴国辉：《晚清与日帝时期台湾史》，载《戴国辉文集》第6册《台湾史探微——现实与史实的相互往还》，台北：远流出版事业股份有限公司2002年版，第116页。
④ 植亭：《乙未大变录（二）》，《汉文台湾日日新报》1907年5月3日第3版。

产生抗日的思想，变成抗日的行动，自动地驰赴抗日战线参加抗战。"[①] 此外，粤籍移民在沿山地带设隘防番所形成的自卫武力以及具有防御功能之家屋、村落形式都在这次抗日战争中发挥了作用。[②]

日本的古野直也则指出："当时抗日百姓终究敌不过装备精良的日本军警，只有且战且走，认为逃入山地最安全，因此大多选择山麓地带抗日。山地附近住民多半为客家人，他们比福建人顽强。"[③]

第二节　闽、客族群关系的缓和与摩擦

日本侵占台湾之后，实行内地人（日本人）和本岛人（台湾人）差别待遇的殖民政策。台湾人民在反抗日本殖民统治的过程中，形成"台湾意识"和"祖国意识"。台湾的闽南人和客家人同为被殖民者，族群关系有所缓和，清末开始出现的"福佬化"倾向仍在持续进行。不过，闽、客族群之间的边界仍然存在，有时还会发生摩擦乃至冲突。

一、差别待遇的殖民政策和"台湾意识"与"祖国意识"

日本侵占台湾之初，面对台湾人民的抗日活动，1896 年 3 月 31 日颁布了"第六十三号法律""有关在台湾施行之法令的法律"，俗称"六三法"。其第一条"台湾总督在其管辖区域内，得发布具有法律效力之命令"；第三条"在临时紧急时，台湾总督无须经由前条第一项之手续，得立即发布第一条之命令"。根据"六三法"，台湾总督集"行政、立法、司法"大权于一身。随后，日本人在台湾施行"保甲条例""匪徒刑罚令""台湾浮浪者取缔规则"等法令，赋予警察干预人民生活的极大权限。台湾总督总计历经十九任，所发布之律令多达 526 件，内容遍及鸦片专卖、土地调查、

---

① 吴浊流：《无花果》，台北：前卫出版社 1988 年版，第 38 页。
② 吴密察：《〈攻台战纪〉与台湾攻防战》，载许佩贤译：《〈攻台战纪〉——〈"日清战史"·台湾篇〉》，台北：远流出版事业股份有限公司 1995 年版，第 40 页。
③ ［日］古野直也著，谢森展译：《台湾代志》，台北：创意力文化公司 1996 年版；转引自萧新煌、黄世明：《客家族群史·政治篇》（上），南投：台湾省文献委员会 2001 年版，第 124 页。

匪徒刑罚、保安工作、新闻管制、取缔流氓等各类事务。"在这种由总督府完全垄断的政治与法律环境下,台湾人民被纳入全面性的操控与压榨。"①

日本殖民当局不但剥夺了台湾人民的各项政治权利,而且还实行内地人（日本人）和本岛人（台湾人）差别待遇的殖民政策。民政长官后藤新平公开声称:"汝曹（指台胞）如求与三千年来尽忠诚于皇国之母国人（指日人）同等之待遇,则今后以八十年为期,其努力同化于母国人,未至此时,即被差别待遇,亦无奈何。"②差别待遇涉及政治、经济、教育等各个方面。③下面仅以入学、就业为例:

1898 年 7 月,总督府发布"台湾公学校令",规定以地方经费设立 6 年制公学校,教授台湾人子弟,以养成"日本的国民性格"。而日本人的子弟则入读"小学校"。虽说公学校与小学校都是 6 年制,在制度上只在是否常用日语的区别,但实际上教程有非常大的差异,公学校"没有教过小学校五年以上的课程",师生比及教员的资质、薪水也不一样。④第一次世界大战后,在民族自决思潮冲击下,1920 年 4 月才发布"共学制",1922 年 2 月颁布新的"台湾教育令",取消台、日人的差别待遇及隔离教育。但事实则不然,能读小学校的台人子弟仍少之又少,从下表 3-1 可以看出,1922 年小学校的台湾学生仅占 2.5%。据统计,小学校的儿童入学比率为 97%,而公学校的儿童入学比率仅为 33.65%。由于教学场地的限制,相当部分台人子弟无法入学。如当时台北市日本人仅 5 万人,有小学校 5 所;台湾人 12 万人,公学校也只有 5 所。⑤

① 林国章:《民族主义与台湾抗日运动（1895—1945）》,台北:海峡学术出版社 2004 年版,第 110—111 页。
② 转引自王晓波:《日据下台湾的民族精神》,收入王晓波:《台湾意识的历史考察》,台北:海峡学术出版社 2001 年版,第 35 页。
③ 参见山川均:《日本帝国主义铁蹄下的台湾》,蕉农译,收入王晓波编:《台湾殖民地伤痕新编》,台北:海峡学术出版社 2002 年版,第 125—183 页。
④ 山川均:《日本帝国主义铁蹄下的台湾》,蕉农译,收入王晓波编:《台湾殖民地伤痕新编》,台北:海峡学术出版社 2002 年版,第 173—176 页。
⑤ 山川均:《日本帝国主义铁蹄下的台湾》,蕉农译,收入王晓波编:《台湾殖民地伤痕新编》,台北:海峡学术出版社 2002 年版,第 174 页。

表 3-1 1920—1922 年间台湾小学校中的日本人、台湾人学生数

单位：人、%

年度	寻常科		高等正教科		高等补习科		合计				
	日本人	台湾人	日本人	台湾人	日本人	台湾人	日本人		台湾人		
							人数	%	人数	%
1920	17863	54	1041	—	25	—	18929	99.7	54	0.3
1921	19042	214	2077	—	39	—	21158	99.0	214	1.0
1922	19625	538	2205	26	54	—	21884	97.5	564	2.5

资料来源：山川均：《日本帝国主义铁蹄下的台湾》，蕉农译，收入王晓波编：《台湾殖民地伤痕新编》，台北：海峡学术出版社 2002 年版，第 174 页。

台湾人就读的中等以上的学校，根据 1919 年颁布的"台湾教育令"，有 4 年制高等普通学校 1 所，3 年制女子高等普通学校 2 所，5 年制师范学校 2 所，3 年制工业、商业及农林学校各 1 所，6 年制（预科 3 年、本科 3 年）农林及商业专门学校各 1 所，8 年制（预科 4 年、本科 4 年）医学专门学校 1 所。[1] 可见，偏重于中等职业教育。这些学校与对等的日本人就读的同类学校相比，程度都比较低，如工业、商业学校，日本人就读的，修业年限 5 年，台湾人就读的，修业年限只有 3 年；师范教育亦分为小学师范部与公学师范部。日本学者山川均明确指出："在台湾一切的学校，从顶到底，都循着台湾人与日本人的'民族线'，明确地分做两样。而且无论划出那一部分，把日本人的学校和与此相等的台湾人的学校比较看，则台湾人的学校的程度必低得厉害。因此，台湾人在毕业学校以后，无论踏出社会的哪方面，或就哪一种专门职业，大概总不能同毕业同类学校的日本人站在同等地位，故意这样编制安排的哟。"[2] 台湾学者吴文星也强调，台湾的中等以上教育，呈现的特性即"并不准备让（台湾）学生接受专科或大学教育，而在于期将台湾人纳入工、商部门急速成长的殖民经

---

[1] 吴文星：《"日治"时期台湾的社会领导阶层》，台北：五南图书出版股份有限公司 2008 年版，第 87 页。

[2] 山川均：《日本帝国主义铁蹄下的台湾》，蕉农译，收入王晓波编：《台湾殖民地伤痕新编》，台北：海峡学术出版社 2002 年版，第 177—178 页。

济中，使技术劳工不必再完全仰给于日本"。①

　　1922年颁布的"台湾教育令"，呼应所谓"内地延长主义"，提倡"开放共学"的主张。亦即比照日本国内制度，除初等教育之公学校之外，增设中上学校，无论台湾人或日本人一律参加竞试，合格者始能就学，并于1928年设立台北帝国大学，表面上促成台人可以接受与日人相同的中等以上教育。实际上入学考试测试日本语、日本史、日本国体等非台湾学生乐于研习之学科，而且在日本国内也举办相同之入学考试，招徕日本学生占据名额，同时嘉惠在台出生之日系台湾人，即所谓"湾生"。所以台湾之中等以上学校虽然增加，但高等学府之台籍学生人数却相对减少，形成表面公平，实质不均之差别待遇。② 矢内原忠雄比较了1926年在台湾的日本人、本岛人和"番人"学龄儿童就学率，参见下表3-2。根据表3-2，本岛人学龄儿童就学率只有日本人的28.9%，不及三分之一。中学生就学率悬殊更大，据《台湾日日新报》报道：1929年度，台人中学生仅约2000人，只占台人总数的0.05%；日人中学生则有2400人，占在台日人总数（约20万）的1.2%，台、日人的中学就学率竟相差24倍之多。③

表3-2　1926年台湾学龄儿童就学率之比较

单位：%

	男	女	平均
日本人	98.3	98.1	98.2
本岛人	43.0	12.3	28.4
"番人"	74.3	69.4	71.8

　　资料来源：[日]矢内原忠雄：《日本帝国主义下之台湾》，杨开渠译，上海：神州国光社1930年版，第181—182页。

　　戴国煇指出，当时，"殖民地台湾的青年精英被允许从事的社会地位

---

① 吴文星：《"日治"时期台湾的社会领导阶层》，台北：五南图书出版股份有限公司2008年版，第88页。

② [日]喜安幸夫：《日本统治台湾秘史》，台北：武陵出版社1989年版，第129页；[日]古野直也：《台湾近代化秘史》，许极炖编译，高雄：第一出版社1994年版，第237页。

③ 《本岛中学生の现状御下问——社会中坚分子の养成が必要》，《台湾日日新报》1929年6月20日第2版。

最高的职业，是私人开业医师及律师。第二、三级是公立学校的教师，以及警察官（巡查以下的职务居压倒多数）等下级公务员，或者是生产合作社、消费合作社、农会等的职员。除此之外就几乎找不到就业的路子。多数大专毕业生出身于上层地主家庭，毕业后也不过就是返家搞'出租土地行业'（日语称为'贷地业'）而终其一生"。[①] 因此，台湾的知识精英（本岛人）在就读高等学府时，不仅人数相对较少，而且大都选择医学一途，就读其它专业的人数很少。由下表 3-3 可以看出，1940—1944 年间，台北帝国大学学生数总共 1933 人，其中内地人（即日本人）1486 人，占 76.88%；本岛人（即台湾人）436 人，仅占 22.56%。在 436 名台湾学生中，医学专业 400 人，占台湾学生总数的 91.74%。

表 3-3 1940—1944 年间台北帝国大学学生人数统计表

单位：人

年度别	学科	日本人	本岛人	朝鲜人	外国人	计
1940 年度	文政	82	5	—	—	87
	理农	86	4	1	—	91
	医学	70	74	1	—	145
1941 年度	文政	87	3	—	—	90
	理农	117	4	1	—	122
	医学	56	66	1	—	123
1942 年度	文政	115	3	—	—	118
	理农	132	2	1	—	135
	医学	62	66	—	—	128
1943 年度	文政	168（另有听讲生1）	5（另有听讲生1）	—	—	173（另有听讲生2）
	理学	52	1	1	—	54
	农学	102	1	—	—	103
	医学	78	90	—	—	168

---

① 戴国辉：《台湾近百年史的曲折路》，北京：九州出版社，中信出版社 2021 年版，第112—113 页。

续表

年度别	学科	日本地人	本岛人	朝鲜人	外国人	计
1944 年度	文政	31（另有听讲生1）	4	1（另有听讲生1）	1	37（另有听讲生2）
	理学	40	1	1	–	42
	农学	74	–	1	–	75
	工学	47	2			49
	医学	85	104	–	–	189
总计		1486	436	10	1	1933

资料来源：台湾总督府编：《台湾统治概要》，台北：南天书局有限公司 1997 年版，第 49 页。

  台湾人和日本人不仅在入学、就业等方面存在差别，即使从事同一种工作，工资也不一样，同工不同酬。以台湾总督府递信局为例，1912 年，日籍职员的平均工资 1.85 元，而台籍职员的平均工资只有 0.97 元。"其他官吏的薪水和贴费，同样的差别仍俨然存在。例如，日本人的官吏，则给予本薪水六成的增薪，自听差以上，皆按官级给予一定的宿费，若台湾人则不给与。依据近年的改正规定，从各地方集来的台湾人，虽然也给予宿费；但同为'判任官'待遇的，在日本人则宿费每月十八元，带家眷的有四元的比例增加；若台湾人则只有八元，带家眷的增加四元。"①

  又如公学校，吴浊流 1937 年曾调任新竹郡下最大的关西公学校首席教员。他的经历："依照惯例，在这样的巨型公学校里，当本岛人首席的教员，非向日本人教师卑躬屈膝便无法工作下去的。"该校教职员名牌的排列，日本人教师优先地挂在上段。日籍教师占一半，"全都住在好宿舍，本岛人宿舍多半是庙或租用的民房，简陋得不成话。我的宿舍是街路上一家戏院所改造的，比起日本人女教师的宿舍还差得很远"。"校长还是口口声声不离'内台融合''一视同仁'那一套，事实却适得其反，凡事都袒护日本人教员，对本岛人采取差别待遇。每有日本人教员到任，便在校长宿舍开只有日本人参加的欢迎会。他们多领薪给的六成，连宿舍也是六成

① ［日］山川均：《日本帝国主义铁蹄下的台湾》，蕉农译，收入王晓波编：《台湾殖民地伤痕新编》，台北：海峡学术出版社 2002 年版，第 164 页。

的优越待遇……"① 吴浊流感到愤愤不平，又无可奈何，一次在遭到校长狠狠诘问时，他"再也禁不住把积聚胸中的郁愤倾泻出来了"，结果被左迁至疟疾猖獗的近番界的山地——马武督分教场。② 吴浊流终因不甘郡视学于运动会公然凌辱本岛人教员而愤然辞职。

至于劳工，如 1922—1923 年间，台北市和高雄州劳工的平均工资，日本人 2.85 圆，台湾人仅 1.25 圆，③ 不及日本人的一半。

这种差别待遇的殖民政策，"衍生出本岛人与内地人的差异，这种差异是整体的，整体的本岛人（台湾人）与内地人（日本人）的区分"。④ 台湾学者陈翠莲指出："殖民地台湾的知识分子在教育体系与行政体系攀缘而上的过种中倍尝艰辛，而被排拒、歧视的共同经验使他们深刻体认到自己虽是日本国民，却不同于日本人。"⑤ 正如吴浊流的切身感受："台湾人是台湾人，日本人是日本人，两者之间有一条鸿沟，自然隔成两个社会。"⑥ 尽管日本殖民者把同化政策及与中国大陆隔离政策贯穿始终，前者试图将原为中华民族一部分的台湾人民同化成为日本帝国的"忠良臣民"，将台湾人拉到日本文化的怀抱中来；后者则图谋斩断台湾与中国大陆的联系，把祖国从台湾人的心中推开。⑦ 但是，日本殖民统治台湾 25 年之后（即1920 年），日本早稻田大学教授安部矶雄到台湾视察殖民地教育，发现：

---

① 吴浊流：《无花果》，台北：前卫出版社 1988 年版，第 106 页。钟肇政以小说的笔法点出日本人和台湾人同工不同酬的待遇：同为教员薪得，日本人的初任俸给是 60 圆至 70 圆，本岛人就只有 30 圆左右。参见钟肇政：《台湾人三部曲》第二部《沧溟行》，台北：远景出版事业公司 1980 年版，第 709 页。

② 吴浊流：《无花果》，台北：前卫出版社 1988 年版，第 111—112 页。

③ ［日］山川均：《日本帝国主义铁蹄下的台湾》，蕉农译，收入王晓波编：《台湾殖民地伤痕新编》，台北：海峡学术出版社 2002 年版，第 161 页。

④ 蔡素贞：《日据时期台湾人对日本文化之迎拒：殖民性、现化化与文化认同》，台北：中国文化大学史学研究所博士论文，2008 年，第 5 页。

⑤ 陈翠莲：《台湾人的抵抗与认同》，台北：远流出版事业股份有限公司 2008 年版，第 19 页。

⑥ 吴浊流：《无花果》，台北：前卫出版社 1988 年版，第 76 页。

⑦ 程文腾：《论台湾人与台湾民族运动》，收入许南村编：《史明台湾史论的虚构》，台北：人间出版社 1994 年版，第 144 页。

"自日清战争以来……台人毫未同化于日本。"① 至 1939 年，日本人在《台湾总督府警察沿革志》第二篇《领台以后的治安状况》中卷的总序中明确指出，台湾人的汉民族意识牢不可破：

> 关于本岛人的民族意识问题，关键在于其属于汉民族系统。汉民族向来以五千年的传统民族文化为荣，民族意识牢不可拔。属于此一民族系统的本岛人，虽已改隶四十余年，至今风俗、习惯、语言、信仰等各方面却仍沿袭旧貌；由此可见，其不轻易扫除汉民族意识。且其故乡福建、广东二省又和本岛只有一衣带水之隔，双方交通频繁，且本岛人又视之为父祖茔坟所在，深具思念之情，故其以支那（中国）为祖国的情感难于拂拭，乃是不争之事实。自改隶后……在我统治之下，本岛人享有恩泽其实极大，然仍有一些本岛人，蔑视曲解此一事实，频频发出不满之声，以至引起许多不祥事件。此实为本岛社会运动勃兴之原因。依此检讨，则除归咎其固陋之民族意识外，别无原因；但这亦显示在本岛社会运动的考察上，民族意识问题格外重要。②

从日本殖民统治者的立场来说，台湾人普遍具有汉民族意识、视中国为祖国。台籍作家吴浊流出生于日本殖民统治下的 1900 年，他在著作中写道："台湾人具有这样炽烈的乡土爱，同时对祖国的爱也是一样的。思慕祖国，怀念着祖国的爱国心情，任何人都有。"他曾提及，祖父思思念念，"老人们即使在梦中也坚信总有一天汉军会来解救台湾的。台湾人的心底，存在着'汉'这个美丽而又伟大的祖国"。他本人虽然出生在日本窃据台湾后第五年，完全接受日本教育长大的。"没机会接触过祖国的文化，似乎不会有祖国的观念，但是，事情并不能如此简单地凭理论来解

---

① ［日］安部矶雄：《台湾的教育问题》，《台湾青年》1 卷 4 号，东京，1920 年 10 月，第 24 页；转引自尹章义：《"台湾意识"的形成与发展——历史的观点》，《台湾研究·历史》1994 年第 2 期。

② 《台湾总督府警察沿革志》第二篇《领台以后的治安状况》中卷，王乃信等译：《台湾社会运动史》第一册《文化运动》，台北：创造出版社 1989 年版，第 2~3 页。

释。"①

台湾学者陈翠莲研究日据时期谢春木、黄旺成、吴浊流与钟理和等人的祖国印象时发现，即使他们回到祖国亲眼见到大陆的迟滞落后，也观察到台湾社会与大陆社会之间存在巨大差别，但是"并未削弱或打击了这些台湾知识人的祖国情感"。相反地，他们急切地为祖国辩护，将中国的问题归罪于帝国主义的压迫剥削。② 吴浊流写道：

> 正如离开了父母的孤儿思慕并不认识的父母一样，那父母是怎样的父母，是不去计较的。只是以怀恋的心情爱慕着，而自以为只要在父母的膝下便能过温暖的生活。以一种近似本能的感情，爱恋着祖国，思慕着祖国。这种感情，是只有知道的人才知道，恐怕除非受过外族的统治的殖民地人民，是无法了解的吧。③

自 20 世纪 20 年代以后，台湾的抗日民族运动虽有"祖国派"和"台湾派"（亦称"自治派"）之分，但都是站在中国的民族立场反抗日本的殖民统治。④ 对此，日本殖民者亦有清醒的认识：

> 其中一种是对支那（中国）的将来抱持很大的嘱望。以为支那不久将恢复国情，同时雄飞于世界，必定能够收回台湾。基于这种见解，坚持在这时刻到来以前不可失去民族的特性，培养实力以待此一时期之来临。因此民族意识很强烈，常时追慕支那，开口就以强调支那四千年文化鼓动民族的自负心，动辄拨弄反日言辞，行动常有过激之处。相对的，另外一种是对支那的将来没有多大的期待，重视本岛人的独立生存，认为即使复归于支那，若遇较今日为烈的苛政将无所得。因

---

① 吴浊流：《无花果》，台北：前卫出版社 1988 年版，第 39 页。
② 陈翠莲：《想象与真实：台湾人的祖国印象》，收入陈翠莲：《台湾人的抵抗与认同》，台北：远流出版事业股份有限公司 2008 年版，第 220—221 页。
③ 吴浊流：《无花果》，台北：前卫出版社 1988 年版，第 40 页。
④ 王晓波：《中国人民对日抗战的"原史"——论胞抗日史的意义》，收入王晓波：《台湾史与台湾人》，台北：东大图书股份有限公司 1988 年版，第 6 页。

此，不排斥日本，以台湾是台湾人的台湾为目标，只专心图谋增进本岛人的利益和幸福。然而，即使是这些人也只是对支那现状失望以至于怀抱如此思想，他日如见支那隆盛，不难想象必将回复如同前者的见解。①

曾在广州组织成立"台湾学生联合会"（后改为"台湾革命青年团"）的张深切（1904—1965年）指出，"台湾是台湾人的台湾"这句口号的提出，其目的有二："第一是要顺应民族自决的时潮，希求全世界的同情；第二是表示台湾人绝对不服从日本的统治，无论如何绝对要争取到台湾复归于台湾人的台湾而已。"② 以全岛范围的"台湾人"命名出现，"台湾人被想象成与日本人不同的政治文化共同体"。③ 很显然，这一时期的"台湾人"意识所对比的对象是"日本人"。诚如台湾学者王甫昌所指出："台湾人"意识的产生，是"立基于台湾人相对于日本人的'共同不利的社会或政治位置'"，是"自认为因为共同的文化身份而被剥夺，或是受到一体性与制度性歧视对待之感受"。④ 这种台湾意识实际上就是一种特殊殖民地条件下的"祖国意识"。就连"台独"史学者史明也承认："当时台湾知识分子，尤其是所谓'民族派'的前文化协会与民众党的主要干部，把现实的台湾社会及台湾人大众（多数者）的心理动向（台湾人意识），跟他们自己在脑筋里所幻想的'祖国中国''中国的台湾'等抽象观念混淆在一起，结果，不知不觉之间，却以'祖国中国'的幻想为基本观念来从事台湾民族解放运动。"⑤

---

① 《台湾总督府警察沿革志》第二篇《领台以后的治安状况》中卷，王乃信等译：《台湾社会运动史》第二册《政治运动》，台北：创造出版社1989年版，第14页。
② 转引自王晓波：《台湾意识的历史考察》，台北：海峡学术出版社2001年版，第303页。
③ 陈翠莲：《台湾人的抵抗与认同》，台北：远流出版事业股份有限公司2008年版，第19页。
④ 萧新煌等：《台湾全志》卷三《住民志·族群篇》，南投："国史馆"台湾文献馆2011年版，第267页。
⑤ 史明：《台湾人四百年史》，台北：蓬岛文化公司出版1980年版，第689页。

二、闽、客关系的缓和与客家"福佬化"的持续

相较于台湾人与日本人的差异,台湾汉人中的闽南人和客家人同为被殖民者,其差异要微小得多。另一方面,殖民当局出于殖民统治和殖民利益的需要,以地理空间划分行政区划,施行近代化教育,修建纵贯铁路和东部铁路、临海道路(即今苏花公路),这些措施"无意间"也促进了闽、客之间的接触与交流。① 从日据时期的方志等文献来看,闽、客间的关系趋向缓和。如:

1906 年的《桃园厅志》云:"今日争斗绝迹,漳泉二族似为同族般融和相处,与粤人间则不容易交往,不互相婚媾,虽然二族言语风俗不同,但因日本政府施政方针一视同仁,二族间不再争斗,相处较为融合。"②

1916 年的《新竹要览》称:"闽粤二族因言语风俗相异,以往很难融合,近年来逐渐捐弃成见。"③

1918 年的《台北厅志》云:"改隶后,皇化下两族相融和,不复昔日的分类械斗。"④

1928 年的《新竹州管内概况及事务概要》称:"新竹州管内闽粤二族虽然在日本据台前斗争激烈,但至日据时期二族交涉已渐频繁,常有婚姻往来,已渐次融和。"⑤

1933 年的《大园庄志》称:"到了昭和年间,闽粤二族群的种族观念已变得相当淡薄。"⑥

1938 年的《新竹州の情势と人物》一书中称:"新竹州管内大部分为

---

① 参见林正慧:《"日治"台湾的福客关系》,台湾《民族学界》第 39 期,2017 年 4 月,第 19—26 页。
② 桃园厅:《桃园厅志》,台北:成文出版社有限公司 1985 年据 1906 年排印本影印,第 88 页。
③ 新竹厅出品协会:《新竹要览》,新竹:新竹厅出品协会 1916 年版,转引自林正慧:《"日治"台湾的福客关系》,台湾《民族学界》第 39 期,2017 年 4 月,第 29 页。
④ 台北厅:《台北厅志》,台北:成文出版社有限公司 1985 年据 1928 年排印本影印,第 109 页。
⑤ 新竹州役所:《新竹州管内概况及事务概要》,台北:成文出版社有限公司 1985 年据 1928 年版影印,第 1—2 页。
⑥ 徐秋琳:《大园庄志》,《台湾省新竹州街庄志汇编》(2),台北:成文出版社有限公司 1985 年据 1933 年排印本影印,第 20 页。

福建、广东移住者，其中，中坜、竹东、苗栗、大湖四郡几乎为广东系，桃园、大溪二郡多福建系，新竹、竹南二郡则为福建、广东两系相半。由于福建、广东二系言语风俗相异，领台前屡屡分类斗争，宿怨难解。然依时势推移，感情渐次融和，今已无昔日反目情形，互通婚姻者渐多。"或称："大溪街多为福建人，龙潭庄多为广东人，二者风俗习惯相异，以往有民族偏见而时常分类械斗，近年来因文化进展，已不再反目嫉视，且共婚交谊。"①

1939年的《竹南郡要览》亦言："郡内福建住民与广东住民人数相半，已因彼此能听说对方语言，使从前反目成仇情景，变成相互通婚的亲睦之境。"②

值得注意的是，上述这些方志、概览等文献，大多与殖民政府有关，因而其中不无夸耀、美化其殖民统治的成分。

随着闽、客之间接触与交流的频繁，在闽、客杂居地区，客家人由于在人数上居于少数，清末开始出现的"福佬化"倾向仍在持续进行。

日本占据台湾之后，在1898年设立"临时台湾土地调查局"，总理土地调查事务，并将"旧惯调查"作为一大要项。该机构1903年出版的"事业报告"，提到埔里地区原为"化蕃住地"，"后台中地方熟蕃渐次移住，福建、广东移民亦杂居于此"，调查之时，当地通用的语言为福建话，各族间的"交情亦彼此圆滑"；他里雾街（今云林县斗南）一带，"住民闽粤杂处，闽多粤少，比例为七比三，昔日分类械斗，互相反目，据说因粤人为少数，屡遭闽人欺压"，"今则两籍亲睦，风俗人情无甚差别"。③

1899年《台湾日日新报》报道，恒春有福建人1874户、11007人，广东人505户、2593人，根据恒春居民的谈话表示，"广东人方言受福建人影响，以往福、广常反目，近年则无，可见广东人风俗受福建人影响

---

① [日]菅武雄：《新竹州の情势と人物》，台北：成文出版社有限公司1985年据1938年排印本影印，第415页。

② 竹南郡役所：《竹南郡要览》，台北：成文出版社有限公司1985年据1939年排印本影印，第5页。

③ 临时台湾土地调查局：《临时台湾土地调查局第三回事业报告》，台北：临时台湾土地调查局1903年版，第69、108页。参见林正慧：《"日治"台湾的福客关系》，台湾《民族学界》第39期，2017年4月，第16页。

之征候"。①1906 年《汉文台湾日日新报》亦载，恒春地区"平地多闽族，若广东人则颇少焉"。并提及管内粤族"渐次感染闽族固有之习惯"，粤族部落"殆全部皆于家庭所用固有之广东话，转而为竞用闽族语，至如衣服装饰，亦酷似闽族"。②可见恒春地区客家人不仅方言改变，风俗、服饰也发生变化。黄启仁对恒春地区客家二次移民的研究认为，日据之前恒春地区的客家聚落仍然是封闭型农村社会形态。日据时期褒忠路的开通，连接保力与车城的交通，打破闽、客间的藩篱，使保力客家人的生活圈转移到车城福佬地区甚至恒春，从此无论是经济、教育、医疗、生活商品采购以及交通，都改以车城为中心。由于地处福佬生活圈，保力一带客家人与福佬互动渐趋频繁密切，"福佬化"成为不可逆的趋势。到了日据末期，闽南话已是保力客家人在家庭与村中使用的主要语言。不过，在语言使用、空间建筑和宗教信仰等方面，仍然可见客家文化的残迹。③

清代宜兰地区曾经有许多操客语的漳州客家人前来垦拓，例如员山乡大湖地区就有 13 个诏安客属家族密集分布。但时至 200 多年后的今天，宜兰能说诏安客语的人已经所剩无几。据学者研究，著名语言学家李壬癸先生所属之冬山乡珍珠里简李姓宗族的诏安客语流失约在日据晚期，而员山乡大湖底的可能在稍早的 20 世纪 30 年代。礁溪乡三民村的赖姓，则迟至 20 世纪 50 年代才不再普遍使用。④20 世纪 80 年代晚期的礁溪，"只剩六七十岁的极少数老人会说客家话"。⑤

新北三芝山坡地的新小基隆，住民大部分是来自福建汀州府永定的客家人，姓李、江、华、王等。其西边旧小基隆住的是泉州人，东边是漳州人居住区，夹在这样一个闽南人占优势的区域，新小基隆的客家人逐渐福佬化。据学者调查，到 20 世纪 80 年代晚期，只有 2 人还会说永定客家

①　《南端に於ける福建人と廣東人》，《台湾日日新报》1899 年 6 月 22 日第 2 版。
②　《恒春民情》，《汉文台湾日日新报》1906 年 8 月 30 日第 2 版。
③　黄启仁：《恒春地区客家二次移民之研究——以保力村为例》，台南大学台湾文化研究所硕士论文，2007 年，第 58—62、115、135—137 页。
④　邱彦贵主持、林怡靓等撰：《发现客家：宜兰地区客家移民的研究》，台北："行政院客家委员会"，南投："国史馆"台湾文献馆，2006 年版，第 123、128、153 页。
⑤　洪惟仁：《消失的客家方言岛》，原载《客家风云》第 3 期，1987 年 12 月，后收入洪氏：《台湾方言之旅》，台北：前卫出版社 1992 年版，第 189 页。

话。①

诚如学者所指出："在弱肉强食的社会，处于少数和弱势地位的族群，被它周围的强势族群同化，是很难避免的现象。"② 由于台湾以福佬占绝大多数，"台湾客家族群可以说没有不受福佬语群习染的"。③ 不仅散居的客方言点难以生存，即使是客家集中的桃竹苗区域，也难免被福佬语言文化所渗透，如苗栗的通霄、苑里等地的客语区，也在渐次萎缩中。其中通霄，在清代为闽客共同开垦的街庄，后因分类械斗，客家人从吞霄街退缩至东侧北大肚山系山麓地乌眉坑、土城一带。④ 到了日本殖民统治时期，据 1932 年调查，通霄庄之内通霄、北势、南势三字，其居民"大部分属于广东种族，但多会使用福建话，风习亦受福建种族之影响，彼此婚姻交通，结果二者融合，仅能从妇女结发之差异看出"。⑤

此外，日本殖民政府为了开拓台湾山地资源，以客家人为主的新竹州移民，在权力的运作机制下移往台湾北、中、南、东部，以开发樟脑、制糖等产业。⑥ 这些岛内移民通常被称为"二次移民"。从族群文化认同的角度来看，迁徙到新居地的族群，总是要经过在地化的过程，如果新居地有一个比他强势得多的族群，那它就很难摆脱被强势族群同化的命运，迟早要认同在地的强势族群的文化，最后在族群归属上也认同在地的强势族群。⑦ 北客二次移民的新居地若处于福佬人数乃至经济实力皆占优势地带，经过一段时间的互动与在地化，也会逐渐"福佬化"。如因"采樟拓垦"而南迁至高雄甲仙、六龟的新竹州移民，从婚姻网络关系来看，移民彼此之间的婚姻相当频繁，并且与本籍之间的来往亦相当密切，而与当地住民

---

① 洪惟仁：《末代客家人——三芝客家方言废岛寻宝》，原载《客家风云》第 18 期，1989 年 5 月，后收入洪氏：《台湾方言之旅》，台北：前卫出版社 1992 年版，第 179—180 页。
② 谢重光：《客家、福佬源流与族群关系》，北京：人民出版社 2013 年版，第 240 页。
③ 邱彦贵、吴中杰：《台湾客家地图》，台北：猫头鹰出版社 2001 年版，第 81 页。
④ 林玉茹：《闽粤关系与街庄组织的变迁——以清代吞霄街为中心的讨论》，收入《曹永和先生八十寿庆论文集》，台北：乐学书局有限公司 2001 年版，第 81—101 页。
⑤ 《新竹州第九、十回保健卫生调查书》，1932 年，第 1、6 页；转引自林正慧：《"日治"台湾的福客关系》，台湾《民族学界》第 39 期，2017 年 4 月，第 51 页。
⑥ 王和安：《"日治"时期台湾岛内新竹州移民之研究》，第二届台湾客家研究国际研讨会论文，2008 年 12 月，第 24 页。1920 年，殖民政府调整台湾的行政区划，设五州二厅（1926 年改为五州三厅），今天桃园、新竹、苗栗等市县的主要区域隶属新竹州。
⑦ 谢重光：《客家、福佬源流与族群关系》，北京：人民出版社 2013 年版，第 240 页。

之间的婚姻互动情形则较少。[①] 不过，即使较少通婚，这些北客落脚六龟、甲仙后，由于与大多数的福佬人、平地少数民族共同生活，在社会及经济活动的互动中，逐渐习惯使用福佬话，也逐渐形成所谓福佬客的聚落分布。[②] 但是北客家中的天公炉与龙神祭拜仍在延续，回桃竹苗扫墓、慎终追远的习俗仍旧不变。[③] 又如移至宜兰的北客，因为势力单薄，经过将近一个世纪，大部分的客家人改说宜兰的漳州腔闽南语。[④]

然而，也偶见相反的情况，即所谓"客福佬"现象。"如桃园龙潭翁姓，杨梅、新竹新丰郑姓，北埔庄姓，竹北六家陈、黄、王，苗栗头份翁、蔡、周姓等家族，高雄美浓溪埔寮、外六寮，花莲玉里客人城等聚落，则出现了原本为福佬人，而今客语说得远比福佬话流畅的案例。"[⑤] 其中，高雄美浓吉洋里外六寮聚落的福佬人，是日据时期的二次移民，因为身处客家人优势的环境中，养成在外面讲客语，回家说闽南语的习惯。[⑥] 戴国辉称他中坜乡下家的佃农是"闽南底客家人"，他们"原本是闽南人，后来迁来客家村庄住，又种我们的地吧，他们平常在家里讲福佬话，但在外面则讲客家话，慢慢地年轻的一代、二代就客家化了，所以我们说他们是福佬底或闽南底客家人"。[⑦] 但是，总的来说，客家对福佬的影响，还是无法和福佬对客家的强大影响同日而语。客家方言的福佬化是"一个动态的、至今仍不断进行"的过程，[⑧] 连客家人口集中的桃园（特别是中坜）与新竹

---

① 王和安：《"日治"时期南台湾的山区开发与人口结构：以甲仙六龟为例》，"中央"大学历史研究所硕士论文，2007年，第163页。

② 刘正元：《福佬客的历史变迁及族群认同（1900年迄今）：以高雄六龟里、甲仙埔之北客为主的调查分析》，《高雄师大学报》第28期，2010年，第103页。

③ 林秀昭：《台湾北客南迁研究》，台北：文津出版社有限公司2009年版，第215页。

④ 洪惟仁：《宜兰地区的语言分布与语言地盘的变迁》，《台湾"原住民族"研究季刊》第3卷第3期，2010年，第32页。

⑤ 邱彦贵、吴中杰：《台湾客家地图》，台北：猫头鹰出版社2001年版，第82页。

⑥ 参见张馨方：《美浓镇吉洋地区闽客关系之研究》，台南大学台湾文化研究所硕士论文，2010年，第107页。

⑦ 戴国辉：《"中国人"的中原意识与边疆观——从自我体验来自我剖析或解释》，收入《戴国辉全集》第2册《史学与台湾研究》卷二《殖民地文学·台湾总体相》，台北：文讯杂志社2011年版，第17页。

⑧ 吴中杰：《台湾福佬客分布及其语言研究》，台湾师范大学华语文教学研究所硕士论文，1999年，第7页。

地区也出现福佬化的趋势。[①]

三、闽、客族群边界与摩擦

日本割占台湾的五十年间，闽、客两个族群间的关系虽然有所缓和，但"感情对立尚未能达到充分解除的程度"。[②] 由于语言和风俗的差异，族群之间的边界仍然存在，有时还会发生摩擦乃至冲突。

日据初期殖民政府进行土地和旧惯调查时，发现台湾部分地方还存在分类余弊。如台湾北部喀人"与和老人之言语有差"，"不与和老人通婚，彼此之间存在障壁"；[③] 桃涧堡"自古以来三籍各分气类"，"即旧政府时称之分类械斗，其余弊今日尚未全除"，"此次调查之际，村庄内纷争百出，因利害相关，互不相让，有碍调查事业之进行"；中坜一带居民"以广东人最多，漳人间杂其中，约七比三"，"古来三籍分类之弊仍存，拥护同类，排斥异类，纷争百出，每庄少则五件，多则十五件"。[④] 在南部下淡水地区，闽族和粤族以往"生存竞争十分激烈，经由争斗以至今日，闽族与粤民仍不相和"。[⑤]

1906 年《台湾日日新报》报道：阿缑厅下的粤人部落，"以阿缑街系他人类之市街，附近庄社一里内外，亦有不会足入阿缑者。盖粤人性情风俗，与闽人有异，自然各不相投，殊缺和亲。故每次赴厅，多忍苦归乡，不宿阿缑"。粤人部落的街长保正于是在阿缑街上新筑屏东会馆，且建筑附属家屋，以便到阿缑街办事的粤人有住宿之所。[⑥]

---

① 丘昌泰：《台湾客家人的"福佬化"现象：族群同化理论的观察》，收入陈世松主编：《"移民与客家文化"国际学术研讨会论文集》，桂林：广西师范大学出版社 2005 年版，第 174 页。

② 《戴国煇全集》第 1 册《史学与台湾研究》卷一《境界人的独白》，台北：文讯杂志社 2011 年版，第 261 页。

③ 《本岛居住喀家族ノ户口及住居地取调表》（1897 年 5 月 1 日），《台湾总督府公文类纂》，11094-10，转引自林正慧：《"日治"台湾的福客关系》，台湾《民族学界》第 39 期，2017 年 4 月，第 15 页。

④ 临时台湾土地调查局：《临时台湾土地调查局第三回事业报告》，台北：临时台湾土地调查局 1903 年版，第 55、58 页。

⑤ 《凤山县管内治政一斑》（1897 年 1 月 1 日），《台湾总督府公文类纂》，09785-8，转引自林正慧：《"日治"台湾的福客关系》，台湾《民族学界》第 39 期，2017 年 4 月，第 16 页。

⑥ 《阿缑厅下之近况》（中），《汉文台湾日日新报》1906 年 2 月 22 日第 3 版。

1911 年《汉文台湾日日新报》报道竹北一堡北埔街殷户姜振乾及树杞林街彭仁添捐金赈灾一事。该文指出："姜、彭二氏皆粤产"，因洪水泛滥，近溪村落民众受灾严重，两人不仅出钱救助，还制衣裤分送灾民，"二君可谓万家生佛矣"。但又强调："所赈者均广东人部落，而闽族无数灾黎未闻分沾其惠，人颇非之，谓畛域过分。"随后表示：姜振乾欲措资住赈隘口、廿张犁、九甲埔等闽人较多的聚落，"谅能均沾时雨，不致独抱向隅"；并表示："灾黎众多，闽籍中富而吝者不少。未知能闻风兴起，以继姜氏之武步，抑甘受人指摘耶。"①

持地六三郎在 1912 年出版的《台湾殖民政策》一书中写道："至今两者（闽族与粤族）间虽无太激烈的冲突，少数也有通婚交往，但仍为社会中两个截然不同的阶级。"②

武内贞义在 1914 年出版的《台湾》中亦称："闽族称粤族为客人，粤族称闽族为福老。闽族占总人口的八成余，粤族人数较少，约占一成三。以往因为生存竞争而发生分类械斗，今日两者间颇忌通婚交往，成为各自的社会阶级。"③

桥本贤康在 1930 年出版的《少年日本地理文库·台湾》中称："现在虽然不像以往互相争斗，但他们在风俗、人情及言语上的相异处仍然很多。"④

另，根据邱苡芳对日据时期二次移民在花莲的族群分布的研究，各族群均有向同族聚集的现象，福佬族群集中在花连北部，中部的凤林支厅则成为客家集散地，亦即"各族群之间分布相对分离，同族分布相对集中"，显示出族群间的隔离状态仍相当鲜明。⑤在台东的二次移民也显现出族群

---

① 《新竹通信·赈灾后闻》，《汉文台湾日日新报》1911 年 9 月 24 日第 3 版。
② [日] 持地六三郎：《台湾殖民政策》，台北：南天书局 1998 年据东京富山房 1912 年版影印，第 22—23 页。
③ [日] 武内贞义：《台湾》，台北：株式会社台湾日日新报社 1914 年版，转引自林正慧：《"日治"台湾的福客关系》，台湾《民族学界》第 39 期，2017 年 4 月，第 30 页。
④ [日] 桥本贤康：《少年日本地理文库·台湾》，东京：厚生阁书店 1930 年版，转引自林正慧：《"日治"台湾的福客关系》，台湾《民族学界》第 39 期，2017 年 4 月，第 32 页。
⑤ 邱苡芳：《花莲地区之族群分布及族群关系——晚清迄"日治"时期》，花莲教育大学乡土文化学系硕士论文，2006 年，第 80—85 页。

分隔居住的现象，显示族群的分类意识仍会影响聚落族群居住的空间特性，也影响到族群间的通婚。①

对于闽、客族群之间的界限，我们亦可从当时人的回忆中去了解。吴浊流（1900—1976 年），新竹县新埔镇巨埔里客家人。1916 年入读"国语"（指日语）学校师范部。据他回忆：入学前一天"晚上住宿在大瀛馆。大瀛馆是在台北市中唯一的广东人经营的旅馆，对于不会讲闽南话的我，是很大的方便"。当时，班上"同级生有四十三名，客家人十名，其余都是闽南人。比起别的班来，算是客家人最多的一班"。经过四年的共同学习，到毕业时，"和闽南人中的有几个人虽然非常要好，还是没有同班的客家人十人来得亲密"。②

戴国辉（1931—2001 年），出生于桃园平镇的客家人，也提到就读新竹州立新竹中学校的时候，虽然当时日本学生常常欺侮本岛的闽、客学生，但戴国辉仍能深刻感受到闽、客间的不同。"我们互相之间介有语言不通、生活习惯不同，好像气质亦不大一样。"对于所谓"气质不大一样"，戴国辉的感觉是，"我们觉得闽南系同学很灵活，很会对付日本人。我们甚至认为闽南人狡猾，不老实，不忠厚。而我们客家人直绷绷的，说打架就打架；闽南人则说我们'阿呆'（笨蛋）。另一方面，我们也觉得闽南人不易团结，客家人则比较团结"。因此，"客人人和闽南人同样受日本人欺凌，但我们之间却难以构起'被迫害者'间的共识与连带团结。原因不外是以下几点：第一，母语有别；第二，气质有异；第三，彼此间的信赖感亦不易建立；第四，日本人的挑拨离间政策促进我们本岛人之间的分歧"。③

客家人比较团结应与其在人数上处于少数有关。吴浊流剖析了客家人作为台湾"少数民族"的复杂心态：

---

① 施添福总编纂：《关山镇志》下册，台东县关山：台东县关山镇公所 2002 年版，第 519—520、531 页。

② 吴浊流：《无花果》，台北：前卫出版社 1988 年版，第 65、74 页。

③ 戴国辉：《"中国人"的中原意识与边疆观——从自我体验来自我剖析或解释》，收入《戴国辉全集》第 2 册《史学与台湾研究》卷二《殖民地文学·台湾总体相》，台北：文讯杂志社 2011 年版，第 17—18 页。

台湾的客家人,是属于"少数民族",有乡下佬的土气,不轻易与人妥协,又十分自大。但是,一旦必要的时候,随时都能团结起来。"少数民族"的心理是有趣的。"我是客家人,从某某地方来的。"只要这样一说,彼此便产生信赖感。这种感情是本能地、自然地发生的,没有理由。我虽不愿意隐藏在这样狭小的世界观中,却也无法从中自拔出来。①

戴国辉认为,日据时期,"客家人被多数的福佬系人排挤,也受到歧视"。② 由于客家人居于少数,容易受到压迫疏离,又多集居于福佬人和先住民的中间地带,因此多感受到一种双重的疏离感。③ 客家文学家刘荣宗(龙瑛宗)在20世纪40年代初期与漳泉籍文士相处,仍然存有被轻视的感觉:"我觉得终于变成被差别民族的部落民(原注:贱民)而觉得怃然。"④

至于闽、客之间的摩擦乃至冲突,1905年《台湾日日新报》报道:屏东平原新东势粤庄与老埤新隘蓁庄(闽蕃杂处)自清代即因引水灌溉问题,"辄起争斗,甚或干戈相见,致死人命者有之"。日本占据台湾之后,双方又"争较不休",后由阿猴厅召集新东圳管理人邱毓珍、槟榔圳管理人林万喜,"剀切说谕,妥为和解",将水源划作三七分,新东圳水量七分,槟榔圳水量参分,使界线分明,纷争才稍息。⑤

据《台湾日日新报》报道,1927年在台湾南部发生过一起"闽粤械斗"。当年5月24日,高雄州凤山街赤山两位年轻的福建少女在田间工作时,遭数名广东人调戏,2女逃回家告知家人后,邱振来等数十名福建人

① 吴浊流:《无花果》,台北:前卫出版社1988年版,第65页。
② 戴国辉:《台湾近百年史的曲折路》,北京:九州出版社,中信出版社2021年版,第108页。
③ 戴国辉:《谈陈火泉、吴浊流和邱永汉的文学》,收入《戴国辉文集》第5册《台湾史研究集外集》,台北:远流出版事业股份有限公司2002年版,第114页。
④ 龙瑛琮:《"文艺台湾"与"台湾文学"》,叶石涛译,《自立晚报》副刊1986年12月18日;转引自尹章义:《"台湾意识"的形成与发展——历史的观点》,《台湾研究·历史》1994年第2期。
⑤ 《阿猴通信·埤圳分配水量》,《汉文台湾日日新报》1905年11月8日第4版。

携带棍棒返回现场，与徐阿才等数十名广东人互斗，由于言语争执而导致两族之间互斗，后由该郡警察课动员搜捕。①

1933年《台湾日日新报》报道：高雄州旗山郡美浓庄的美浓水产会社养鱼池，以往每年在清浚养鱼池时，都会开放让美浓庄人（广东人）借机捕鱼，但当年承包业务的数十名福建人，不准当地人捕鱼，且将所捕之鱼没收，引发当地人不满，遂与同庄约百名广东人发生流血冲突。当地的客家人认为，因为对方是福建人，自己是广东人，由于平时的反感，才会酿成此冲突。②

一直到1938年，《台湾刑务月报》提及高雄支所时仍表示："本支所附近大部分为福禄人，客人较少，但确实较为勤勉，这些客人与福禄人关系不好。"③支所附近的田地中，若邻地是福禄人时，不管是灌溉或通行都互相合作，顺利进行；但若另一方为客人，则绝对不会给予方便。④

同年，在屏东万峦还发生"东门事件"。该事件与万峦（客庄）和佳佐（闽庄）之间闽客关系的紧张有关。万峦庄原本在东、南、西、北等四方都有栅门，其中东栅门原是万峦和佳佐出入的要道，栅门的墙筑得相当厚实，在今万峦小学至电子公司中间有一"褒忠门"，墙门上有两只凤眼窗，就像老虎蹲踞其上的双眼，望向佳佐方向。⑤佳佐的闽南人依靠此门与外界相通，闽南人路过时经常感受到虎视眈眈，盯着过往行旅，因此在今佳佐小学前也设立一道墙，墙门上塑一个猎人，手拿弓箭，蓄势待发，拉满弓，面对万峦方向。老虎和猎人正好形成对立。后来佳佐连续几次收

---

① 《美女に戲れたのが原因で福建人と廣東人が近來稀有の大亂鬥》，《台湾日日新报》1927年5月27日第2版。

② 《捕魚の事から福建廣東人の大亂鬧　關係者を警察で取調中》，《台湾日日新报》1933年6月29日第3版。

③ 《高雄支所》，《台湾刑务月报》第4卷第11期，1938年11月，第9—10页；转引自林正慧：《台湾客家的形塑过程——清代至战后的追索》，台北：台湾大学出版中心2015年版，第347—348页。

④ 参见林正慧：《"日治"台湾的福客关系》，台湾《民族学界》第39期，2017年4月，第44页。

⑤ 万峦地方耆老并非将褒忠门上的凤眼窗视为如同老虎之双眼，而指出："万峦东栅门之建造类似凤形，佳佐人士塑造一尊'弓箭手'作势射凤，两庄民众形成对立，而发生'东门事件'。"参见萧铭祥主编：《屏东县乡土史料》，南投：台湾省文献委员会1996年版，第434页。

成不好，佳佐人也不平安，地方上传染瘟疫，大家认为是东栅门上的老虎在作祟，要求官厅打掉东栅门的城门，让道路开阔。当时万峦庄的庄长是日本人，协调佳佐的闽南人和万峦的客家人不成。1938年某天傍晚，万峦庄长集合庄内年轻人商议拆除城门，一群年轻人等了很久，等到晚上都见不到庄长，于是分头去找，发现庄长在宿舍与人喝酒。年轻人用乱石把庄长宿舍玻璃砸得稀烂，庄长沿着水沟逃到水尾，没被乱石砸死。事后庄长抓了70位年轻人，押往枋寮监禁好几个月。东门事件之后，日本人雇请大批警察和一些人把城门打掉，让往来佳佐、万峦的牛车道畅通无阻。[①]

屏东内埔犁头镖的闽南人和东片的客家人则因为争水源、捡拾木材而大动干戈。东片村民表示："日治昭和年间，犁头镖一带常发生水灾，洪水退后，东片这边的人常到河川地捡拾木材，侵犯到犁头镖人的地盘，东片的客家人与犁头镖的闽南人因而经常发生争执。"[②]

以上数则是台湾南部的情况，台湾北部的闽、客关系也有类似的情形，如：

1919年《台湾日日新报》报道：当年2月23日，苗栗车站发生一起斗殴冲突。起因是车站驿夫叶旭为戏弄另一驿夫林海，故拿小石掷击林海，林海却误以为是驿夫蒋阿郎（广东人）所投，加上转辙夫颜焕彩平时与蒋不和，故佯为仲裁而殴打蒋等人，终酿成斗殴冲突。该报也说明了此次冲突的背景：苗栗车站工作的职员，有分为广东、福建两种族的党派之弊，而颜焕彩系叶旭与林海等数名福建人的首领，对于其他广东人常持挑衅的态度，因此常起纷争。[③]

1925年《台湾日日新报》报道：当年8月6日，在基隆郡七堵庄，张仁贵、张清和（皆为新竹郡关西庄人）、谢阿清（竹东郡芎林庄人）等广东人，因戏弄妇人，与福建人余番发（台北州七星郡人）大打出手。[④]

---

① 林淑铃等：《台湾客家关系研究：以屏东县内埔乡与万峦乡为例》，台北："行政院客家委员会"，南投："国史馆"台湾文献馆，2010年版，第285—287页。

② 林淑铃等：《台湾客家关系研究：以屏东县内埔乡与万峦乡为例》，台北："行政院客家委员会"，南投："国史馆"台湾文献馆，2010年版，第295页。

③ 《驿夫の大喧哗 广东人对福建人》，《台湾日日新报》1919年3月1日第7版。

④ 《恋の鞘当から广东福建两种族反目》，《台湾日日新报》1925年8月8日夕刊第2版。

1933 年《台湾日日新报》报道：当年 3 月 20 日，中坜郡平镇大坑欠、大溪郡龙潭庄边的轨道上，发生福建人与广东人之间的大伤害事件。被害者是朝日制糖会社原料运搬台车苦力李文忠、钟阿华、彭玉杰、陈社光、许火英等 6 名广东人，因细故起口角，遭二十余名同所福建人苦力殴打成伤。[①]

此外，在岛内二次移民中，部分新竹州客家人移入以福佬占优势的地区，或因方言相异，或因生存竞争，闽、客之间的关系呈紧张的状态，且时有冲突发生。如彰化源成农场，福佬人约占 71%，新竹州客家移民约占 29%。由于福佬人皆来自邻近街庄，且可能缘于清代的闽粤宿怨，或是因为争夺生存资源产生的矛盾与冲突，因此对这批从新竹州来的客家人多持偏见或歧视态度，甚至告诫子孙不可娶"客人"。在这种社会氛围和生存环境下，这批来自北部不同聚落的客家人在 20 世纪一二十年代，共同支持竹塘醒灵宫的建庙。醒灵宫的男性鸾生以客家人居多（约占九成），庙务长久以来依靠有行政、管理能力的客家人支撑与经营，各种仪式运用客语进行，客家认同也经此不断地重复体验、凝聚与再生产，使"福佬化"的程度大大降低。[②]

又如在嘉义，据 1917 年《台湾日日新报》关于中埔《廣東人の勢力》报道，有广东人从新竹、苗栗等地迁入中埔及后大埔一带买地耕作，"最近这种广东人激增……对向来安逸的福建人形成压力……以致于广东人与福建人的小冲突频频发生"。[③]

由上述可知，日据时期闽客族群之间依然存在明显的边界，还不时发生摩擦乃至冲突。戴国辉认为，在日本推行殖民政策的日子里，日本殖民当局不可能不发现台湾内部居民之间的矛盾和分裂，因此搬用了殖民地统治的老办法，即分而治之的办法，[④] 因为"统治方永远是怕被统治方民众的

---

① 《福建人廿餘名が六名を半殺し廣東人と喧嘩して》，《台湾日日新报》1933 年 3 月 21 日第 7 版。

② 柯光任：《"日治"以来彰南地区客家移民与竹塘醒灵宫之研究》，逢甲大学历史与文物研究所硕士论文，2012 年，第 68—72、112—113、125—126 页。

③ 《中埔 廣東人の勢力》，《台湾日日新报》1917 年 6 月 30 日第 3 版。

④ 戴国辉：《台湾近百年史的曲折路》，北京：九州出版社，中信出版社 2021 年版，第 108 页。

团结和整合的"；[①] 并认为日本当局的离间策是闽、客对立不容易缓和的原
因之一。[②] 日裔史学家藤井志津枝认为，日方采用客家人来维持治安，也
是一种"以汉治汉"政策。[③] 如 1898 年潮州事变之后，殖民政府即致力于
用地方保甲体系，收编六堆地方的军事力量。原六堆总参谋邱维藩被任命
为保甲局评议员，左堆总理萧光明被任命为保甲局长。两三年间，六堆各
堆的武装力量，便成为协助殖民政府镇压本地"匪徒"的关键角色。[④] 赖
金男也认为，在日本殖民统治台湾的五十年，日本利用"种族矛盾"，给
予客家一些"小惠"，如铁路局和电力公司等公营事业，客家人比例就偏
高了。[⑤]

林正慧则认为，殖民政府对于闽客关系，"多是倾向消弥分类旧习为
主要目标"，正是在殖民政府的强力统治之下，不再发生如清代时期只因
细故而星火燎原的大规模分类械斗事件。[⑥] 不过，林正慧以殖民当局拆解
南部六堆客庄，将客庄聚落分配到不同办务署，使闽、客居民在同一办务
署及警察单位管辖下"比邻错杂"，由此得出殖民当局"扬弃前朝的分化
政策，转而致力于闽粤和睦，是其治理地方的基本方针，希望藉由将闽、
粤族群交叉混合，彻底根绝清代以来福客相互敌视、械斗之情形"，太过
牵强。施添福的研究指出，日本据台初期，经由土地调查，建立了一套以
大小字（街庄和土名）为基本单位的地理系统。大小字不仅具有明确的空
间范围，而且字内的土地和人民，即地籍和户籍浑然结成一体，便于计算、
便于管理，也便于控制。经由这套地理系统，形成地域社会的三层空间，
即街庄民空间、警察官空间、部落民空间。这三层空间不但层次分明、界

① 《戴国辉全集》第 3 册《史学与台湾研究》卷三《台湾往何处去·爱憎二二八》，台北：
   文讯杂志社 2011 年版，第 128 页。
② 《戴国辉全集》第 1 册《史学与台湾研究》卷一《境界人的独白》，台北：文讯杂志社
   2011 年版，第 261 页。
③ ［日］藤井志津枝：《"日治"时期台湾总督府理蕃政策》，台北：文英堂出版社 1997 年
   版，第 75、125 页。
④ 陈丽华：《族群与国家：六堆客家认同的形成（1683—1973）》，台北：台湾大学出版中
   心 2015 年版，第 81—82 页。
⑤ 萧新煌、黄世明：《客家族群史·政治篇》（上），南投：台湾省文献委员会 2001 年版，
   第 146 页。
⑥ 林正慧：《"日治"台湾的福客关系》，台湾《民族学界》第 39 期，2017 年 4 月，第 19、
   41 页。

限清楚，而且统合内叠；既成为殖民政府深入民间、行使权力的管道，亦提供地方人民建立、发展不同层次地域社会的场域。[1] 殖民政府之所以拆解南部六堆，是为了加强对台湾人民的控制、按地理空间划分行政区划的结果，并非出于"致力于闽粤和睦"。

林正慧文中"促进福客接触之施政"部分列举了立基于地理系统的行政区划、近代教育制度的施行、全岛交通网的建立等三项措施。诚如其所言，"殖民地下的近代化开展目的主要是为殖民母国服务"。[2] 前面已提及殖民当局按地理空间划分行政区划的目的，关于施行近代教育，矢内原忠雄指出：

> 在教育上，也如在经济上的由日本资本而资本主义化一样，由日本语而近代教育化，而日本教育的移入，也与资本同，是用国家权力的。即教育自最初起，作为国家事业……
>
> 大正八年（1919 年）之教育令，是由于：一则因为世界战后民族运动之风潮波及于台湾之结果，有应本岛人之文化的要求之必要；一则台湾资本主义化，乘世界大战之机，飞跃的发达之结果，随其生产及资本集中之高度化，对于一般的普通教育上及技术教育上，在经济的方面也有使之向上的必要；又住在台湾的日本人之子弟增加之结果，也有对之设立高等教育机关的必要等而制定的，而且本岛人与日本人教育系统不同，教科（育）程度低，为日本人之附属品的地位，在制度上，依然残存。大正十一年（1922 年）以后之发展，则有日本人、本岛人之共学及高等教育机关之兴隆之特征。由此而台湾教育制度具完成之外观，同时事实上高等教育比普通教育注重，且实现了日本人独占高等教育机关。
>
> 大正十一年（1922 年）以前，想由低减本岛人之教育程度，以保日本人之指导者的支配者的地位，今则以本岛人参加高等教育的名义，

---

① 施添福：《"日治"时代台湾地域社会的空间结构及其发展机制——以民雄地方为例》，《台湾史研究》第 8 卷第 1 期，第 1—39 页。

② 林正慧：《"日治"台湾的福客关系》，台湾《民族学界》第 39 期，2017 年 4 月，第 20 页。

制度上成为平等，事实上甚加制限，当此更稳固了日本人之支配者的地位。①

台湾学者王晓波亦指出："其实这些高等学校，尤其是台北帝大，根本是为日人子弟而高立的，台湾子弟能入学者极微。""日人在台殖民教育的目的，根本不是为了提升台人的文化与知识，而是为了贯彻日人殖民统治的行政和经济剥削。"②日人西野英礼认为日本在台湾的殖民地教育比任何血腥的弹压还要野蛮，他说：

> 台湾的新文化就在胎儿时的情形被绞杀了。由于日本人的教育，台湾人民的精神负担与被破坏的情形很大，是无可比喻的；企图使台湾人忘掉民族性的白痴化教育的弊害，不知自此之后还要使台湾民众的痛苦再挨几十年？我以为在日本的台湾殖民地化之中，最受夸耀的教育制度的确立，不就是对于住民最为野蛮的行为吗？我以为这是比任何血腥的弹压，还要来得野蛮！③

至于建立全岛交通网，喜安幸夫指出："日本据台之目的，并不仅在于扩张其势力范围，其更主要的目的乃在于榨取丰富的资源，以追求巨额的利润。……在日本总督府方面，有鉴于台湾地形之复杂，认为若欲开发偌大一片的土地与资源，非先自陆地交通的整备着手不可。换言之，首先要整备纵横无尽的交通网，然后始可以言及其他。……并且，铁路敷设完成之后，就成为南进（侵）前哨站的原动力。"④因此，按地理空间划分行政区划等三项措施，如林正慧在论述中所言，只是"在无意间对于促成福客间的接触与交流甚有助益"，而非其标题所云"促进福客接触之施政"。

后藤新平曾提出所谓"治台三策"，被引为治台的基本指导原则："一、

---

① ［日］矢内原忠雄：《日本帝国主义下之台湾》，杨开渠译，上海：神州国光社1930年版，第177、180—181、184页。
② 王晓波：《台湾意识的历史考察》，台北：海峡学术出版社2001年版，第273—274页。
③ 转引自王晓波：《台湾意识的历史考察》，台北：海峡学术出版社2001年版，第274页。
④ ［日］喜安幸夫：《日本统治台湾秘史》，台北：武陵出版社1989年版，第12—13页。

台湾人怕死——要用高压的手段威吓；二、台湾人爱钱——可以用小利诱惑；三、台湾人重面子——可以用虚名笼络。第一策的"高压"，可产生"威吓"，使人民有所不敢；第二策的"诱惑"与第三策的"笼络"，可导致人民内部的分裂与对立，而便于统治者的统治。"① 日本殖民统治台湾，不仅"在阶级的差异上进行分类矛盾的分化、渗透、宰制"，"也利用族群之间的矛盾与历史恩怨，进行挑拨分化与统治整合"。② 日本殖民当局强力镇压闽、客冲突，并非是"有意消弭分类"，只是为了稳定其殖民统治秩序，避免大规模的械斗危及其殖民统治和殖民利益。

---

① 萧新煌、黄世明：《客家族群史·政治篇》（上），南投：台湾省文献委员会 2001 年版，第 141 页。

② 萧新煌、黄世明：《客家族群史·政治篇》（上），南投：台湾省文献委员会 2001 年版，第 145 页。

第四章 当代台湾的族群政治和闽客关系

第一节 国民党的威权统治和省籍问题

台湾光复后，由于国民党接收官员的施政作为与台湾本地人民对于祖国的期待有巨大落差，加上通货膨胀、经济制度的失当等原因，在 1947 年发生了"二·二八"事件。这一事件影响深远，其重要后果之一即是在台湾人民与大陆赴台的外省籍政府官员之间，产生隔阂与不信任的氛围。国民党当局退踞台湾后，确立党国威权体制和不均等的政治结构，进一步加深了外省人与台湾本省人的隔阂。在这种省籍隔阂的氛围下，闽、客的分类暂时被更重要的"本省"及"外省"的省籍分类所隐蔽。①

一、光复初期与"二·二八"事件

1945 年 8 月日本投降后，在日本殖民统治下饱受歧视的台湾人民，对于复归祖国充满期望，以为今后不必再受差别待遇，可以当家作主了。但是，台湾人民很快就失望了。

台湾光复之前的 1944 年 5 月 15 日，时任台湾调查委员会主任委员的陈仪，在致教育部长陈立夫函中指出："台湾收复后最困难的问题，是人员的问题，因为台湾各机关高级人员几乎都由敌人担任，收复以后，立刻

---

① 萧新煌等：《台湾全志》卷三《住民志·族群篇》，南投："国史馆"台湾文献馆 2011 年版，第 270 页。

须由中国人接任，这一大批人员的补充真是困难。"[1] 为了解决这一难题，光复之初台湾公教人员的任用，实行留用台籍、罗致外省籍及征用日人三者结合。[2] 根据台湾省行政长官公署人事室 1946 年统计，当时在台湾省各机关职员中，台湾省籍职员 28234 人，占 63.52%；外省籍职员 9951 人，占 22.39%；日本籍 6266 人，占 14.09%。参见表 4-1。

表 4-1 1946 年台湾省现职人员籍贯统计表

单位：人

籍 贯	人 数					百分比 %
	总计	本署各处会室局所及其附属机关	各县市政府及其附属机关	各公营事业机关	各省立学校学院	
总 计	44451	21059	8834	11292	3266	100
台湾省籍	28234	13248	6726	6456	1804	63.52
外省籍	9951	5113	1643	1943	1252	22.39
外国籍（日本）	6266	2698	465	2893	210	14.09

资料来源：《台湾省行政长官公署人事室三十五年工作报告》，载福建省档案馆、厦门市档案馆编：《闽台关系档案资料》，鹭江出版社 1993 年版，第 412 页。

从统计人数来看，台湾本省籍职员占了近三分之二，但是若从职位等级来看，本省籍职员大多是中下级，中上级职位大多为外省籍人士。根据1946 年 7 月发行的《台湾省各机关职员录》，台湾省行政长官公署暨各处会室 18 位正副首长中，仅有教育处副处长宋斐如为台籍人士；17 位县市长中，只有台北市长游弥坚、高雄市长黄仲图、高雄县长谢东闵、新竹县长刘启光 4 位为台湾人；[3] 这 5 位台籍人士均返自重庆。据统计，1946 年

---

[1] 中国第二历史档案馆编：《抗战胜利前国民党政府接收台湾准备工作档案史料选》，《民国档案》1989 年第 3 期。

[2] 汤熙勇：《台湾光复初期的公教人员任用方法：留用台籍、罗致外省籍及征用日人（1945.10—1947.5）》，《人文及社会科学集刊》第 4 卷第 1 期，台北："中研院"中山人文社会科学研究所，1991 年 11 月。

[3] 台湾省行政长官公署人事室编：《台湾省各机关职员录》（1946 年 7 月）。台北：文海出版社有限公司 1978 年版。

12 月，台湾省公务人员总共 54617 人，除了 934 名外国人（其中日本人929 人）外，其余 53683 人的省籍及职等如下表 4-2。

表 4-2 1946 年 12 月台湾省公务人员的省籍与职等

单位：人

职等 籍别	特任	特任 待遇	简任	简任 待遇	荐任	荐任 待遇	聘任	委任	委任 待遇	雇用	未详	总计
本省籍	—	—	12	24	319	487	10109	9079	5926	12095	1660	39711
外省籍	1	2	202	204	1385	951	2021	4868	1542	796	2000	13972

资料来源：陈鸣钟、陈兴唐主编：《台湾光复和光复后五年省情》（上），南京出版社 1989 年版，第 268 页。

根据表 4-2，除了特任及特任待遇级均由外省籍人担任外，在简任级中，本省籍 12 人，仅占 5.61%，外省籍 202 人，占 94.39%；在简任待遇级中，本省籍 24 人，占 10.53%，外省籍 204 人，占 89.47%；在荐任级中，本省籍 319 人，占 18.72%，外省籍 1385 人，占 81.28%；在荐任待遇级中，本省籍 487 人，占 33.87%，外省籍 951 人，占 66.13%。台湾本省籍公务人员大多是聘任、委任和雇用的低级职员，级别越高所占比例越小。

光复之初台湾本省籍中上级公务人员之所以偏少，与行政长官公署对台湾民众缺乏理解和同情有关。他们认为日据时期台湾各机关中高阶层与重要职位完全由日本人充任，台胞大多为低级职员，缺乏行政历练。长官公署人事室统计指出：1945 年接收时，全台公务员 84559 人，其中台湾人为 46955 人，占 55.53%，但简任级仅 1 人，且为大学教授而非行政官员；荐任级仅 27 人，其中有 12 人是医师或教师，行政官员仅 15 人；委任级仅 3681 人。委任级以上台湾人总共只有 3733 人，仅占台籍公务员的7.95%。因此，人事室认为："台胞在日本统治之下，担任行政工作的，大多数为低级职位的雇佣，只听日人的驱使而已。"[1] 陈仪在回答中央社记者

---

[1] 台湾省行政长官公署人事室编：《台湾一年之人事行政》，台北：台湾省行政长官公署宣传委员会 1946 年，第 2 页；转引自陈翠莲：《台湾人的抵抗与认同》，台北：远流出版事业股份有限公司 2008 年版，第 340 页。

提问时，亦云：“基于尽量将台人接替日人之职位，虽然重要职位，由于台人资历不足，当从国内官员中遴选……”①

二是认为台湾民众遭受日本殖民统治的奴化教育，不会讲国语、不能写中文。陈仪 1944 年 5 月 10 日在给陈立夫的信中指出，台湾收复之后，最重要的工作是教育。台湾已被日本窃据 49 年，在此期间，“敌人用种种心计，不断地施行奴化教育。不仅奴化思想而已，并禁用国文、国语，普遍地强迫以实施日语、日文教育”。日本殖民者开设的日语讲习所达七千余所，受日语教育者几乎占台湾人的一半。所以，五十岁以下的台湾人基本上没有机会了解中国文化及三民主义。“这真是十二分的危险。”因此台湾收复以后，“顶要紧的是根绝奴化的旧心理，建设革命的心理”。②

台湾调查委员会于 1945 年 3 月制定了《台湾接管计划纲要》，明确提出：“接管后公文书、教科书及报纸禁用日文。”“接管后应确定国语普及计划，限期逐步实施。中小学校以国语为必修课，公教人员应首先遵用国语。”③陈仪 1945 年 10 月 25 日就任台湾省行政长官后，多次在公开场合强调说国语、通国文、懂国史的重要性。当年 12 月 31 日，陈仪通过广播向台湾民众宣布行政长官公署下一年度的工作，提出其工作要领之一是进行“心理建设”，目的在于“发扬民族精神”，“而语言、文字与历史，是民族精神的要素。台湾既然复归中华民国，台湾同胞必须通中华民国的语言文字，懂中华民国的历史”。陈仪希望全省教员学生在一年内，“大概能说国语、通国文、懂国史”。并提出要普遍设立语文讲习所，使公务员与一般民众有学习的机会。④

1946 年 2 月初，中央宣慰使李文范抵台考察，当他将民众所提用人

---

① 《陈长官答中央社记者五问题》，转引自汤熙勇：《台湾光复初期的公教人员任用方法：留用台籍、罗致外省籍及征用日人（1945.10—1947.5）》，《人文及社会科学集刊》第 4 卷第 1 期，台北：“中研院”中山人文社会科学研究所，1991 年 11 月，第 405 页。

② 陈鸣钟、陈兴唐主编：《台湾光复和光复后五年省情》上册，南京：南京出版社 1989 年版，第 58 页。

③ 陈鸣钟、陈兴唐主编：《台湾光复和光复后五年省情》上册，南京：南京出版社 1989 年版，第 50、54 页。

④ 转引自黄英哲：《“去日本化”“再中国化”——战后台湾文化重建（1945—1947）》，台北：麦田出版社、城邦文化事业股份有限公司 2007 年版，第 35 页。

问题的意见转达给陈仪后，陈仪回应说："一般台胞觉得光复以后，政府任用台胞不多，其实这是不能性急的。我们用人，有一定的手续，有相当的条件，一时间把台胞一齐任用，是不可能的。……台胞目前最要紧的，是国语国文。"强调文官考试必须用国文，希望以日语考试是办不到的。认为推行国文国语，"必须刚性的，俾可增加效率"。①1946 年 12 月 31 日，陈仪在"除夕广播词"中，再次强调："执行治权的是公务员，其不可或缺的条件，是以国语国文为了解实施法令的工具。"②

光复之初的台湾，人们除了能说闽南话、客家话之外，中青年大多习惯使用日语，很少人能说国语（即普通话）；人们认识的文字也大多是日文，却很少人能认识中国的国文。在这种情况下，推行国文国语，以尽快消除日本殖民文化的影响，是陈仪和当时的南京国民政府共同的想法，一些台湾的知识分子也意识到语言问题的重要性。台湾本省诗人、历史学家杨云萍在 1945 年 10 月 22、23 日的《民报》上，刊文《夺还我们的语言》。他控诉道："日本统治台湾的 50 年间，一切教育设施、文化设施的 95%，政治设施的 50% 以上，皆为教授、普及、强制日本语而存在的。"他感慨道："台湾光复，河山依旧，而事物有全非者。全非的事物中，要算这件'语言问题'为最严重、最厉害的。"他直指语言问题"实关于'民族精神'之问题"，高呼："我们要夺还我们的语言！"③

但是，长官公署强调国语国文的用人政策严重阻碍了台籍精英的参政之路，使台湾民众心生不满，《民报》感叹："仍旧感觉着和日人时代并无二致，依然是在受日本式或荷兰式的统治一样。"④并指责长官公署以台人不谙国语国文而不予登用只是一种借口，实则在包庇外省人在官场中的牵

---

① 陈仪：《关于粮食与用人问题》，收入《陈长官治台言论集》第 1 辑，台北：台湾省行政长官公署宣传委员会 1946 年，第 69—70 页。
② 陈鸣钟、陈兴唐主编：《台湾光复和光复后五年省情》上册，南京：南京出版社 1989 年版，第 325 页。
③ 转引自曾健民：《1945 破晓时刻的台湾》，北京：台海出版社 2007 年版，第 137—138 页。
④ 《人才的登用质量要并重》（社论），台湾《民报》1946 年 11 月 15 日；转引自陈翠莲：《台湾人的抵抗与认同》，台北：远流出版事业股份有限公司 2008 年版，第 342—343 页。

亲引戚、呼朋引伴、贪污舞弊。① 张琴 1947 年 3 月 25 日撰写的《台湾真相》提道："在各机关中，不独首长皆为国内同胞（绝少机关是台湾人），且秘书、科长、股长一律皆为国内同胞。台湾人民自然不免有嫉妒的心理。……最为台湾同胞所憎恨的是在同一机关中担任同级工作，待遇相差过巨。例如邮电局，国内同胞在原薪外每月有六千元台币的津贴，台湾同胞则一文津贴没有……因而台湾同胞极仇视这些国内同胞。"② 陈仪于 1946 年 8 月接待外国记者访问团时，亦承认"大部来自内地之官员，待遇较台人为高"，其理由是"来自内地者，均离家甚远，其生活水平略高，费用亦大"，但他否认对台胞有任何的歧视。③ 外省籍人士亦有人论及，"以前政府体念来自国内的公务员，因为在当地没有经济基础，每月酌给法币约 2 万元至 5 万元的家属津贴……一般地说，台湾的公务员待遇较之国内要低得多，许多外省的公务员，还得负担留在国内的家属生活，因之在其经济情况上，往往要比他们的台湾同事更为拮据"。此一津贴外省籍公务人员的方法，在 1946 年 11 月前之一次调整公务员待遇时，即予以取消。④ 另外，台湾省籍公教人员的底薪，系依照日据时代之标准核定，因而较外省籍人士的底薪为低。

　　关于 1947 年"二·二八"事件的起因，见仁见智，各执一词，但总体上看，学者们大多认为事件的发生与台湾当时在政治、经济、社会、文化等诸多领域面临的深刻危机有很大关系。⑤ 前述用人政策上的省籍歧视以及待遇不平等，造成社会严重不满，无疑是一个重要因素。"二·二八"惨案台胞慰问团于 1947 年 3 月 14 日向监察院长于右任送上《处理台湾事

① 《关于登用人才》（社论），台湾《民报》1946 年 5 月 11 日；参见陈翠莲：《台湾人的抵抗与认同》，台北：远流出版事业股份有限公司 2008 年版，第 343 页。

② 中国第二历史档案馆编：《台湾"二·二八"事件档案史料》（上），北京：档案出版社 1991 年版，第 139—140 页。

③ 转引自汤熙勇：《台湾光复初期的公教人员任用方法：留用台籍、罗致外省及征用日人（1945.10—1947.5）》，《人文及社会科学集刊》第 4 卷第 1 期，台北："中研院"中山人文社会科学研究所，1991 年 11 月，第 407 页。

④ 姚準：《人与人之间及其他》，《台湾月刊》1946 年第 2 期，第 55—66 页；转引自汤熙勇：《台湾光复初期的公教人员任用方法：留用台籍、罗致外省及征用日人（1945.10—1947.5）》，《人文及社会科学集刊》第 4 卷第 1 期，台北："中研院"中山人文社会科学研究所，1991 年 11 月，第 407 页。

⑤ 杜继东：《台湾"二·二八"事件研究综述》，《近代史研究》2004 年第 2 期。

变意见书》，其中谈到事变原因："由于人事者：外省人占据要津，本省人居不重要之地位。……外省人与本省人之待遇不一律，致使本省人与外省人间在感情上发生隔阂。"①"二二八事件处理委员会"向台湾省行政长官公署提出的"处理大纲"，有32条和42条两个版本，在"根本处理"政治方面，提出以下自治要求：

1. 制定省自治法，为本省政治最高规范……

2. 县市长于本年六月以前实施民选，县市参议会同时改选。

3. 省各处长人选应经省参议会（改选后为省议会）之同意……

4. 省各处长三分之一以上（42条版为三分之二以上）须由在本省居住十年以上者担任之（最好秘书长、民政、财政、工矿、农林、教育、警务等处长应该如此）。

5. 警务处长及各县市警察局长应由本省人担任……

6. 法制委员会委员须半数以上由本省人充任，主任委员由委员互选。

……

16. 一切公营事业之主管人由本省人担任。

17. 设置民选之公营事业监察委员会，日产处理应委任省政府全权处理，各接收工厂矿应置经营委员会，委员须过半数由本省人充任之。

……

21. 各地方法院院长、各地方法院首席检察官全部以本省人充任。

22. 各法院推事、检察官以下司法人员各半数以上省民充任。②

这些要求的提出，显示台胞在政治上所受的差别待遇确实是"二·二八"事件爆发的重要原因之一。

接管台湾的国民政府，当时在大陆已经相当腐败，贪污成风。国民政府接收官员不仅把持台湾政权，也把贪污腐化的恶习带到台湾，给台湾同

---

① 中国第二历史档案馆编：《台湾"二·二八"事件档案史料》（下），北京：档案出版社1991年版，第783页。

② 中国第二历史档案馆编：《台湾"二·二八"事件档案史料》（上），北京：档案出版社1991年版，第191—193、252—254页。

胞留下了极为恶劣的印象。省专卖局长任维钧，被《民报》揭发有证据的贪污即有 500 万元台币。长官公署秘书长葛敬恩的女婿李卓芝，在担任台湾省纸业印刷公司总经理时，将价值数千万元台币的机器廉价拍卖，暗中自己仅以 40 万元台币买下。贸易局局长于百溪，被国民党中央清查团认定严重贪污罪，移送法院，但不久即被保释。台北县长陆桂祥，被人指控贪污 5 亿元台币，但在调查过程中，一场"怪火"将账簿单据全部烧毁，没有下文。这不过是几件大的贪污案，"其余贪污案层出不穷，不胜举例"。对此，张琴愤而指出："台湾人民怨恨政府是由于贪污政治所激成的。"[1] 前述"二·二八"惨案台胞慰问团提交于右任的《处理台湾事变意见书》也指出："由于政治作风者：A. 贪污盛行，B. 效率不举，C. 轻视本省人之习惯，D. 内地公务员之生活远较本省人民为奢侈。"[2] 普通台湾民众不明真相，把国民党当局的统治视为"外省人"的统治。有人认为"由于外省人大多居于'能够贪污'的职位，因而'打倒贪官污吏'在一定程度上变为'打倒外省人'"。"不少民众把对于政府的不满投射于外省民众身上，造成外省民众无辜受害。"从当年本省人与外省人关系的主导面来看，他们是互相关心、互相帮助的。从事"二·二八"事件研究的台湾学者许雪姬指出："在'二·二八'过程中，本省人、外省人互相救助的故事很多。"[3] 但是，由于国民政府后来从大陆派军队入台镇压，导致大批台湾精英伤亡，给台湾人民造成无法弥合的心灵创伤。

　　"二·二八"事件平定后，陈仪引咎辞职，台湾省行政长官公署随之撤销，任命魏道明为台湾省政府主席。为了能够摆平本省与外省、闽南与客家的心理畛域，在人事分配上刻意做了安排：省政府委员 15 位，其中外省人 8 位，台湾本省人 7 位。本省人中，除了南志信是台东山地少数民族外，闽南人（林献堂、杜聪明、陈启清）、客家人（游弥坚、丘念台、

---

① 中国第二历史档案馆编：《台湾"二·二八"事件档案史料》（上），北京：档案出版社 1991 年版，第 141—143 页。

② 中国第二历史档案馆编：《台湾"二·二八"事件档案史料》（下），北京：档案出版社 1991 年版，第 784 页。

③ 参见陈孔立：《"二二八"事件中的本省人与外省人》，《台湾研究集刊》2006 年第 3 期。

刘兼善）各 3 位。[①] 丘念台 1947 年 7 月奉派接掌台海省党部主委，"本想推荐粤省儒将，我的抗日好友华振中出任书记长，可是组织部坚持要依原定办法，遴选一位福建籍的同志来做。依照他们的原定办法，是主委和书记长要闽、粤籍的同志分任，以资协调配合"。[②] 虽然国民党被迫对台湾的人事政策做了一些调整，但国民党高压统治的阴影长期笼罩在台湾同胞的心中。不少台湾人将"二·二八"悲剧归之于外省人的报复，因而对外省人敢怒不敢言，造成社会在婚姻上、就业上对外省人的排斥，这种省籍情结直到 1970 年代才逐渐泯除。[③] 因而"二·二八"事件成为讨论"省籍问题"来源的重要历史事件。[④]

二、威权统治时期（1950—1986 年）

尽管"二·二八"事件被视为台湾"省籍问题"来源的重要历史事件，不过由于当时在台的外省人数量有限，省籍矛盾还只是局限在有限的范围内。随着国民党在国共内战中节节败退，大陆各省市迁台人口猛增，使台湾的人口结构发生重大变化，外省人在台湾总人口中的比例迅速上升。根据 1956 年户口普查结果，1945—1956 年间大陆各省市迁台人数合计 640072 人，参见下表 4-3。由于 1956 年的户口普查不包括住在军营内的现役军人，因而实际迁台人数比表中所示要多。根据 1966 年的户口普查结果，台湾省常住人口共计 13340298 人（不包括外国籍 7828 人），其中本省籍者 11390512 人，占 85.38%；外省市籍者计 1949786 人，占 14.62%。[⑤] 这 190 多万外省市籍者应包括大陆各省市移民在台湾出生的子女。这些外省人不但在语言上无法与本省人沟通，而且多数聚居在当局安排的特定小区，使其与台湾社会形成隔离的状态。语言与生活方式上的差

---

① 萧新煌、黄世明：《客家族群史·政治篇》（上），南投：台湾省文献委员会 2001 年版，第 235 页。

② 丘念台：《岭海微飙》，台北：海峡学术出版社 2002 年版，第 278 页。

③ 黄秀政等：《台湾史》，台北：五南图书出版股份有限公司 2002 年版，第 256 页。

④ 张茂桂：《台湾的政治转型与政治的"族群化"过程》，收入施正锋编：《族群政治与政策》，台北：前卫出版社 1997 年版，第 47 页。

⑤ 《1956 年台闽地区户口及住宅普查报告书》第一卷《台闽地区户口及住宅普查总说明及统计提要》，第 55—56 页；第二卷第一册《台湾省户口总表及人口之籍别、年龄、迁移》，第 529 页。台湾省户口普查处 1969 年编印。

异使得族群间的调适发生困难，①而国民党所建立的党国威权体制和不均等的政治结构，更深化了省籍间的矛盾。

表 4-3　1945—1956 年间大陆各省市迁台人数

单位：人

年份	人数	年份	人数	年份	人数
1945	7915	1950	81087	1955	26838
1946	26922	1951	13564	1956	2917
1947	34339	1952	10012	合计	640072
1948	98580	1953	19340		
1949	303707	1954	14851		

资料来源：《"中华民国"户口普查报告书》第二卷第一册《台湾省户口总表及人口籍别》，台湾省户口普查处 1959 年编印，第 719—722 页。

1949 年 12 月，国民党当局退踞台湾。蒋介石念念不忘"反攻大陆"，把台湾作为其"光复中华民国"的基地实行威权统治。早在 1949 年 5 月 20 日，时任台湾省主席兼台湾省警备总司令的陈诚，即发布"戒严令"，开始在台湾实施"戒严"，"严禁聚众集会、罢工、罢课及游行请愿等行动，严禁以文字标语或其他方法散布谣言"等，限制人民的言论、集会、结社、请愿等基本人权。②1950 年 3 月 14 日，台湾"立法院"又通过决议，宣布在台湾实行"戒严"。根据"戒严令"，蒋介石、蒋经国父子在台湾实行长期的威权统治。

蒋介石退台后，对国民党进行改造，在原来"以党治国"的基础上建立起"党国体制"。1952 年 10 月 10 日召开国民党第七次"全国代表大会"，宣布结束党的改造。"七全大会"的代表以及"七全大会"选举出来的领导机构成员都是蒋介石、蒋经国父子指定的。③蒋介石本人身兼国民党总裁、"中华民国总统"和"三军总司令"，在 32 名国民党中央委员中，

① 萧新煌、黄世明：《客家族群史·政治篇》（上），南投：台湾省文献委员会 2001 年版，第 223 页。

② 黄秀政：《台湾史》，台北：五南图书出版股份有限公司 2002 年版，第 260—261 页。

③ 茅家琦等：《百年沧桑——中国国民党史》（下），厦门：鹭江出版社 2005 年版，第 809 页。

只有黄朝琴一人是台湾本省人；由蒋介石提名的 10 名中常委，无一人是台湾人。根据"七全大会"第一组的工作报告：1951 年度全年征求新党员共计 27666 人；1952 年度 1 至 8 月共征求 14945 人，合计 42611 人，其中台湾籍占 61.40%。[①] 改造后的国民党有 3 万个基层组织，党组织深入到台湾的村落、政府单位、学校、企业和军队，农会、工会、商会和"反共青年团"都由国民党控制。国民党开始对台湾社会全面控制，实行一党专制。[②]

蒋介石为维持其统治的"正当性"与"合法性"，宣称"宪法体制绝不改变"，将在大陆时那一套"政府机构"和"中央民意代表"完全搬到台湾。但是，依照"中华民国宪法"，"国民大会代表每六年改选一次""立法委员之任期三年""监察委员之任期六年"。第一届"国大代表"于 1947 年 11 月间依次选举产生，依法应于 1953 年改选。国民党失去大陆，退踞台湾，不可能在全中国范围内进行选举。在台湾一岛选举，又不能代表全国。1953 年 10 月 14 日国民党七届三中全会通过"关于依法召开国民大会案处理经过报告案"，同意中常会如下处理意见：

> "宪法"第二十八条第二项规定："每届国民大会代表之任期，至次届国民大会之日为止。"现以事实所限，不可能办理次届国大代表之选举，因而第一届国民大会代表之任期，自应适用宪法此项之规定。……第一届代表之任期，应依宪法规定直至第二届代表依法选出之日终了，而无所谓任期延长。[③]

至于"立法委员""监察委员"的任期问题，1954 年 1 月 29 日台"司法院大法官"会议作出"解释"，宣布"在第二届委员未能依法选出集会

---

① 茅家琦等：《百年沧桑——中国国民党史》（下），厦门：鹭江出版社 2005 年版，第 797 页。

② 孙俐俐：《台湾地区政党体制的演变》，中共中央党校博士学位论文，2009 年，第 23 页。

③ 转引自茅家琦等：《百年沧桑——中国国民党史》（下），厦门：鹭江出版社 2005 年版，第 1009 页。

与召集以前，自应仍由第一届立法委员、监察委员继续行使其职权"。^① 七届三中全会还决定将"国民大会组织法"规定的"国民大会非有代表过半数之出席，不得开议"，修改为"三分之一"。随后由"行政院"函请"立法院"对"国民大会法"的相关条款进行修正。^② 就这样，在国民党统治下的台湾政坛上出现了"万年国会"，成为"在台外省人容易被其他人士认为享有重大政治权力的明显例证"，^③ 引发非国民党的民意代表长期质疑国民党当局用人有省籍歧视，并要求改选"国会议员"，增加台湾省籍"国大代表"及"立法委员"名额。^④

　　与此同时，退踞台湾的国民党不得不考虑与地方的关系，将它纳入自己的势力体系，决定在台湾推行地方自治。在光复初期省县市参议会选举的基础上，县市及县市以下各级民意代表及行政机关首长和省议员由公民直接选举。虽然在省级以下的民选政府官员，绝大多数由台湾本省人出任。"但是这并无法平衡本省人与外省人的政治不平等关系。一来因为这些选举的结果受到国民党提名以及优势辅选的左右，二来因为国民党的集权式领导，使政治菁英的真正选择，仍然掌握在以外省人为主的党机器之内。"^⑤ 在"党国威权体制"的制度性安排之下，"使得统治阶级几乎都是当年自大陆来台之人士组成，而一些'台湾人'被迫居于劣势、被支配社会位置，这样的安排的确造成了明显的社会组织不均等、支配者常常为外省人、而台湾人处于被支配的现象"。^⑥ "到'解严'前，（台湾）省籍人士不要说对'中央'政策，甚至连省政也少有置喙的余地。至于部队与党务系统那更清一色是外省人的天下。""在'戒严'体制下，台湾同胞虽名为

① 程玉凤、李福钟主编：《战后台湾民主运动史料汇编》四《国会改造》，新北："国史馆"2001年版，第130页。
② 茅家琦等：《百年沧桑——中国国民党史》（下），厦门：鹭江出版社2005年版，第1010页。
③ 张茂桂：《台湾的政治转型与政治的"族群化"过程》，收入施正锋编：《族群政治与政策》，台北：前卫出版社1997年版，第48页。
④ 参见程玉凤、李福钟主编：《战后台湾民主运动史料汇编》四《国会改造》第二章第二节《对万年国会的批评》，新北："国史馆"2001年版，第140—271页。
⑤ 张茂桂：《省籍问题与民族主义》，收入张茂桂等：《族群关系与国家认同》，台北：业强出版社1993年版，第242—243页。
⑥ 张茂桂：《台湾的政治转型与政治的"族群化"过程》，收入施正锋编：《族群政治与政策》，台北：前卫出版社1997年版，第48页。

'中华民国'的'国民',却只有纳税与服兵役的义务而已,谈不上当家作主的权利。"① 因而,"反对国民党的一党专政(独裁),争取民主化,与反对外省统治集团的统治几乎是同一个问题"。② 彭怀恩指出:"省籍的因素,是台湾政治过程中的重要变量。换言之,省籍的因素在政治过程中的许多方面扮演着重要的角色。"③

另一方面,"二·二八"事件爆发后,闽台监察使杨亮功受命赴台主持调查工作,他在致监察院长于右任的报告中,认为日本殖民统治的遗毒是主要促成原因之一。④ 国民党当局退踞台湾后,为了消除日本殖民统治的影响,通过构建及倡导"中国民族主义"对台湾本省人进行"中华民国"的"国民化"塑造,主要表现在推行"国语"、倡导中华文化、维护"党国"权威和灌输"反攻大陆"的"神圣民族使命"意识等方面。这也是"国民党政府用来合理化大陆撤退后台湾政治权力安排的主要依据"。⑤ 国民党当局陆续采取各种措施限制方言的使用,在 20 世纪 70 年代前后逐渐形成"独尊国语、压抑方言"的语言政策,闽南语、客家话等方言都受到压缩。⑥ 以政治力推动"国语"的强制使用,打压台湾不同族群母语在公共领域的使用概率,也恶化了省籍之间的矛盾冲突。⑦

对于台湾本省人与外省人的政治不平等和压抑方言的语言政策,由于国民党的威权统治,在 20 世纪 70 年代以前,许多台湾人即使心有不满,也不敢公开质疑和反对,因而"省籍"矛盾并不彰显,"在高压的'中华民

---

① 朱高正:《狱中自白——论台湾前途与两岸关系》,台北:学思出版社 2000 年版,第 10 页。
② 张茂桂:《省籍问题与民族主义》,收入张茂桂等:《族群关系与国家认同》,台北:业强出版社 1993 年版,第 244 页。
③ 彭怀恩:《"中华民国"政治体系的分析》,台北:时报文化出版企业有限公司 1983 年版,第 184 页。
④ 中国第二历史档案馆编:《台湾"二·二八"事件档案史料》(上),档案出版社 1991 年版,第 191—193、275—276 页。
⑤ 王甫昌:《台湾反对运动的共识动员:一九七九——一九八九年两次挑战高峰的比较》,台湾政治学会《台湾政治学刊》创刊号,1996 年 7 月,第 144—145 页。
⑥ 参见萧新煌等:《台湾全志》卷三《住民志·族群篇》,南投:"国史馆"台湾文献馆 2011 年版,第 275 页。
⑦ 萧新煌、黄世明:《客家族群史·政治篇》(上),南投:台湾省文献委员会 2001 年版,第 369 页。

国'认同氛围中转为台湾社会的政治潜流"。①1971 年 10 月，联合国大会通过表决，作出第 2758 号决议："恢复中华人民共和国的一切权利，承认其政府的代表为中国在联合国组织的唯一合法代表，并立即把蒋介石的代表从它在联合国组织及其所属一切机构中所非法占据的席位上驱逐出去。"这对国民党当局是沉重打击。国际社会对中华人民共和国的普遍承认，"使国民党台湾政权所代表的中国'法统'地位从根本上失去了基础，同时也使国民党在台湾的威权统治和强制认同'中华民国'的民族主义失去了权威"。②蒋经国为了加强对内统治，减轻"外交"挫败所引发的统治危机，采取了几项措施：一是确立了"起用青年才俊"的人事政策，开始起用台湾本省籍人士担任中央党部职位和县市党部主委职位；二是大力吸收台籍党员，使国民党成为以台湾人为主体的政党；三是在国民党中常会和"行政院""部会首长"中增加台湾本省籍比例；四是实行"国会"增额选举，增加台湾与海外华侨代表人数，不再举行大陆代表选举。③这类缓减"省籍矛盾"的措施开启了国民党的"本土化"过程，使台湾本省人在政治结构中得到较大发展，外省人长期垄断台湾政治核心的局面开始松动。

20 世纪 80 年代以后，以台湾本省人为主的"反对运动"风起云涌。据统计，在 1980—1986 年间，共有 18 种类型的社会运动和 3000 余次抗议或请愿活动；④1987 年大小场街头运动总共 1600 多次。⑤政治权力结构中的省籍不均衡以及推行"国语"、排斥方言、压抑"本土文化"的政策，开始成为"反对阵营"挑战的主要目标。⑥1986 年第一个"本土性"反对党——民主进步党（简称民进党）成立后，"一场以'本土化'、'台湾化'

①　郝时远：《台湾的"族群"与"族群政治"析论》，《中国社会科学》2004 年第 2 期，第 126 页。

②　郝时远：《台湾的"族群"与"族群政治"析论》，《中国社会科学》2004 年第 2 期，第 126 页。

③　孙代尧：《台湾威权体制及其转型研究》，北京：中国社会科学出版社 2003 年版，第 210—211 页。

④　王甫昌：《台湾反对运动的共识动员：一九七九——一九八九年两次挑战高峰的比较》，台湾政治学会《台湾政治学刊》创刊号，1996 年 7 月，第 173 页。

⑤　萧新煌、黄世明：《客家族群史·政治篇》（上），南投：台湾省文献委员会 2001 年版，第 321 页。

⑥　萧新煌等：《台湾全志》卷三《住民志·族群篇》，南投："国史馆"台湾文献馆 2011 年版，第 277 页。

为主题的政治运动，夹杂着民主意识与分离主义意识席卷台湾社会"，① 对
"戒严"之下的国民党威权统治形成前所未有的冲击。国民党政府希望通
过提高党内"本省人"精英的地位来维护其政权的合法性，因而 1986 年
到 1987 年间，"构成'台湾人'政治参与的第二次显著扩大"。②1986 年 3
月国民党十二届三中全会通过的中常委共 31 人，其中台湾本省籍委员 14
人，已达 45.2%，③ 接近一半。1987 年 7 月"戒严法"解除，1988 年 1 月
蒋经国去世。由于本省人与外省人在台湾政坛中势力相当，加之缺乏能够
统摄全局的政治强人，省籍问题在政权结构中骤然显现，沦为政治派系斗
争的工具，并与"国家认同"纠结在一起。④

　　台湾政治的"民主化"与"本土化"，不仅改变了政治结构，转型过
程中的一些群体之间的行动与互动，也造成台湾族群关系的改变，最重要
的是闽、客关系的转变。

第二节 "福佬沙文主义"

　　台湾 20 世纪 70 年代初期发展出来的"本土意识"，到 80 年代以后，
逐渐有"闽南沙文"主义的倾向。"在其国家之想象建构中、在其历史重
建的诠释系谱里，以及他们在语言文化象征之运作上，都充满了福佬民族
主义的色彩，是台湾版的'驱除鞑虏'。"⑤ 戴国煇指出，由于"台独"的主
体是闽南（福佬）人，他们基于"福佬沙文主义"，所谓的"台湾人""台
湾话"常不包括客家系台湾人与台湾的客家语。⑥ 这种排他性的"福佬沙

---

① 刘国深：《台湾"省籍族群"的结构功能分析》，转引自郝时远：《台湾的"族群"与"族群政治"析论》，《中国社会科学》2004 年第 2 期，第 126 页。

② 张茂桂：《台湾的政治转型与政治的"族群化"过程》，收入施正锋编：《族群政治与政策》，台北：前卫出版社 1997 年版，第 51 页。

③ 孙代尧：《台湾威权体制及其转型研究》，北京：中国社会科学出版社 2003 年版，第 213 页。

④ 参见周典恩：《台湾省籍问题的源起与异变》，《重庆社会主义学院学报》2013 年第 4 期。

⑤ 孙大川：《泛"原住民"意识与台湾族群问题的互动》，收入洪泉湖等：《族群教育与族群关系》，台北：时英出版社 1997 年版，第 51 页。

⑥ 《戴国煇全集》第 3 册《史学与台湾研究》卷三《爱憎二二八》，台北：文讯杂志社 2011 年版，第 363—364 页。

文主义"色彩，引起客籍族群的警觉和不安。

一、"台语"与"台湾人"

从 20 世纪 80 年代初期开始，"党外"阵营在"台湾本位"的理念下，开始逐步建构"台湾民族主义"的论述，以对抗过去国民党当局用于合理化其统治"合法性"与政治制度安排的"中国民族主义"论述。为了反抗国民党的文化与语言压迫，以福佬人为多数的"党外"阵营，在从事政治运动时，经常刻意以"福佬话"作为沟通与公开活动的主要语言。[①] 他们大多延续日据时期的做法，以"台语"或"台湾话"称呼"福佬话"（闽南语）。

在日据时期，福建话有被称为"台湾语"的情形，如西冈英士言："由于台湾人中大多数为福人，因此福建话一般被称为台湾语。"[②] 吴守礼亦言："台湾的福建话后来被称为台湾话，因为使用的人占了总人口的绝大多数。"[③] 张耀堂在所撰《新选"台湾语"教科书》中，虽然曾婉转地说明，"从语言学的角度来看，广东话也是有力的方言，因此并无轻视之意"，但仍称"台湾语多指普通福建话"，因此所编之《"台湾语"教科书》的内容以福建话为主。[④] 野田岳阳生在《新撰台湾会话问答》中则表示："说到台湾语时，多认为是漳州、泉州语之代名词，世人皆忘了，若单称台湾语，则客人语即广东话、福州语等亦应包含在内。"[⑤] 对此，有学者指出，由于日据时期诸多社会文化运动，多以福佬人为主，故在主张以"台湾话"为工具时，指的多是闽南方言。[⑥] 关于当时客家族群对此现象的反应，从客

---

① 萧新煌等：《台湾全志》卷三《住民志·族群篇》，南投："国史馆"台湾文献馆 2011 年版，第 278 页。
② ［日］西冈英士：《台湾と方言（一）》，第 84 页；转引自林正慧：《台湾客家的形塑过程——清代至战后的追索》，台北：台湾大学出版中心 2015 年版，第 339 页。
③ 吴守礼：《语言·习俗》，《民俗台湾》，台北：武陵出版有限公司 1990 年版，第 144 页。
④ 张耀堂：《新选"台湾语"教科书》（上），台北：新高堂书店 1935 年版，第 7 页；转引自林正慧：《台湾客家的形塑过程——清代至战后的追索》，台北：台湾大学出版中心 2015 年版，第 339 页。
⑤ ［日］野田岳阳生：《新撰台湾会话问答》，第 69 页；转引自林正慧：《台湾客家的形塑过程——清代至战后的追索》，台北：台湾大学出版中心 2015 年版，第 339 页。
⑥ 林正慧：《台湾客家的形塑过程——清代至战后的追索》，台北：台湾大学出版中心 2015 年版，第 351 页。

籍作家钟理和写给钟肇政的信可见一斑。钟理和在谈到以闽南语推行台湾方言文学时指出："虽然闽胞在台湾占绝大多数，但终不能以此而否认粤胞的存在。今若以'台湾方言'严格自限，把粤胞拒之千里之外，姑无论行不行得通，时在今日究非明智之举。"并说日据时代虽然有人提倡过方言文学，但那是在异族统治之下，"一方面为了团结和保存固有的文化传统，一方面又没有通行广泛的语言可资采用，便不得不如此倡导。在这里除开文学的理由外，还有相当的政治的理由。"①

但是，"在台湾，语言、省籍概念已被情绪化，失去了理性层次的认知而成为抽象的概念、符号"。② 以福佬人为多数的"党外"阵营不仅以"台语"称呼"福佬话"，有些人还公开表示"台湾人应该要会讲台语"，甚至以此质疑不能说，或不会听"台语"的人。③ 有位客籍学者曾气愤地向戴国辉诉说："'台独派'的一伙简直是无理取闹。用客家话讲话时，他们抱怨说不要讲人家听不懂的话！用北京话向福佬人的朋友讲话时，他们说为什么要用'猪'（即侮蔑外省人的话。在殖民地台湾，当时的台湾人暗地里称日本人为'狗'以侮蔑之。现在的台湾即依此事例，将对贪污、懒惰、没效率的愤慨加于外省人之上而侮蔑之为'猪'）的语言北京话。'用台湾话讲吧！'这样大声呵叱我。"这位客籍学者愤愤不平地问道："台湾话！台湾话！到底我们的客家话算不算台湾话呢？"④

台湾客籍作家李乔描述 20 世纪 80 年代以来"台湾反对运动"的氛围：

> 以（我）这样一个客家人，从多年的"生活经验"中获得一个"纯主观"的结论：就族群相对说，在许多社会行为上，福佬人往往显得自大自负，"目无余族"；其中最令"福佬人之外的台湾人"难以

---

① 《钟理和全集》卷七《钟理和书简》，致钟肇政函（1957 年 5 月 29 日），台北：远行出版社 1976 年版，第 3—4 页。

② 《戴国辉全集》第 3 册《史学与台湾研究》卷三《爱憎二二八》，台北：文讯杂志社 2011 年版，第 361 页。

③ 萧新煌等：《台湾全志》卷三《住民志·族群篇》，南投："国史馆"台湾文献馆 2011 年版，第 278 页。

④ 戴国辉：《台湾与台湾人——追求自我认同》，收入《戴国辉全集》第 1 册《史学与台湾研究》卷一《境界人的独白》，台北：文讯杂志社 2011 年版，第 244—245 页。

忍受的是：丝毫不犹豫地自称"台湾人""台湾话"，而指称别人是"客家人""客家话"。不幸的是，客家人原先就名称上扛一个"客"字，"客人"靠边站的形势于焉"不辩而明"，自自然然矣！①

台湾另一位客籍作家钟肇政指出："福佬人自恃占绝对多数，认定福佬人即台湾人，福佬话就是台湾话，对其他的人们——客家人和原住民，以及他们的语言视若无睹，甚至予以蔑视，末了是在别种语族的人们心板中刻下比福佬人低一级的'劣等感'。"②

1996年一项调查研究报告指出："全台湾不会说闽南语只占0.9%，不会说客语的占77%，非闽南人会讲闽南话的占35%，非客家人会讲客家话的只占5%。闽南语已走出过去的焦虑，变成自信的语言，甚至有些自负，对其他语言的包容度不如客家人，要小心闽南语成为新的沙文主义。"③

台湾《客家》杂志第115期发表题为《谁说没有"大福佬沙文主义"？》④的社论，开篇指出："台湾的客家人在全台各地走动时，经常碰到一见面就对你讲福佬话的人，他不会先问你是否听得懂福佬话，而总在主观上认定你应该听懂，因为台湾大部分地区都可以听到福佬话。一般福佬人是如此，从事反动运动的福佬人更不用说了，他们心目中的台湾好像只是福佬人的天下，客家人、原住民和外省人理所当然要使用福佬话。这就是'大福佬沙文主义'者普遍的想法。"

社论中提到，有些台湾福佬乡亲到大陆闽南地区观光时，发现当地人讲的话几乎和自己讲的完全一样，不禁惊呼"他们也会讲台语！""这种以自我为中心，连语言上的老爸都变成孙辈的说法，就是'大福佬沙文主义'的自然流露。"前新竹县长范振宗对弥漫在民进党内的"大福佬沙文主义"颇有微辞。他指出该党多数福佬人认为自己才是"台湾人"，认为

① 李乔：《台湾人的丑陋面：台湾人的自我检讨》，台北：前卫出版社1988年版，第137页。
② 钟肇政：《新个客家人》，收入台湾客家公共事务协会主编：《新个客家人》，台北：台原出版社1998年版，第17页。
③ 日盛：《隔阂，是族群和谐的紧箍咒》，《客家杂志》第97期，1998年，第25、27页。
④ 《谁说没有"大福佬沙文主义"》，《客家杂志》115期，2000年1月，第1—2页。

自己的讲的话才是"台湾话",开会时全然不顾不懂福佬话的客家人。

社论中列举了福佬人在各种公共领域表现出的"大福佬沙文主义"作风:

> ……约占台湾四分之三人口的福佬人,由于福佬话几乎通行无阻,一般都难得遭遇听不懂岛内他种语言的困境,通常开口就讲福佬话,习以为常而未察他人之苦。从事反对运动的福佬人,数十年来饱受"国语"压制的情绪得以奔放之后,尤其强调使用母语的权利,无论在任何场合皆以福佬语发言,包括"国会殿堂"、政党集会和若干学术讨论会,完全不管其他语群人士是否听得懂发言内容,"大福佬沙文主义"的作风表现得淋漓尽致。
>
> 也许部分开明的福佬人并无心压制客语的推广使用,但有更多福佬人在强烈地反弹"国语"政策时,确是独尊福佬语的。就以数十年台湾举办的公职选举活动为例,尤其是解严以后的无数政见发表会上,大部分只能听到福佬话,电视上更不曾播放客语发表的演说。……若有人用客语在客家居民较多的乡镇演讲,台下总有人高喊"听呒啦!讲台语啦!"这种凭着人多势众而自然流露的霸气……事实上,台湾每办一次公职选举,客家人就要被如此无情地矮化一次,今后还不知要如此忍气吞声到何年何月?
>
> 在许多福佬人主办的学术讲座或讨论会上,也经常几乎全程使用福佬语,没机会学好福佬话的客家乡亲无论怎样努力耐心地听,终究是一知半解,枉费时间,更无从参与研讨了。每次乡亲在会上提出"以所有人听得懂的北京语发音"的请求时,当场就有人强硬表示:"台语"系台湾大多数使用的语言,住在台湾就应该使用"台语"!这不就是赤裸裸的大福佬沙文主义?

对于在学术研讨会上使用闽南话的情形,笔者亦曾亲身感受过。2016年3月,笔者受邀参加在台湾南部某大学举办的研讨会。上午的研讨,主持人、发表人和讨论人都是以普通话发言;下午议程一开始,有的学者即以闽南语发言，即使有人提议，因有大陆学者参会，建议大家以"国语"发言，但随后发言者依然讲闽南语。开始时，我出于礼貌，即使像"鸭子听雷公"，一个字也听不懂，仍然耐着性子坐着。但时间长了，实在坐不住，只好溜出会场在校园里闲逛。

更有甚者，据报道，2005 年 XX 联盟在台北市举办台湾文史研习，有位福佬籍讲师竟公然宣称："不会讲台语（闽南话）的人去死好了！"[1]

社论最后呼吁：

> 本刊了解福佬乡亲们急于抢救母语的心情，但请诸位也想想台湾弱势语群的险恶处境，想想从前和这些人同遭压制时的况味，想想自己被排除于讨论公共事务的行列而形同"化外之民"的感觉。现阶段母语的抢救，不宜在公共领域牺牲其他族群权益的方式来做，而应从立法、教育等管道积极进行。在公共集会能作语言的同步翻译以前，请大家互相尊重，彼此谅解，尽量使用大家听得懂的北京语发言，减低弱势母语遭受排挤而迅速流失的压力，让弱势语群不致被人同化太快而迅速消失。

除了把福佬话（闽南语）等同于"台语""台湾话"外，相当部分福佬人"只把自己当台湾人，不把客家人当作台湾人看待"。[2]"他们因独自沉湎于茫茫的'台湾人'概念中，看不到少数族群的客家人与高山族的存在。因而缺乏感受力，也就是缺乏对他者以心灵去沟通的从容。""他们为了主张台湾人非中国人，常把台湾人与中国人的用语作为对立概念来使用"，把本来是因为出生在台湾，所以是"台湾人"这个极为单纯的用语，赋予无止境的"政治义涵"。[3]而且，"这种福佬沙文主义，并不是少数福

---

[1] 温兰英：《不会讲"台语"的人去死好了！》，《六堆风云》111 期，2005 年 3 月，第 12 页。

[2] 冯清春：《客家危机意识来自"福佬沙文主义"的激发？》，《六堆风云》112 期，2005 年 5 月，第 9 页。

[3] 戴国辉：《台湾与台湾人——追求自我认同》，收入《戴国辉全集》第 1 册《史学与台湾研究》卷一《境界人的独白》，台北：文讯杂志社 2011 年版，第 246、247、273 页。

佬台独人士所独有，其他的福佬人包括统派在内，也有许多目中无人唯我独尊者。谁说统派的福佬人就比较尊重客家人？他们在面对群众时，不也是大剌剌地尽说福佬话？不也是说我是台湾人，你们是客家人？所以这是福佬族群以多数变成强势，以强势忽视弱势的问题"。虽然一般福佬人并非刻意认定他们才是"台湾人"而客家人不是，只是平时说话惯性地说我是"台湾人"，没有意识到旁边还有客家人也是"台湾人"，但是在客家人听起来，有被排斥的感觉。①

二、"义民"问题

在与国民党威权体制抗争的过程中，"党外"阵营将政治不平等问题"形塑"成一种"外来政权"的压迫，② 而且将过去台湾历史上的某些民变或分类械斗视为"台湾人"反抗外来政权的"起义"事件。在这样的史观下，有些福佬背景的反对运动参与者引用连横在《台湾通史》中的说法，质疑在这些历史动乱事件中（例如林爽文事件），协助朝廷平乱、事后受封为"义民"者（特别是客家人），是协助外来政权打压民族起义的"不义之民"。③ 如："客家是满清的走狗，是不义之义民，义民庙、忠义祠所祀的都是孤魂野鬼。"④ 或称："林爽文是反清复明的民族英雄，义民爷不帮他，反倒帮清廷打他们，这样的义民爷何忠何义之有呢？"⑤ 这种说法引发

---

① 冯清春：《客家危机意识来自"福佬沙文主义"的激发？》，《六堆风云》112 期，2005 年 5 月，第 9—10 页。

② 张茂桂：《台湾的政治转型与政治的"族群化"过程》，收入施正锋编：《族群政治与政策》，台北：前卫出版社 1997 年版，第 53 页。

③ 萧新煌等：《台湾全志》卷三《住民志·族群篇》，南投："国史馆"台湾文献馆 2011 年版，第 278 页。

④ 冯清春：《客家危机意识来自"福佬沙文主义"的激发？》，《六堆风云》112 期，2005 年 5 月，第 11 页。

⑤ 钟仁娴主编：《义民心乡土情：褒忠义民庙文史专辑》，新竹县竹北：新竹县文化局 2001 年版，第 13 页。

许多客家学者强烈反弹。①

《台湾通史》成书于日本殖民统治台湾期间的 1918 年，为了对抗异族（日本）占领，连横在书中极力颂扬汉民族主义。在该书看来，中国乃汉民族之国，台湾乃汉民族之土地。这在当时固然能起到强大的激励作用，但也影响到其对清朝的看法。邓孔昭认为：“《台湾通史》有一个明显的倾向，即对清朝的统治采取蔑视和不承认的态度。”②因此，清代台湾的历次民变都被视为带有改革政治的民族革命，而协助朝廷平乱的“义民”，便成为帮助异族政权打压汉民族起义的“帮凶”，被质疑为“义民不义”。

事实上，清代台湾义民问题非常复杂，在社会动乱中起义协助官府者并不限于客家人，闽籍的漳州人、泉州人也都曾经因为协助平乱而获得义民的封赏。比如在朱一贵事件中，台湾南、中、北三路都有义民起而协助官府，他们后来也都获得总督题赠的匾额与腰牌。闽浙总督觉罗满保《为请议叙镇压朱一贵部之乡勇事题本》写道：

> 查六十年四月二十四日，贼犯杜君英等在南淡水招伙竖旗，义民李直三等密谋起义。五月初一日，府治失陷，各义民随纠集十三大庄、六十四小庄共一万二千余名，分设七营排列淡水河岸，又以八庄仓谷遣刘怀道等带领乡庄社番固守。六月十二日，朱一贵遣贼目贼人二万余隔河结营。十八日从西港口偷渡。十九日钟沐华等三面合攻，大败贼众。臣随将为首给以委牌，制怀忠里匾额，族其里民。此南路下淡水义民效力之实绩。当大兵攻进鹿耳门，克复安平镇，即有西港尾生员郭步青、方大成，义民吴光等三十三人，招乡壮一千三百余名引兵

① 如陈运栋：《谁说褒忠义民是客家之耻？》，《客家风云》创刊号，1987 年 10 月，第 58—61 页；陈运栋：《义民乎？不义之民乎？——重探林爽文事件与"义民"之举》，原载《三台杂志》第 14 期，1987 年 10 月，后收入台湾客家公共事务协会主编：《新个客家人》，台北：台原出版社 1998 年版，第 102—116 页；林光华：《他们有主！》，载钟仁娴主编：《义民心乡土情：褒忠义民庙文史专辑》，新竹县竹北：新竹县文化局 2001 年版，第 2—4 页；李兰海：《义民乎？不义之民乎？》，《六堆风云》118 期，2006 年 7 月，第 16—20 页。
② 邓孔昭：《连横与〈台湾通史〉》，收入邓孔昭：《台湾通史辨误》附录，南昌：江西人民出版社 1990 年版，第 350 页。

登岸，并留男妇老幼为质，在苏厝甲打仗出力，克复府治。又有安平镇义民颜平等，亦带领乡壮八百余人，在昆身随大兵杀贼。臣随表西港尾为向忠里，安平镇为效忠里，俱给以匾额，将为首给以委牌，此中路义民效力之实绩。贼首朱一贵战败逃往北路，有沟尾庄义民杨旭等，纠合七庄乡壮六百余人，计擒朱一贵、李勇、翁飞虎、张阿三、吴外、陈印。臣随将为首各人给以委牌，制兴忠里匾额悬挂里门。此北路沟尾庄义民效力之功绩。①

上述题本中，中路西港尾，隶属于诸罗县的安定里，其与安平镇在清康熙年间的台湾县志记载中，均为下茄冬以南的漳、泉人居住区。沟尾庄，即今嘉义太保市。根据 1926 年台湾在籍汉民族乡贯别调查，隶属于台南州北门郡的西港庄约 11700 人，全为福建省泉州府籍；隶属于台南州东石郡的太保庄约 9200 人，也是全为泉州府籍。②从现有文献来看，朱一贵事件后，安平镇改名为效忠里；③南淡水建了忠义亭（在今屏东县竹田乡西势），供奉皇帝的圣旨牌，成为国家正统的文化象征；西港尾建了向忠亭，乾隆九年（1744 年）曾由“安定里四六分堡、东十一社向忠士庶”重修。④向忠亭后来湮没无闻，从某种意义看来，是当地居民逐渐“遗忘”了他们在战争中从政府手中取得“义”的身份的历史过程。相对地，下淡水的粤民不仅一直没有抛弃“义”的象征，而且通过忠义亭的建设和维护，还很刻意地保持了下来。两者对“义民”身份的差异，可能与其定居合法性有关。西港尾居民的定居合法性当时可能较没有受到社会上另一群体的质疑，因此他们较无必要借由战争或义民的历史来强化和王朝之间的联系以及定居的合法性；而下淡水粤民在当地定居的过程缺乏垦照等正当性，因而必

① 张莉：《台湾朱一贵抗清史料》（上），《历史档案》1988 年 2 期。
② 台湾总督官房调查课编：《台湾在籍汉民族乡贯别调查》，台北：台湾时报发行所，1928 年版，第 20—21、24—25 页。
③ 《重修台湾县志》卷一《疆域志·里社》，《台湾文献丛刊》第 113 种，第 28 页。
④ 《重修向忠亭碑记》（乾隆九年），《台湾南部碑文集成》，《台湾文献丛刊》第 218 种，第 38—39 页。

须强调和国家正统之间的关联。[①] 这种差异也影响了后来闽粤双方对于义民的观感。

林爽文事件中，情况更为复杂，"因贼匪蔓延日久，愚民畏其凶横，心怀两端。虽漳民中未尝无向义之人，而泉州、广东各庄附贼者，亦复不少。除山猪毛、萧垄、学稼等处，始终通庄拒贼外，其余一庄之中，或充义民，或为贼党，甚至有父兄现系义民，子弟复去而从贼，奸良相杂"。[②] 乾隆皇帝依据人群类别进行赏赐，先是在乾隆五十二年（1787 年）十一月一日颁赐"尤为急公"的广东庄、泉州庄义民"褒忠""旌义"匾额，[③] 四个月后又颁赐漳州民人各庄"思义村"，[④] 随后又赏给熟番"效顺"匾额，不能辨识文字的生番则给予物质奖赏。[⑤] 由此不难看出，协助官府平定动乱，并得到"义民"称号的，几乎包括了所有的族群（含不同祖籍和方言的人群）。

动乱平定之后，台湾知府杨廷理捐俸在府城倡建义民祠，所撰《义民祠记》称，当府城"岌岌乎有日蹙之势"时，府城官绅们出钱出力，从周边乡村招募义民协助防守，"用召壮士，大举义旗。不三四日，凡台属泉、粤庄、番社之民感生义愤，辄以万计。为制营帐、备器械，内守外御"。[⑥] 台湾府城最后没有被攻陷，义民是一股很重要的支撑力量。府城商民也对此表示敬意，义民祠在嘉庆、道光年间两次重修的经费，都由府城三大郊商"倡始捐建"。[⑦] 但是，府城商绅把杨廷理倡建的义民祠称为"旌义祠"，

① 李文良：《清代南台湾的移垦与"客家"社会》，台北：台湾大学出版中心 2011 年版，第 175—177 页。

② 《钦定平定台湾纪略》卷五十，"（乾隆五十三年）正月初九日（壬申）"条，《台湾文献丛刊》第 102 种，第 805 页。

③ 《上谕（乾隆五十二年十一月一日）》，《清代台湾关系谕旨档案汇编》第 2 册，台北："行政院文化建设委员会"2004 年版，第 152、155 页。

④ 《上谕（乾隆五十三年三月一日）》，《清代台湾关系谕旨档案汇编》第 2 册，台北："行政院文化建设委员会"2004 年版，第 326 页。

⑤ 张本政主编：《〈清实录〉台湾史资料专辑》，福建人民出版社 1993 年版，第 534 页。

⑥ （清）杨廷理：《义民祠记》[乾隆五十五年（1790 年）]，收入《台湾南部碑文集成》，《台湾文献丛刊》第 218 种，第 147—148 页。

⑦ （清）薛志亮：《重建义民碑记》[嘉庆十一年（1806 年）]，《重建旌义祠捐题碑记》[嘉庆十一年（1850 年）]，《重修旌义祠碑记》（道光三十年），收入何培夫主编《台湾地区现存碑碣图志·台南市》（下篇），台北："中央"图书馆台湾分馆 1992 年版，第 352、353、382 页。

而"旌义"是乾隆皇帝对福建泉州府籍义民的褒赏，因而称其为"旌义祠"，有将该祠视为专祀泉州籍义民的意味。① 而新竹枋寮义民庙，则奉祀"粤东褒忠义民"，后不时受到官员赐匾显扬，香火日见鼎盛，逐渐发展成北台湾客家的信仰中心。② 南台湾忠义亭也在林爽文事件后，安置平定林乱死难义民牌位，并将康熙六十年（1721 年）朱一贵、雍正十一年（1733 年）吴福生、乾隆三十三年（1768 年）张丙等三次动乱的死难义士合并在一面牌位奉祀。③

值得一提的还有，诸罗县改名为嘉义县。据《清高宗实录》记载，乾隆五十二年（1787 年）十一月三日发布上谕："台湾逆匪林爽文倡乱以来，提督柴大纪统兵剿捕，收复诸罗后，贼匪屡经攻扰，城内义民帮同官兵奋力守御，保护无虞。该处民人，急公向义，众志成城，应锡嘉名，以旌斯邑。着将诸罗县改为嘉义县，俾阖县良民倍加奋励，以昭奖励。"④

乾隆六十年（1795 年）陈周全之乱时，也是"漳、泉、广东各村庄俱起义民，贼匪多被抢获，余党纷纷窜散"。⑤

从上面所举数例可以看出，充当"义"民并非某一特定人群区别于其他人群的标志。诚如学者指出，由于"义民"在王朝的典章制度和意识形态之中具有"合法"（或"正统"）的地位，清代台湾各个族群都在利用"义民"这一特定的身份标志和信仰象征，在地域社会资源和权利的分配中争取更大的利益。对个人而言，更重要的理由恐怕是，"义民"在当时的台湾已经成为一种"功名"或"身份"，成为读书之外的另一条晋身之阶。在动乱过程中，到官府领得一个"义民"腰牌，起码可以让自身的安全多一份保障，甚至有助于原来具有不合法身份者得到一个"合法"的名

---

① 李文良：《清代南台湾的移垦与"客家"社会》，台北：台湾大学出版中心 2011 年版，第 279 页。

② 庄英章：《新竹枋寮义民庙的建立及其社会文化意义》，《第二届国际汉学会议论文集·民俗与文化组》，台北："中央研究院" 1989 年版，第 228—229 页。

③ 李文良：《清代南台湾的移垦与"客家"社会》，台北：台湾大学出版中心 2011 年版，第 285—286 页。

④ 张本政主编：《〈清实录〉台湾史资料专辑》，福州：福建人民出版社 1993 年版，第 453 页。

⑤ 张本政主编：《〈清实录〉台湾史资料专辑》，福州：福建人民出版社 1993 年版，第 627 页。

分。① 后来在"分类"时，"义民"逐渐转变为族群的标志，主要原因在于移民分布及其比例上，客籍大多萃居于六堆或桃竹苗近山地区，较诸闽籍的漳、泉移民，总是居于弱势。清廷就是洞悉这一形势，而巧于颁授使用"义民"的名号，在分化行动中获取其统治上的国家利益。② 陈盛韶《问俗录》谈到台湾分类械斗时指出：

> 凤山、淡南粤人众闽人寡，余皆闽人众粤人寡。然则粤人受害乎？曰：否。粤人诡而和，沿山聚处，知其众寡不敌，不分邪正，一气连络。闽人蠢而戾。罗汉脚逞志生事，有家室者多观望不前，故闽、粤分类，闽人往往大败，且闽人习于蛮横，动酿乱阶。粤人明于利害，不拒捕，不戕官。闽人为叛民，粤人即出为义民，保护官长，卫守城池。③

翟灏的《台阳笔记》有《粤庄义民记》，亦提及粤民以"倡义"为工具，处理"分类"问题的现象：

> 台地素无土著，皆漳、泉、广三郡之人徙居焉。地分南北，广人实居其南，别以主客之名，而庄以立（漳泉人呼粤庄曰客庄）。此疆彼界，判然畛域。故往往有漳人作乱而泉人攻之者，泉人谋逆而漳人揭之者。若漳、泉合谋不轨，则粤民必倡义以诛之，未有不成功者。④

对于台湾历史上的"义民"，学术界看法分歧较大。有人从肯定朱一贵、林爽文等事件是"反清民变""民族革命"或农民起义出发，认为"依附官府镇压起义"的义民"不义"，是统治阶级的附庸和工具；有人认为

---

① 陈春声：《国家意识与清代台湾移民社会——以"义民"的研究为中心》，收入赖泽涵、傅宝玉主编：《义民信仰与客家社会》，台北：南天书局有限公司 2006 年版，第 96—101 页。

② 李丰楙：《导言》，收入赖泽涵、傅宝玉主编：《义民信仰与客家社会》，台北：南天书局有限公司 2006 年版，第 3—4 页。

③ （清）陈盛韶：《问俗录》，北京：书目文献出版社 1983 年版，第 138 页。

④ （清）翟灏：《台阳笔记》，《台湾文献丛刊》第 20 种，第 3 页。

义民是针对游民（罗汉脚）对社会的破坏而产生的民间自卫组织；义民反对"乱民"的焚掠行为，协助官府恢复社会秩序，"含有相当社会正义行为的成分"；义民是"社会团结的力量"；[①] 义民对保境安民，反制民变，维护社会治安都做出了重大贡献。[②] 大陆学者谢重光教授认为，就朱一贵事件中下淡水平原的客家"义民"来说，保卫家园，捍卫自己耕垦的权益和成果，是第一位的，拥护朝廷帮助官军是第二位的，甚至可以说，打着拥戴朝廷支持官府的旗号，也是自保的一种策略。[③] 台湾学者李筱峰也认为，如果从经济及社会的观点看，"义民"协助官府对抗民变，本质上并非以"拥清"为其动力，而是基于对社会安定的要求，保护家园产业，不让开垦的成果毁于一旦。[④] 两位学者的分析是比较中肯的。

前述把闽南话（福佬话）等同于"台语"，把闽南人（福佬人）等同于"台湾人"，所谓"不会讲台湾话，就不是台湾人"，[⑤] 以及指责历史上的"义民"（特别是客家人）为"不义之民"，造成同被官方归类为"本省人"的福佬人与客家人，在台湾"本土化"运动过程中，形成新形态的"闽客心结"。

客籍作家黄森松指出：闽客两族群中存在的最大问题在于彼此缺乏互信：一方面客家人担心福佬人再逼他们当义民，另一方面福佬人也恐怕客家人会再成为义民。[⑥] 台湾政治学者施正锋也指出，如果说闽、客"在心头上仍有芥蒂"，可以归纳为两端：一为"台湾人认同"的困扰，二为语言使用的问题，而两者密不可分。[⑦] 林诗伟认为，"台语"定义疏忽客家人感受所造成的伤害，甚至不亚于"国语化"政策，同时也造成复兴"台语"

① 陈孔立：《清代台湾移民社会研究》（增订本），北京：九州出版社 2003 年版，第 414、425 页。

② 庄吉发：《从档案资料看清代台湾的客家移民与客家义民》，收入赖泽涵、傅宝玉主编：《义民信仰与客家社会》，台北：南天书局有限公司 2006 年版，第 33 页。

③ 谢重光：《客家、福佬源流与族群关系》，北京：人民出版社 2013 年版，第 217、221 页。

④ 李筱峰：《60 分钟快读台湾史》，台北：玉山社出版事业股份有限公司 2002 年版，第 39 页。

⑤ 日盛：《隔阂，是族群和谐的紧箍咒》，《客家杂志》第 97 期，1998 年，第 25 页。

⑥ 黄森松：《我们都是"客家人"——闽客之间与统独之争的另一个观点》，《台湾新文化》第 17 期，1988 年。

⑦ 施正锋：《台湾族群政治》，收入施正锋编：《族群政治与政策》，台北：前卫出版社 1997 年版，第 80 页。

的反对运动，间接上成为客家人"潜在的族群敌人"。①

上述这种闽客对立的"新形式"是后来台湾客家运动兴起的重要原因之一。

第三节　台湾客家运动

20 世纪 80 年代，台湾各种社会运动风起云涌，客家有识之士为了抢救与复兴客家语言文化，争取客家政治与经济权益，掀起了客家运动。

一、客家族群的困境

台湾客家运动兴起的主要原因，是当时客家族群所面临的困境而产生的危机。客家族群的困境主要体现在以下三个方面。

（一）客家隐形化

客家族群的隐形化现象一直是值得关注的课题，以台北、高雄都会地区最为严重。如本书第二章所述，清代的闽、粤冲突与械斗，使客家人形成聚居的现象，南部高雄、屏东的六堆地区、中部的东势地区和北部桃园、新竹、苗栗地区，是台湾客家人的集中区。这些客家聚居区大多是丘陵和山区地带，经济上以农业经济为主。20 世纪 50 年代起，台湾开始实行工业化，农业在全台生产总值中的比例大幅下降，工商业比例则快速增长。随着农业生产的式微，大量客家人从农村涌向闽南人及"外省新住民"为主体的都会地区谋生。"这些移入都会区的客家乡亲，大都在漳泉籍人士及新住民开设的工厂、公司行号的基层辛苦工作，或经由公家考试，加入由新住民为主要领导人的各级行政机关、学校的公教行列。"② 这就形成了新的就业机会、生活资源与活动空间的竞争，居于少数的客家人，因此受

---

① 林诗伟：《集体认同的建构：当代台湾客家论述的内容与脉络分析（1987—2003）》，台北：台湾大学"国家"发展研究所硕士论文，2005 年，第 67—71 页。

② 徐正光、彭钦清、范振乾等：《台湾客家族群史·社会篇》，南投："国史馆"台湾文献馆 2002 年版，第 190 页。

到城市都会区占多数的福佬族群的排挤、歧视。[①] 据统计，台北的客家人约有 40 万人，数量相当可观。但是，"三、四十年来，台湾各地客家庄移居台北的客家人，在脱离原乡的生活环境与生活方式，长久处于疏离性与匿名性的都市社会，相较于占多数的台湾福佬语群人口，以及政治优势族群的'外省新住民'，客家人产生相对弱势的感受是'隐形化'，台湾客家话或客家传统文化流失，甚至高度资本主义化下的都会客家文化更趋于边缘化，似乎丧失创造的生机"。[②] 他们在一般的公共生活中可以很流利地使用普通话或闽南话，但很少或避免使用自己的母语；在社会和政治运动上，他们较少参与，或即使积极参与，他们也尽可能不凸显作为一个族群的客家人的身份。[③] 有人以诗歌的形式描绘了台湾都会区客家人内心的挣扎：

> 四十万人融入大台北茫茫的人海
>
> 他们和台北人一样看 MTV、上美语补习班、去麦当劳闲坐
>
> 在办公大楼、在购物中心、在国家音乐厅
>
> 在忙碌的街道上与您擦肩而过
>
> 他们的脸上并未刻下任何特殊标记
>
> 二十世纪，八〇年代，在人际关系极端冷漠的城市里
>
> 从蓝领到白领，从 A 型到 O 型
>
> 他们的血管里是否仍奔流着一股热烈的声音
>
> 客家！客家！[④]

台湾学者丘昌泰据此得出："从这段感性的文字叙述中，我们可以感受到在大都会中的客家人为了谋求生活，刻意隐藏自己的性格，借着族群、

---

① 徐正光、彭钦清、范振乾等：《台湾客家族群史·社会篇》，南投："国史馆"台湾文献馆 2002 年版，第 254 页。

② 戴宝村、温振华：《大台北都会圈客家史》，台北：台北市文献委员会 1998 年版，第 202 页。

③ 徐正光：《序：塑造台湾社会新秩序》，收入徐正光主编：《徘徊于族群和现实之间：客家社会与文化》，台北：正中书局股份有限公司 1991 年版，第 4 页。

④ 钟林、邱秀年、杨长镇等：《台北客家族》（专题报导），《客家风云》第 9 期，1988 年 7 月。

语言、行为与婚姻的同化而逐渐淡化客家的自我认同与客家意识，因而丧失客家的特质。"[1]

至于高雄市的客家人，其数量虽然在 7 万至 20 万人之间，隐形化的情形比台北客家人更为严重。除了刚开始移民高雄的客家人尚能操一点客语外，其他几乎都不会说客语，即便是客属同乡会聚会时，经常说的也都是福佬话。[2]

客家隐形化的原因，陈板认为："早期为了能顺利地落脚生存，作为边缘弱势的客家人多半不敢张扬自己的族群身份，不但不敢在公共场合使用客家话（尤其有其他语族的人在场时），甚至还有人因此教育下一代不要学客语，以便谋取一份生存的权力。"[3]

徐正光认为："当环境不利于生存竞争时，面目模糊的隐形人身份有助于保护自己，以便作更灵活的调适。"继而指出："政治上的统治者惯常利用或制造族群间的紧张或相互抗衡来巩固政权。带有'义民'不幸历史烙印的客家人，常会被认为不可信赖的，容易被政权用来作为分化控制的工具。这种被其他族群所认定的'原罪'意识，使得客家人在族群相处上形成一种不易克服的障碍，因而产生一些极端的行为反应。有些人只好依附在政权的蔽荫下，享受现成的利益；有些人则尽量隐藏作为客家人的身份，以避免引起族群关系的紧张；有些人则强烈认同别的族群，以求摆脱或洗刷'客家人'的原罪或污名。"[4]

（二）客语流失

经过日本五十年的殖民统治，光复初期，台湾青年多以日语为主要语言，已无法使用流利的方言交谈，中年人虽仍能说流利的母语，但思考与

① 丘昌泰：《探索台湾都市客家的图像》，收入江明修主编：《客家城市治理》，台北：智胜文化事业有限公司 2010 年版，第 4—5 页。
② 丘昌泰：《探索台湾都市客家的图像》，收入江明修主编：《客家城市治理》，台北：智胜文化事业有限公司 2010 年版，第 10—11 页。
③ 陈板：《族群与地域：台湾客家在地化的文化观察》，收入徐正光主编：《第四届国际客家学研讨会论文集：聚落、宗族与族群关系》，台北："中央研究院"民族学研究所 2000 年版，第 332 页。
④ 徐正光：《序：塑造台湾社会新秩序》，收入徐正光主编：《徘徊于族群和现实之间：客家社会与文化》，台北：正中书局股份有限公司 1991 年版，第 5—6 页。

书写皆以日文为主，传统的闽南语与客家话退到仅在家庭中使用，也只有老年人会完全使用。[①] 陈仪为清除日语，积极推行国语，但并未禁止方言的使用。1946 年 5 月，台湾省行政长官公署教育处答省参议会质询时，有人提道："台湾同胞大家都知道普及国语之必要，但在过渡时期，各校教员不一定通晓国语，所以学校教授用语，暂采用本地方言，势所难免。"因此，在高雄县就发生，学校教员用闽南语讲授，而客家学生不通闽南语，感觉非常痛苦。[②] 在台湾国语推行委员会拟定的《台湾省国语运动纲领》六条中，第一条就规定："实施台语复原，从方言比较学习国语。"[③] 台湾国语推行委员会的主委魏建功甚至发表《从台湾话学习国语》，副主委何容则撰写《恢复台湾话应有的言语地位》等文章，提倡通过台湾话来推行国语，[④] 何容提出国语运动有两个重要口号，即"排除日文日语"与"恢复本省方言"。[⑤]

　　然而国民党当局退踞台湾后，为了有效推动"国语政策"，台湾省政府教育厅 1963 年颁布"台湾省公私立中小学校加强推行国语注意事项"，规定学校教职员、师生在学校一律使用"国语"，禁止使用外语（特别是日语）与方言。由于成效有限，加上电视中方言节目大受欢迎，台湾省政府在 1971 年 7 月颁布"台湾省加强推行国语政策实施计划"，除了各级学校师生必须随时随地使用"国语"外，各级行政人员在办公处所，洽谈公私事务，除对方确不谙"国语"外，一律使用"国语"，违者列入年终考绩；禁止电影院对外播放方言、外语，严加劝导电影院勿以方言翻译等。台"立法院"在 1975 年又通过"广电法"，明文规定广播电视中方言节目

---

① 林正慧：《台湾客家的形塑过程——清代至战后的追索》，台北：台湾大学出版中心 2015 年版，第 482 页。
② 陈鸣钟、陈兴唐主编：《台湾光复和光复后五年省情》上册，南京出版社 1989 年版，第 374 页。
③ 李西勋：《台湾光复初期推行国语运动情形》，《台湾文献》第 46 卷第 3 期，1995 年，第 184 页。
④ 吴本荣：《陈仪与台湾光复初期的语言政策》，《广西社会科学》2006 年第 10 期。
⑤ 林正慧：《台湾客家的形塑过程——清代至战后的追索》，台北：台湾大学出版中心 2015 年版，第 483 页。

播出时间"应逐年减少"。[①] 这种一元化的语言文化政策，"社会中弱势族群所遭受的打击更为深重，台湾少数民族各族群的命运为一惨酷之事实，客家语言之大量流失，文化无法传承发展，亦为无可否认之现实。"[②] 台湾客家籍作家钟肇政 1991 年撰文指出：

> 若论客家危机，以当今言，恐莫过于母语之流失。自来，客家人即有外出者惯常不敢说母语，隐藏客家人身份。近一、二十年来情形变本加厉，即在自己的乡镇内，说母语的也越来越少，祖孙之间无法交谈的情形司空见惯。一般年轻人甚且以只能说客语的上一代为鄙，而以说国语为傲。"宁卖祖宗田，不忘祖宗言；宁卖祖宗坑，不忘祖宗声"的客家传统庭训被弃如敝屣！近来屡屡有人提起客语不出几十年工夫可能消失的说法。……客语的消失，也意谓客家人的消失。这件事极堪忧虑，且已到了燃眉之急。[③]

根据徐正光和萧新煌在 1993 年对台北地区客家民众客语使用情形的调查，年龄愈低，自认为客语很流利者比例愈低：40 岁以下组为 61.46%，41—55 岁组为 81.37%，56 岁以上的高年龄组则高达 89.14%。可见，客语使用能力随年龄的年轻化而降低。受访者认为其子女讲客语很流利者只有 17.9%，还算可以者 31.3%，两者合计 49.2%，尚不到一半；不太流利及很不流利者 20.6%，不会说只会听者 17.9%，还有 12.3% 不会听也不会说。家庭成员中客语的使用频率依本人与配偶、本人与子女、配偶与子女、子女相互间的顺序递减。本人与配偶间有 57.7% 的受访者表示最常使用者为客语，本人与子女、配偶与子女间客语的使用大量减少，只有 35.6% 和 30.7%，子女互相间客语为最常使用语言的比率则降到 17.4%。在不同类型的通婚家庭中，客语的使用只有在"夫妻皆为客家"的通婚家庭中占优

---

① 参见萧新煌等：《台湾全志》卷三《住民志·族群篇》，南投："国史馆"台湾文献馆 2011 年版，第 275—277 页。

② 徐正光：《序：塑造台湾社会新秩序》，收入徐正光主编：《徘徊于族群和现实之间：客家社会与文化》，台北：正中书局股份有限公司 1991 年版，第 7 页。

③ 钟肇政：《我们不是隐藏人》，台湾《中国时报》1991 年 3 月 15 日。

势，在其他类型的家庭中普通话的使用已成为取代客语的优势语言。至于工作场所使用的语言，67.9% 是普通话，28.1% 是闽南语，只有 4.0% 使用客家话，客家话已几近消失其社会功能。[①]

客语流失不仅发生在台北这样的都会区，在传统客家人聚居的地区也同样存在。即使在台湾中北部纯粹客家庄的东势、国姓、苗栗、头份、竹东、北埔、关西、龙潭、杨梅等乡镇，处处可以听到行人或商家使用闽南语，市场里许多摊贩明明是客家人却也用闽南话叫卖。更有甚者，在有些纯为客家家庭的婚丧喜庆的场合，人们上台说话或致悼词时却使用闽南语；客家庄的公墓，初春扫墓时也使用闽南语祭拜。[②]

台湾学者施正锋指出："语言不仅是一种能力，而且是传承文化、负载认同、代表尊严的媒介，所以被视为一种基本的权利。在一个有多元族群的国家里，对于少数族群来说，原生的独特语言往往是最方便的族群辨识标志。此外，不仅语言的有无代表着集体生存的指标，语言的地位更象征着族群之间的权力关系是否平等。"[③] 长期以来，客家人认为，"祖宗言，祖宗声"是客家族群和其他汉人民系之间最重要的区别所在，也是客家族群向来自我认同的主要标志。因而客语的流失，加深了客家人族群认同标记消失的危机感。[④]

（三）政治经济地位的劣势

总体而言，客家人在政治、教育层面不及外省籍同胞优势，民间财经实力又不敌闽南人。[⑤] 虽然客家人是台湾第二大族群，占台湾总人口的15% 左右，但他们在政治上的代言人却与其人口比例极不相称，处于边缘化的地位。以 1992 年第二届"立法委员"选举为例，当选的 160 名"立

① 徐正光、萧新煌：《客家族群的"语言问题"——台北地区的调查分析》，台湾《民族学研究所资料汇编》第 10 期，1995 年，第 1—40 页。

② 张世贤：《台湾客家运动的起伏与隐忧》，收入张维安、徐正光、罗烈师主编：《多元族群与客家：台湾客家运动 20 年》，新竹：台湾客家研究学会 2008 年版，第 302—303 页。

③ 施正锋：《台湾客家族群政治与政策》，台中："财团法人新新台湾文化教育基金会"2004 年版，第 99 页。

④ 徐正光、彭钦清、范振乾等：《台湾客家族群史·社会篇》，南投："国史馆"台湾文献馆 2002 年版，第 187 页。

⑤ 林正慧：《台湾客家的形塑过程——清代至战后的追索》，台北：台湾大学出版中心 2015 年版，第 482 页。

法委员"中，客家人只有 11 席，所占比例不到 7%，不但明显偏低，"论人口比例甚至比原住民 6 席的平地山胞与山地山胞立委还少"。这次"立委"选举论人口比例，除了在苗栗县、台中县、屏东县、台东县、新竹县尚能保持该有的席次外，在桃园县与都会区，虽有客家人参选，"却选得相当难辛"。桃园县，论人口数闽南人与客家人不相上下，但选出的 7 席"立委"，客家人只有 2 位，不成比例。台北市、台北县和高雄市也都有客家人参选，除了李庆雄在高雄市高票当选外，其他人都落选。[①] 拥有二三十万（有人甚至估计为 40 万）客家人的台北市和拥有 20 万客家人的台北县居然没选出一个客家籍"立委"。[②] 除了"立法院"外，客家人在"国代"、省议员、市议员以及"五院正副院长""行政院八部二会"等部门的席次均与其人口比例相差甚远。如台北市，至 1988 年为止，还没有出现过一位客家人的"中央民意代表"；1995 年台北市议员选举，竟然连一席客家市议员都选不出。又如 1996 年 6 月"行政院八部二会及政务委员"，没有一名客籍人士，40 名政务官中只有人事行政局长陈庚金是客家人。[③]

　　有学者指出，台湾的客家人大概占有总人口的 15% 左右，长期以来一直夹在台湾人—外省人的省籍矛盾之中，而有着强烈的尴尬处境。但自民进党成立以来，更面临着另一种政治的边际感。"在客家人眼里，执政党有着强烈的外省人政权的色彩，而民进党又有着强烈闽南人抗争政治团体的意识。因此，又产生另一种不适的社会心理。"[④] 客家人的政治参与程度，在台湾政治上的地位并不高，客家人的自我分析认定亦是如此，多数客家人认为被国民党和民进党忽视，普遍认为当局对客家地区基层建设缺乏照顾，这是客家族群在政治结构上、政党政治竞争上、政治资源分配上

---

① 何来美：《"立委"选举客家人当选率明显偏低》，原载《联合报》1992 年 12 月 30 日，后收入《何来美文集（上）·客家政治与文化》，苗栗：苗栗县政府 2009 年版，第 131—132 页。

② 萧新煌、黄世明：《客家族群史·政治篇》（下），南投：台湾省文献委员会 2001 年版，第 530 页。

③ 萧新煌、黄世明：《客家族群史·政治篇》（下），南投：台湾省文献委员会 2001 年版，第 532、534、538 页。

④ 萧新煌、黄世明：《客家族群史·政治篇》（下），南投：台湾省文献委员会 2001 年版，第 530 页。

弱势处境的集体心态。① 就整个客家社会而言，"如大台北地区，客家社团林立，在各社团间缺乏联系管道，并无具有亲和力、有声望、有说服力之领导者居中拉拢形成共识，致各社团形成多头马车，行动不能一致，则是目前普遍存在于客家社会，不容忽视的严重问题。"②

另一方面，如前所述，经过清代长期的闽、粤冲突与械斗，客家人所聚居的地区大多是丘陵和山区地带，大多以农耕为生计，而闽籍汉人则因较富于经商的经验及较多的资财，多有从事贸易和工业生产活动者。清代即已形成的这种产业结构，在以商业和工业为主的时代，闽客间的族群经济地位更形悬殊。如同清代前期闽客移民间的闽主客佃关系，在现代社会中，当客籍乡村居民向都市流动、寻求就业时，就不得不进入福佬人的企业做事。台湾有名的财团中，相对于闽南人而言，客家人并不多见。③ 在台湾岛内一百大企业排行榜，属于客家人主导的企业，可能没几家。客家人自己经营的企业，最多只能列入中型企业。④ 总体而言，"客家对政经系统运作的稳定保守之考虑，仍旧重于开创鼎革的行事"。⑤

上述种种因历史上、政治、经济及文化上所塑造的不利条件，"不仅压缩了客家族群语言和文化上的发展空间，亦导致族群认同的模糊和解体。这种族群濒于沦亡的危机感为 20 世纪 80 年代后期的客家意识觉醒运动提供了深层的心理基础"。⑥

二、客家运动的性质

1987 年 7 月 28 日，也就是"解除戒严"不到半个月，国民党文工会

---

① 萧新煌、黄世明：《客家族群史·政治篇》（上），南投：台湾省文献委员会 2001 年版，第 359 页。

② 萧新煌、黄世明：《客家族群史·政治篇》（下），南投：台湾省文献委员会 2001 年版，第 607—608 页。

③ 萧新煌、黄世明：《客家族群史·政治篇》（下），南投：台湾省文献委员会 2001 年版，第 604 页。

④ 萧新煌、黄世明：《客家族群史·政治篇》（下），南投：台湾省文献委员会 2001 年版，第 618 页。

⑤ 萧新煌、黄世明：《客家族群史·政治篇》（下），南投：台湾省文献委员会 2001 年版，第 621 页。

⑥ 徐正光：《序：塑造台湾社会新秩序》，收入徐正光主编：《徘徊于族群和现实之间：客家社会与文化》，台北：正中书局股份有限公司 1991 年版，第 7 页。

放出消息，即将开放"国语"、闽南语双语电视节目与新闻播出。① 由于客语未被列入该次开放的计划中，这项消息公布后，立刻引发许多客家知识分子的不满。他们在当年 10 月创办《客家风云》杂志，对"客家族群在台湾的定位同地位""客家语言在台湾的地位同危机"两大主要议题进行持续的报道和申论。② 对语言问题的连续讨论，直接促成了客家族群第一次大规模的游行示威，即 1988 年 12 月 28 日"还我母语"运动，拉开了台湾客家运动的序幕。

"1228 还我母语"大游行当天，客家界共推孙中山先生为荣誉总领队，替他的雕像戴上口罩，走在整个队伍的最前面，带领客家子弟在孙中山纪念馆誓师，向政府当局发出吼声"还我母语！还我客家话！"提出三大要求："开放客话广播、电视节目，实行双语教育、建立平等语言政策，修改（广电法）廿条对方言之限制条款为保障条款。"③ 因而《祭国父文》撰稿兼发言人罗肇锦先生认为："从缘起点分析，整个运动是单纯的文化问题，也就是客家话严重的失落，失落的原因是客家话的传播权和教育权被剥夺，客家话在整个语言环境中相对的居于弱势，发声机会被强力的打压，所以运动目的是挣脱客家话的束缚，恢复母语的自由权。"④"还我母语"运动是台湾首次凸显族群母语受政治社会的不平等、不合理待遇，一方面欲借改善政治力对语言的不当渗透与干预，另一方面也借此集体行动的诉求，强化客家的身份认同与族群尊严，力图走出隐形化的阴影。⑤

但客家运动的目的并不仅是争取客家话的发声权，也不仅是争取客家人的文化权利。《客家风云》杂志创刊号之《发刊词——创立客家人的新

---

① 《联合报》1987 年 7 月 28 日。
② 梁景峰：《风云 1987：客家风云杂志创刊的时代背景和蓝图》，收入张维安、徐正光、罗烈师主编：《多元族群与客家：台湾客家运动 20 年》，新竹：台湾客家研究学会 2008 年版，第 339—340 页。
③ 杨长镇：《社会运动与客家人文化身份意识之苏醒》，收入徐正光主编：《徘徊于族群和现实之间》，台北：正中书局股份有限公司 1991 年版，第 193 页。
④ 罗肇锦：《以〈祭"国父"文〉反衬中山先生与客家运动的破与立》，收入张维安、徐正光、罗烈师主编：《多元族群与客家：台湾客家运动 20 年》，新竹：台湾客家研究学会 2008 年版，第 14 页。
⑤ 萧新煌、黄世明：《客家族群史·政治篇》（上），南投：台湾省文献委员会 2001 年版，第 321 页。

价值》明确指出，其宗旨是：提升客家人的意识，促进客家人的内聚力，团结客家人的力量，争取客家人的共同利益，以"提高客家人在政治上、经济上、社会上和文化上的地位及功能，让客家人在多元民主的社会扮演更积极主动的角色"。因此，台湾客家运动既是一种以客家文化为主轴的社会运动，也可说是一种族群运动，或是一种族群的自我改造运动。[①]"1228还我母语"大游行后，"继而有各种客家新社团、电台和电视节目的成立，及各种客家文化活动的蓬勃发展"。[②] 客家运动强调"重新寻回族群认同的标记"，[③] 争取和维护"族群权益"，[④] "是客家的'族群尊严'与自我认同运动；它要求社会，特别是'国家'政策承认客家语与文化的独特性，加以尊重，并且试图提升客家人的自我意识，取得在社会的充分发言权，而不是做疏离的少数。在此之前，'客家'并不是一个被正视的公共议题，而在这个运动之后，透过客家社群的不断自我动员与改造，使得政治与其他的社会部门，陆续开始正视客家问题的合法性。"[⑤] 有学者指出："若把客家运动纳入整个台湾环境的变迁与族群互动中来思考，它还有更深化的结果：1.使以往被视为同构型的本省人的内部差异受到重视，2.让客家人从'存在'的族群，转身为'被认知'的族群，进而跃升为'自为'的族群，3.客家人主体性意识逐渐确立，4.使客家人有了历史的解释权和社会的阐释权。"[⑥]

台湾客家运动不仅具有族群性，还具有政治性。罗肇锦先生指出：

---

① 邱荣举、谢欣如：《台湾客家运动与客家发展》，收入张维安、徐正光、罗烈师主编：《多元族群与客家：台湾客家运动 20 年》，新竹：台湾客家研究学会 2008 年版，第 105 页。

② 申雨慧、邱荣举：《台湾客家运动之缘起与发展——以〈客家风云〉杂志为探讨中心》，收入《台湾客家运动与社会发展研讨会论文汇编》，台湾客家公共事务协会 2004 年，第 2 页。

③ 徐正光主编：《台湾客家研究概论》，台北：台湾"行政院客家委员会"、台湾客家研究学会 2007 年版，第 420 页。

④ 申雨慧、邱荣举：《台湾客家运动之缘起与发展——以〈客家风云〉杂志为探讨中心》，收入《台湾客家运动与社会发展研讨会论文汇编》，台湾客家公共事务协会 2004 年，第 2 页。

⑤ 张茂桂：《台湾的政治转型与政治的"族群化"过程》，收入施正锋编：《族群政治与政策》，台北：前卫出版社 1997 年版，第 62—63 页。

⑥ 曾金玉：《台湾客家运动之研究（1987—2000）》，台北：台湾师范大学公民训育研究所硕士论文，2000 年，第 141 页。

既然缘起点是文化，是语言急剧消失所造成，那么后续的发展应该以语言文化为核心继续争取语言生存权及文化延续权才对，可是后来势力庞大的闽南话加入以后，整个的路线就由文化偏离到政治面，甚至后来客家文化推广的方向也完全被政治所掌控，才会喊出"台湾优先""去中国化"等口号，而母语运动当日所揭橥的客家正本、文化清源，渐渐模糊化（国父也被模糊）。在台湾第一的情况下，客家主体性越来越弱……完全违背当时运动的文化本质。[①]

"还我母语"运动是跨党派的客家精英串联，各种政治势力介入其中。运动结束后，"党派纷争开始撕裂运动参与者的共识基础"，一部分人呼应民进党以及其他党外势力想把客家运动纳入反对运动主流的意愿，在 1990 年 12 月成立台湾客家公共事务协会（简称 HAPA 或客协）。[②]该会成立之初，宣称其宗旨为："争取客家权益，延续客家文化、语言，推展公共事务，并与各语系族群共同为台湾前途而努力。"并提出了"新个客家人"的理念。[③]1991 年出版的《新个客家人》，陈述其理念：反对传统客家社团的经营方式（指亲国民党与联谊性质），强调要提振客家人对公共事务的关怀与参与。1991 年底，部分客协成员直接参与政治、选举助选等，为民进党相对弱势的客家地区争取支持。[④]有学者指出："新个客家人"这个措辞隐含的对立面似乎是"旧的客家人"，亦即政治上"保守""怕事"的客家人，这个对族群传统特性的自我界定，竟和反对圈福佬人对客家人的刻板印象相同。所以，"'新个客家人'措辞，同时是反对

---

① 罗肇锦：《以〈祭国父文〉反衬中山先生与客家运动的破与立》，收入张维安、徐正光、罗烈师主编：《多元族群与客家：台湾客家运动 20 年》，新竹：台湾客家研究学会 2008 年版，第 14 页。

② 林吉洋：《"台湾客家认同"与其承担团体：台湾客家公共事务协会（1990—1995）的发展与政治参与》，收入张维安、徐正光、罗烈师主编：《多元族群与客家：台湾客家运动 20 年》，新竹：台湾客家研究学会 2008 年版，第 371 页。

③ 《台湾客家公共事务协会成立大会手册》，1990 年 12 月 1 日，第 2 页；转引自梁荣茂：《"新个客家人"论述——台湾客协的主张与运动析论》，《台湾客家运动与社会发展研讨会论文汇编》，台湾客家公共事务协会 2004 年，第 7—8 页。

④ 林吉洋：《"台湾客家认同"与其承担团体：台湾客家公共事务协会（1990—1995）的发展与政治参与》，收入张维安、徐正光、罗烈师主编：《多元族群与客家：台湾客家运动 20 年》，新竹：台湾客家研究学会 2008 年版，第 380 页。

圈的福佬中心主义（福佬霸权）压力下的支配和反击；它一方面未假思索地接受了反对圈福佬中心视野下对客家人的界定，另方面又要以行动、实际表现来反对这个界定。"①1993 年出版的《台湾客家人新论》，重新调整客协的立场，宣告客协更直接投入政治参与等理念。钟肇政在序言中提到，客协筹组的"新客家助选团"积极地参与 1993 年的县市长选举，为"认同本土、追求民主"的候选人助选，并言词激烈地宣示要声讨新党与统派等"卖台集团"。②

客协内部在客家运动的理念、路线上存在严重分歧，形成"台湾本位"与"客家本位"的严重对立。两者的分歧在于：客家运动究竟是争取客家族群独立地位之利益，还是"本土化"、"台独"理念的延伸？客家本位的利益基础倾向于以族群关系来看待客家与族群（闽南）关系，并认为将客家运动视为"建国"运动之一是不切实际、无助于提升客家地位的做法。"台湾本位"则是将客协推往"独立建国"运动之路，其代表性人物李永炽接受访谈时表示：

> 这个客家运动里面，是有这样的过程，我们会里面有的是以客家为中心，那我是以台湾为中心，有的是介于这两者之间。……或者所谓比较客家中心的，但也不能说他们是旁系，也不一定是说他们就是统派；但就是比较倾向客家中心，而且希望可以跟中国的客家连在一起这一些，那我是反对这种东西。
>
> 我的观点是以台湾为整体的思考，是要和中国作切割的，那我是跟闽南采取合作的态度，不是对立的。③

---

① 杨长镇：《在民族国家的边缘——台湾反对政治中的"客家问题"意识》，收入徐正光等主编：《客家文化研讨会论文集》，台北："行政院文化建设委员会"1994 年版，第 410 页。

② 钟肇政：《迈向客家新境界——客协三周年献礼》，收入台湾客家公共事务协会主编：《台湾客家人新论》，台北：台原出版社 1993 年版，第 8 页。

③ 林吉洋：《"台湾客家认同"与其承担团体：台湾客家公共事务协会（1990—1995）的发展与政治参与》，收入张维安、徐正光、罗烈师主编：《多元族群与客家：台湾客家运动20 年》，新竹：台湾客家研究学会 2008 年版，第 382—383 页。

客协创会会长钟肇政甚至公然把主张不忘历史、不忘祖根的客家同胞诬蔑为"卖台集团"：

> "卖台集团就是所谓的统派啦，闽南族群这边也有，客家这边如果用比例来讲是更多，我相信那是我要对抗的对象。……（我的想法）简单说就是台湾独立的问题，客家人不能缺席。由这样的热切的期望，这种期盼，延伸出所谓的（台湾客家认同），客家的现状是，客家的社团都标榜中原论，很多。"[1]

客家本位的代表性人物罗肇锦则表示："他们（台湾本位论者）或许只是跟党外运动的有关系，从台湾文化这立场去着手，那我们是客家立场的！他们的立场跟我们当时在里面的人，一部分并非全部，其实是渐行渐远的。……他们的想法是，他们现在的理想是客家就是台湾的一部分，那我们的想法是，客家作为一个主体，客家在台湾没有错，但是客家也是中国。我们在文化来说，以前、现在、未来，我们是这样连贯下来的！……他们现在走的路，以我来说，是绝对不能接受的。"[2]罗肇锦后来以淡出客协作为抗议。

客协内部的路线、理念之争并未取得共识，逐渐形成壁垒分明、各执己见的两派。后因钟肇政的支持，客协决议投入政治参与，为民进党助选、提出"台湾客家"论述等偏向"独派"立场的发展。[3]客协基本上将政治参与作为手段，透过政治参与获得更多民进党执政县市对客家文化复兴予以公共资源的扶助。但"独派"的客协成员仍不满于客协对"统独立场的

---

[1]　林吉洋：《"台湾客家认同"与其承担团体：台湾客家公共事务协会（1990—1995）的发展与政治参与》，收入张维安、徐正光、罗烈师主编：《多元族群与客家：台湾客家运动20年》，新竹：台湾客家研究学会2008年版，第380—381页。

[2]　林吉洋：《"台湾客家认同"与其承担团体：台湾客家公共事务协会（1990—1995）的发展与政治参与》，收入张维安、徐正光、罗烈师主编：《多元族群与客家：台湾客家运动20年》，新竹：台湾客家研究学会2008年版，第385页。

[3]　林吉洋：《"台湾客家认同"与其承担团体：台湾客家公共事务协会（1990—1995）的发展与政治参与》，收入张维安、徐正光、罗烈师主编：《多元族群与客家：台湾客家运动20年》，新竹：台湾客家研究学会2008年版，第386页。

模糊"，逐渐退出客协，后于 1996 年 10 月与"独派"团体成立所谓"建国党"。

"独派"成员退出后，客协的政治参与态度日渐务实。1994 年底第一届民选省、市长选举，民进党台北市长候选人陈水扁，努力地与民进党给人的"福佬沙文主义党"印象做出区隔，以成立客语专属电台、设立客家文物馆等五项客家政见为条件，客协成立"台北市客家界陈水扁竞选市长后援会"，为陈水扁助选。① 最后陈水扁当选，他取得了几乎一半的客家选票。陈水扁担任市长后，基本上实践了竞选时的五项客家事务承诺，甚至积极营造陈氏和客家的关系，宣称他是福建诏安客家人（此项说法在陈水扁 2004 年"总统"连任之后，已于 2006 年间由陈氏族谱研究人员出面否认了）。

1995 年 11 月，客协成立"新客家助选团"，提出"客家说贴"，表示将为认同该贴的"立委""总统""国代"候选人义务助选。"客家说贴"总共 13 条，其中 1—3 条涉及革除贪污腐败、制订各种民生法案及"司法独立"、行政中立化等内容，另外 10 条是关于客家权益，包括在台湾省政府及北、高两市设立客家事务委员会，在中小学实施母语教学等。② 1998 年台北市第二届直选市长选举，陈水扁的竞争对手国民党籍的马英九，不仅说他是来自湖南的客家人，更进一步提出"客家政策白皮书"，承诺如果胜选，将在台北市政府设置常设的一级行政单位"客家事务委员会"。此后，由于客家在选举中逐渐扮演"关键性少数"的角色，客家政策成为各竞争政党之间不可少的政见组成部分。各主要政党意图通过对客家各项要求的满足，以获得客家族群在选票上的支持。"客家基本法"（2010 年 1 月）及其"修正案"（2018 年 1 月）、"国家语言发展法"（2019 年 1 月）等"法律条文"的制订、通过与实施，都是出

---

① 徐正光等:《台湾客家族群史·社会篇》，南投:"国史馆"台湾文献馆 2002 年版，第 238—210 页。

② 曾金玉:《台湾客家运动之研究（1987—2000）》，台北:台湾师范大学公民训育研究所硕士论文，2000 年，第 113—114 页。

自台湾当局的"恩宠俘获型"的动机。① 因而有学者指出："客家运动实际上是在台湾民主运动的势头上,因缘际会地在'族群政治杠杆'下,借力使力的顺势作为。"②

三、客家运动评析

台湾客家运动抗争的对象有两个,即所谓"'客家运动'有两个对立主轴,一个是针对'国家'的不公平的'国语'语言政策,一个是针对传统以'福佬'为领导主流的政治反对运动,他们对于客家的少数身份的疏忽,或者对于'福佬'要求'客家'向台湾中心主意识看齐的'同化'要求。"③ 或曰:"客家运动始于1980年代中期,自始以'还我母语'为诉求的主轴,可以视为客家族群就本土(native)的一分子,对国民党政权的'独尊国语'政策提出强烈的抗议。同时,这也反映出客家人对于鹤老族群文化压力的焦虑,也就是委婉表达对所谓'自然同化'的反对;特别是对于所谓'台湾话'或是'台湾人'议题的关注,可以解释为不愿集体认同(collective identity)被排除在外的期待。"④ 抗争对象不同,所取得的成效也不一样。

在对公权力机关的抗争方面,台湾客家运动充分利用族群政治的杠杆,取得了一定的成绩,但也存在无法克服的障碍。

首先是客家事务行政机构的设立。1994年底陈水扁胜选台北市长后,于民政局内成立"客家小组",这是客家行政体系建立的前身。随后,马英九在1998年胜选台北市长,实践竞选承诺,台北市于1999年12月成立"客家事务委员会筹备委员会",历经三年多的筹备,2002年6月17日正式成立"台北市客家事务委员会",成为全台地方政府中,第一个成

---

① 祝捷:《台湾地区客家运动的法制叙述——以"客家基本法"(草案)为例》,《福建师范大学学报》2010年第3期。

② 范振乾:《从台湾发展史看客裔之未来——从客家运动20年说起》,收入范振乾:《客裔族群生态之深层解析:历史记忆与未来》,台北:南天书局有限公司2009年版,第171页。

③ 张茂桂:《台湾的政治转型与政治的"族群化"过程》,收入施正锋编:《族群政治与政策》,台北:前卫出版社1997年版,第63页。

④ 施正锋:《台湾客家族群政治与政策》,台中:"新新台湾文化教育基金会"2004年版,第90页。

立以一级机关编制来推动客家族群事务的政府机关。在此期间，2000 年 9 月 1 日成立"行政院客家委员会筹备处"，次年 6 月 14 日，"行政院客家委员会"正式成立。此后，屏东县、高雄市、台北县（新北市）、花莲县等县市相继成立一级行政单位来推动客家族群事务，其他各县市，则多以原有的民政或文化行政体系下添设相关业务科（课）。[①] 客家公共事务进入官僚体系，可以分享公权力与公共资源。而 2010 年 1 月公布实施的"客家基本法"，使台湾相关官僚机构推展客家事务有了"法律"依据。

广电媒体方面，"还我母语"大游行后，1989 年 1 月 1 日台视开播客语节目《乡亲乡情》，每周播出半小时。[②]1991 年 9 月，为了因应当年的"国民大会代表"选举，台视、中视、华视三家无线电视台增开客语新闻，从周一至周五，每天上午十点半起各播放 15 分钟。然而这些节目播放时间短，内容也和客家文化生活、社会脉动脱节，因而备受批评。[③] 而广播方面虽有增加，据 1994 年调查，客语广播节目仍以块状为主，且多位于冷门时段。[④]1994 年 9 月 18 日，在客协部分成员协助下，"宝岛新声客家电台"在台北正式开播。这是台湾第一家客语专业电台，以客语作为节目的主要语言，还无条件地提供时段给少数民族朋友，让他们自由地抒发各族群的心声。[⑤] 经过数年的拉锯战，于 1998 年 6 月取得执照，波音范围涵盖苗栗以北县市。在宝岛新声客家电台争取"合法化"过程中，桃园的"新客家电台"于 1997 年 2 月开播，当时由国民党党营的"中广客家频道"亦于 1997 年 6 月 1 日开播。[⑥]

客语教学方面，1989 年台湾县市长选举，民进党赢得 7 席，为了兑

---

① 参见萧新煌等：《台湾全志》卷三《住民志·族群篇》，南投："国史馆"台湾文献馆 2011 年版，第 343—353 页。

② 萧新煌等：《台湾全志》卷三《住民志·族群篇》，南投："国史馆"台湾文献馆 2011 年版，第 341 页。

③ 徐正光、彭钦清、范振乾等：《台湾客家族群史·社会篇》，南投："国史馆"台湾文献馆 2002 年版，第 205 页。

④ 萧新煌：《台湾全志》卷三《住民志·族群篇》，南投："国史馆"台湾文献馆 2011 年版，第 341 页。

⑤ 徐正光、彭钦清、范振乾等：《台湾客家族群史·社会篇》，南投："国史馆"台湾文献馆 2002 年版，第 207 页。

⑥ 萧新煌等：《台湾全志》卷三《住民志·族群篇》，南投："国史馆"台湾文献馆 2011 年版，第 342 页。

现推广乡土教育及母语教学等竞选承诺，1990 年 6 月，由非执政党主政的 7 县市政府在"中研院"主办"本土语言教育问题第一次学术研讨会"，随后各县市相继开展母语教学。① 新竹县 1990 年即指定关西中学及新埔小学举办客语教学观摩会；屏东县 1991 年指定万峦小学举办客语教学，次年屏东全县小学实施母语教学；台北县、宜兰县、高雄县和桃园、花莲、台东、台中县及新竹市亦先后开始客语教学。② 台湾地区教育主管部门 1993 年 6 月修订通过"国民小学课程标准"，三至六年级自 1996 年 8 月起增设"乡土教学活动"，但于 1998 年才正式实施。乡土教学虽成为正式课程，但是其中乡土语言仅占五分之一的时间。2001 年实施"九年一贯课程"，小学各年级学生须于语言课程中就闽南语、客家语及少数民族语三种乡土语言中，择一选修，初中生则以自由选习的方式进行。③ 但实施乡土语言教学以来，不少问题仍待解决，初中部分如音标系统不同、腔调众多、教材缺乏、缺乏语言环境、教学时间不足、专业师资短缺，且初中学力测验不考乡土语言等；小学部分也有类似的问题，如各种版本教科书在本土语言用字及音标系统不同，师资大多为行政人员与级任老师兼课，拼音系统困难，缺乏语言环境，缺乏适当教材等。④ 台湾客家语言学家罗肇锦认为，台湾中小学的乡土语言教育，只有表层的意义，"原因是语言学习，除了课堂的教习以外，最重要的是语言环境，有充分复习语言的环境，才能把课堂所学得到复习机会，客家话的学习，离开课堂完全没全复习的机会，没多久就忘得一干二净"。⑤

---

① 黄宣范：《语言、社会与族群意识——台湾语言社会学的研究》，台北：文鹤出版有限公司 1994 年版，第 64 页。

② 萧新煌等：《台湾全志》卷三《住民志·族群篇》，南投："国史馆"台湾文献馆 2011 年版，第 342—343 页。

③ 黄宣范：《语言、社会与族群意识——台湾语言社会学的研究》，台北：文鹤出版有限公司 1994 年版，第 72 页；萧新煌等：《台湾全志》卷三《住民志·族群篇》，南投："国史馆"台湾文献馆 2011 年版，第 342、354 页。

④ 林信志、谢名娟、黄贞裕：《国中小客家文化实验课程对客家文化认同、客语使用频率与客语听力能力影响之研究》，台湾《课程与教学季刊》，第 20 卷第 4 期，2017 年，第 26 页。

⑤ 罗肇锦：《以〈祭国父文〉反衬中山先生与客家运动的破与立》，收入张维安、徐正光、罗烈师主编：《多元族群与客家：台湾客家运动 20 年》，新竹：台湾客家研究学会 2008 年版，第 29 页。

在公共领域的语言使用方面，客家族群所提出的多语政策，并未真正确立，2006 年 11 月还发生一起"依法不能说客家话"的事例。据台湾《自由时报》报道：苗栗县一名 70 岁阿婆花费两小时车程前往云林第二监狱探望坐牢的儿子，才和儿子说了两句客家话就被管理员厉声制止，只待了 4 分钟就悻悻然伤心绝望而去。事后监狱方面的解释是："讲管理员听得懂的话是探监的规定，我们听不懂客家话，因怕他串供而制止。"[①] 这个现象显示出台湾还没有一个公共领域的多语政策。[②]

针对"福佬沙文主义"方面，则收效甚微。以台湾台北商业技术学院财政税务系范振乾教授的感受为例。范教授撰文称：进入 20 世纪 90 年代以后，"台湾人出头天"开始被窄化成"福佬人出头天"，在野党的民进党蒙上了"福佬沙文主义党"阴影，客裔人士想参加台湾民主运动，却因下述三种情况受到极大的伤害和挫折：一是每次民进党集会及进行抗争活动时的"语言使用问题"。当时在野的民进党坚持闽南语才是"台语"，客裔要使用客语时，常被指责说："住在台湾这么久，吃台湾米、喝台湾水，怎么不讲'台语'，为什么要固执地使用客语？"若客裔要求使用人人听得懂的"国语"作为集会及抗争活动语言，又被指称就是"不认同台湾"，就是支持"外来政权"的中国国民党。二是福裔的基本教义派常恶意宣称"客裔只是住在台湾，作'客'的人，不是'台湾人'，也不是'本省人'"。三是部分福裔及媒体继续炒作"义民爷信仰"问题，宣称"客裔义民所为非义行，竟协助'外来政权'满清政府，打压革命造反的'台湾人'"。因此，虽然社会上闽客通婚者不少，但由于上述三种情况的无解，"竟然无形中默默地发展成历史上闽客对立的'新形式'"。[③]

在客家语言文化保护方面，自 1988 年"还我母语"运动以来，客语流失的问题并没有得到缓解，即使是"客家基本法"公布实施以后，客家

---

① 张世贤：《客家阿婆的悲哀》，台湾《自由时报》2006 年 11 月 30 日第 15 版。

② 张维安：《以客家为方法：客家运动与台湾社会的思索》，收入张维安：《思索台湾客家研究》，桃园："中央"大学出版中心，台北：远流出版事业股份有限公司，2015 年版，第 115 页。

③ 范振乾：《从台湾发展史看客裔之未来——从客家运动 20 年说起》，收入范振乾：《客裔族群生态之深层解析：历史记忆与未来》，台北：南天书局有限公司 2009 年版，第 151—152 页。

民众听说客语的能力仍然继续呈现下降的趋势。根据 2016 年的调查，在客家民众中，能听懂客语者只有 64.3%，能说流利客语者只有 46.8%，与 2007 年的调查相比较，都下降了 1.2%，而且不同年龄层客家民众的客语听说能力皆呈下滑，年龄越低，能听、说客语的比例越少。参见下表 4-4 和表 4-5。即使是客家文化重点发展区内，① 客家民众的客语能力也在下滑中，虽然能听懂客语的有 74.7%，能说流利客语的有 56.0%，但是与 2013 年调查比较，听懂客语比例下滑 5.6%，说流利客语的比例下滑 4.9%。②

表 4-4　2007~2016 年间台湾客家民众客语听的能力比较

单位：%

年份＼年龄	13 岁以下	13—18 岁	19—29 岁	30—39 岁	40—49 岁	50—59 岁	60 岁及以上	整体
2007	38.8	39.7	55.8	74.2	85.0	91.0	89.5	66.5
2010	39.0	44.3	52.4	68.9	83.3	88.9	88.8	67.2
2013	35.1	39.6	48.5	66.4	80.9	85.7	89.4	65.5
2016	31.0	36.4	39.5	55.5	68.9	79.8	87.4	64.3

资料来源：《2016 年全台客家人口暨语言基础资料调查研究报告·提要分析》，台北："行政院客家委员会"，2017 年，第 10 页图 8。

说明：1. 听的能力 %= 完全听懂的比例 + 大部分听懂的比例。

2. "13 岁以下"未包含代答者认为受访者年纪小不会表达者。

表 4-5　2007—2016 年间台湾客家民众客语说的能力比较

单位：%

年份＼年龄	13 岁以下	13—18 岁	19—29 岁	30—39 岁	40—49 岁	50—59 岁	60 岁及以上	整体
2007	14.8	16.6	29.2	56.3	70.7	80.3	84.5	48.0
2010	16.4	16.8	27.2	47.5	67.4	80.1	81.1	48.8
2013	16.2	14.0	22.8	42.4	66.5	73.9	80.7	47.3
2016	13.0	7.2	15.5	32.9	50.0	68.3	77.8	46.8

资料来源：《2016 年全台客家人口暨语言基础资料调查研究报告·提要分析》，

---

① 《"客家基本法"》第 6 条："行政院客家委员会"对于客家人口达三分之一以上之乡（镇、市、区），应列为客家文化重点发展区，加强客家语言、文化与文化产业之传承及发扬。

② 《2016 全台客家人口暨语言基础资料调查研究报告·提要分析》，台北："行政院客家委员会"，2017 年，26—27 页。

台北：“行政院客家委员会”，2017 年，第 11 页图 9。

　　说明：1. 说的能力 = 很流利的比例 + 流利的比例。

　　2. “13 岁以下”未包含代答者认为受访者年纪小不会表达者。

　　关于日常生活客语使用机会，从客家民众的自我主观感受来看，18.8% 的客家民众表示过去一年日常生活中听到客语的机会增加，43.0% 认为没有改变，而认为听客语机会减少者占 36.8%；有 16.3% 客家民众表示说客语的机会增加，46.5% 认为没有改变，而认为说客语机会减少者占 36.1%。调查显示，无论是在家庭中，或是出门在外时的场合，说客语机会仍持续减少。虽然客家民众传承子女客语的意愿很高，但客家民众与子女交谈使用客语的比例较低，2010 年（16.8%）、2013 年（16.6%）、2016 年（16.8%）的调查比例都在二成以下。[①] 由客家民众在家庭主要、次要及第三使用的语言可以发现，主要及次要使用的语言都是以汉语比例最高；客语在主要使用语言的比例虽然高于福佬话（闽南语），但是在次要及再次要使用语言的比例则是明显的落后于福佬话（闽南语）。福佬话有取代客语成为客家家庭第二使用语言的地位。[②]

　　另一方面，“从文化观点及大游行所揭橥的运动目标，很清楚的可以把当时的要求分成历史、文化、语言、政治、意识形态、学术研究、传播权、教育权八大方面”。这八个方面，当时都有自己崇高的理想。“然而 20 年后，当时所立的理想，也因政权转移以后，纷纷遭受破坏，可以说只‘立’了 20 年，又迅速的被‘破掉了’。”[③] 其中以对待中国历史文化的态度最为典型。一些人在“台独”意识形态的主导下，想要割断台湾客家人与原乡客家人在血缘和文化上的源流关系，反对客家正本，反对客家文化清源，用“不要再谈中国，一切台湾优先”“去中国化”等意识形态极浓的口号，干扰台湾客家运动的方向。他们提出所谓“新客家人”应与其

①　《2016 年全台客家人口暨语言基础资料调查研究报告·提要分析》，台北：“行政院客家委员会”，2017 年，9—10、12—15 页。

②　《2016 年全台客家人口暨语言基础资料调查研究报告·提要分析》，台北：“行政院客家委员会”，2017 年，18、28 页。

③　罗肇锦：《以〈祭国父文〉反衬中山先生与客家运动的破与立》，收入张维安、徐正光、罗烈师主编：《多元族群与客家：台湾客家运动 20 年》，新竹：台湾客家研究学会 2008 年版，第 17 页。

他族群一起认同"台湾这个共同的空间"，并且割断与原乡的联系，"与其到中原寻根，不如在台湾定根"。① 或是声称，各地散居的客家人，"应割断原乡脐带，脱离母体。""台湾客家人的原乡就在自己踩着的土地上，客家人的原乡在台湾，台湾是我们流浪的终站。"② 对于所谓的"去中国化"，罗肇锦先生精辟地指出：

> "中国"是黄河流域、长江流域、西江流域……偌大的疆土，绵延数千年的历史，以汉字延续沟通的一个文化实体……台湾人除了原住民之外，都是来自使用汉字的中国人，过的日子是中国式的生活，任你用什么方法去否定都没用，它也跟政治统独没有任何关联，偏偏有人硬要把文化称号当统独筹码，演变成不称台湾就不爱台湾，不是台湾的就要去掉，结果我们变成没有祖先没有文化的化外之民。这样一个化外之民如何去谈自己的文化，如何去研究自己的所从出？
>
> 因此去中国文化，就没什么台湾文化好谈，当然也就没有什么客家文化好谈，发扬客家文化，竟然不要中国文化，那还有什么客家文化可以保存的。因此中国文化没有破立的问题，只是一时麻木的人，才会弄出这些不必要的取闹。③

历史学家戴国煇指出："台独想剪断与中国文化的联系抑或脐带关系，建立起所谓独立自主的台湾文化主体性，但血缘却是无法否定的。"④ 长期从事客家研究的台湾学者陈运栋也强调，站在文化立场上，"两岸客家人

---

① 李永炽：《客家人与台湾政治——客家人未来在台湾的角色扮演》，收入台湾客家公共事务协会主编：《台湾客家人新论》，台北：台原出版社1993年版，第23、25页。

② 陈秋鸿：《新客家人的条件——引领客家族群走上新方向》，收入台湾客家公共事务协会主编：《台湾客家人新论》，台北：台原出版社1993年版，第65页。

③ 罗肇锦：《以〈祭国父文〉反衬中山先生与客家运动的破与立》，收入张维安、徐正光、罗烈师主编：《多元族群与客家：台湾客家运动20年》，新竹：台湾客家研究学会2008年版，第18页。

④ 《戴国煇全集》第3册《史学与台湾研究》卷三《爱憎二二八》，台北：文讯杂志社2011年版，第371页。

的同源性是无法分割的事实"。①

　　罗肇锦还指出，某些人为了"去中国化"，无所不用其极，甚至主张未来台湾使用的语言文字是"台语拼音话"，汉字最终要废除。这个图谋如果变成现实，"不会说闽南语的人，就会寸步难行，跟去到韩国，听不懂韩语，看不懂韩文，寸步难行一样。因此，客家人只好放弃自己的客家话改说所谓的'台语'才能在台湾生存，那时候就是客家话全面消灭的时候。"②

① 林吉洋：《"台湾客家认同"与其承担团体：台湾客家公共事务协会（1990—1995）的发展与政治参与》，收入张维安、徐正光、罗烈师主编：《多元族群与客家：台湾客家运动20年》，新竹：台湾客家研究学会2008年版，第386页。

② 罗肇锦：《以〈祭国父文〉反衬中山先生与客家运动的破与立》，收入张维安、徐正光、罗烈师主编：《多元族群与客家：台湾客家运动20年》，新竹：台湾客家研究学会2008年版，第24页。

结　语

一般而言，族群竞争不外为了政治权力、经济资源、社会地位或是文化认同的分配。[①] 有学者指出，导致族群冲突的因素，"关键是在族群的集体认同是否被压抑、社会经济结构是否公平、政府的政策是否大公无私以及族群精英是否兴风作浪"。[②]

清收复台湾之初，面对当时地广人稀、土地荒芜的情况，台湾地方官为求充足户口和钱粮，实行请垦制度，台湾南、北二路形成闽主客佃的业佃关系。康熙晚期田底的出现和佃户支配土地的倾向，引起了闽籍业主的恐慌，业、佃关系趋于紧张。台湾汉人移民的闽、客分类，不仅对应"业主／佃户"的租佃关系，同时也是"闽南（福佬）／客家"两个方言群的分类。

康熙六十年（1721 年）发生的朱一贵事件，由反清民变演变成闽、客分类互斗。此后，台湾南部下淡水地区的闽、客关系整体呈紧张的对立状态。而台湾中北部，由于康熙末期尚处于拓垦初期，各籍移民之间没有严重的利害冲突，且共同面临少数民族的威胁，因而朱一贵事件对中北部的族群关系影响不大。后随着中北部的开垦日趋成熟，耕地的获取日趋不易，族群关系趋于紧张，乾隆后期出现闽粤分类械斗，此后愈演愈烈，道光咸丰年间达到高潮。闽、粤族群间的冲突、对立之所以难以平弭，除了

---

① 施正锋：《台湾民主化过程中的族群政治》，《台湾民主季刊》第 4 卷第 4 期，2007 年 12 月，第 5 页。

② 施正锋：《台湾民主化过程中的族群政治》，《台湾民主季刊》第 4 卷第 4 期，2007 年 12 月，第 6 页。

屡因土地、水源等经济利益的争夺及小故起衅外，^①与清政府的分籍制衡政策不无关系。乾隆十二年（1747年）五月，闽浙总督喀尔吉善在密奏中即提出以闽人、粤人相互钳制的想法："（粤人）因昔年征台微劳，得有义民功剳，每与有司抗衡，遇事生风；而所住村庄联络，声息相通，气势甚盛。"其所以不致为非作歹，完全是因为"有闽人为敌，两相牵制"。并言他和福建水师提督张天骏已经依据职权下令"地方各官不事矜张，阳为驾驭，阴则防斗，如有违犯，齐之以法，仍照例逐水"。^②乾隆六十年（1795年）的谕旨称："台湾地方向分漳、泉、粤三庄，伊等类聚群分，遇有事端，彼此转得互为牵制。即如林爽文、陈周全滋事时，悉赖有义民，是以要犯得以就擒，迅速集事……是该处民情不睦，亦只可听其自然，倘有械斗仇杀情事，地方文武原可随时查拿，按律惩治。"并要求台湾道等文武官员，对于此种想法"惟当默存诸心"，"不可使漳、泉人知觉"，以免"朋比为奸"。^③清政府有意利用台湾族群间的分类习性，作为制衡各籍势力的策略。长期的冲突与械斗造成闽、粤人的迁居，形成闽、粤籍分区集居的现象。

事实上，闽、客族群在台湾移垦过程中不仅有冲突对立，还存在合作共生关系。在台湾拓垦史上，除了闽主客佃外，闽、客还共组垦号。即使嘉庆、道光以后，在台湾北部的内山开垦中，由于须设隘防番，投资巨重，仍不乏闽、客合作的案例。在日常经济生活上，因闽、客移民维生方式不尽相同，亦须相互依赖，互通有无。闽、客还共同成立联庄组织，订立合约，约束住民，以防止分类械斗。民间信仰方面，妈祖、观音、神农大帝等全国性的神灵，成为跨族群整合的媒介，增加闽、客之间的良性互动。

---

① 台湾学者戴炎辉认为："械斗之根本原因，在于异类人争夺经济上之利益，尤其在清代农垦阶段，以争地抢水为其最。先直接以争利为原因而械斗，其余恨、旧怨未消，动辄因细故而开始械斗。"参见戴炎辉：《清代台湾之乡治》，台北：联经出版事业公司1979年版，第298页。

② 《为密奏携眷过台之弊请勒限一年停止缘由事》[乾隆十二年（1742年）五月二十一日]，《明清台湾档案汇编》第一辑第19册，台北：远流出版事业股份有限公司2006年版，第320页。

③ 《谕哈当阿等台湾民情听其自然以期互相牵制》[乾隆六十年（1745年）五月十四日]，中国人民大学清史研究所、中国第一历史档案馆合编：《天地会》六，北京：中国人民大学出版社1987年版，第36页。

　　1895 年，台湾因《马关条约》被割让给日本。在抗日保台斗争中，不论是客家人还是闽南人，均奋勇抵抗，而且还抛弃故有的成见，携手合作抗日，展现出不屈的民族性格。日本割占台湾之后，实行内地人（日本人）和本岛人（台湾人）差别待遇的殖民政策。台湾人民在反抗日本殖民统治的过程中，形成"台湾意识"和"祖国意识"。台湾的闽南人和客家人同为被殖民者，族群关系有所缓和，清末开始出现的福佬化倾向仍在持续进行。不过，由于殖民当局的分化利用，闽、客族群之间的边界仍然存在，有时还会发生摩擦乃至冲突。

　　台湾光复后，1947 年的"二·二八"事件成为"省籍问题"的重要来源。国民党当局败踞台湾后，确立了党国威权体制和不均等的政治结构，强制推行"独尊国语、压抑方言"的语言政策，进一步加深了外省人与台湾本省人的隔阂。在这种省籍隔阂的氛围下，闽、客的分类暂时被更重要的"本省"及"外省"的省籍分类所隐蔽。20 世纪 80 年代以后，随着台湾政治的"民主化"与"本土化"，逐渐出现"闽南沙文主义"的倾向。以闽南人为多数的"党外"阵营，通常把闽南话（福佬话）等同于"台语"，把闽南人（福佬人）等同于"台湾人"，并且指责历史上的"义民"（特别是客家人）为"不义之民"，使得同被官方归类为"本省人"的闽南人与客家人形成新形态的"闽客心结"。在这种情况下，面对客家隐形化、客语流失等困境，客家有识之士掀起了客家运动，以抢救与复兴客家语言文化，争取客家政治与经济权益。客家运动不仅是一种以客家文化为主轴的社会运动，也可说是一种族群运动，同时还具有政治性。客家运动充分利用族群政治的杠杆，取得了一定的成绩，但也存在无法克服的障碍。

　　台湾客家运动兴起之初，客家有识之士认为客家人和客家社会面临四大问题：

　　1. 客家话大量流失及文化即将灭绝的困境。

　　2. 重新建立历史的诠释权，让被扭曲的客家人的形象，还其历史的面貌。

　　3. 建立民主公平的政经体制，争取客家人的合理权益。

4.重建合理的族群关系，以作为新的社会秩序的基础。①

时间过去了将近三十年，这些问题虽然有了一定改善，但并未得到根本解决。在闽、客族群关系方面，当前，台湾社会在日常生活上已基本没有族群隔阂，闽客族群间通婚也愈来愈普遍，②但是，"台湾人认同"的困扰，公共场合语言使用问题和客语的持续流失，"义民爷信仰"等问题，仍然是闽、客族群心头的"芥蒂"。③有学者指出："虽然客裔向来都认同台湾，早已在此落地生根……而且还发动惨烈的乙未抗日战争。但迄今却仍有许多福裔不肯承认此一史实，还一直在客裔的'客'字上做文章。"④因而，"客裔若真要追求主体性，未来的道路上必定要面临如何寻求福裔同情地了解与支持"。⑤那么，当前台湾社会应该怎样促进闽客族群和谐共存呢？

美国社会学者叶曼（Yetman）认为，人类历史上的族群关系，从优势族群的态度来看，从负面到正面的强弱程度可分成五种，即种族灭绝（genocide）、驱逐（expulsion）/排外（exclusion）、压迫（oppression）、隔离主义（separatism）、多元主义（pluralism）。近年来更进一步出现多元文化主义（multiculturalism）的论述。⑥在当代多数民主国家（地区）里，有违反人权之压迫性质的政策已经不太可能出现。在面对境内的族群议题时，掌控政治权力的优势族群大致上会从同化主义与多元主义二者之间择

---

① 徐正光：《序：塑造台湾社会新秩序》，收入徐正光主编：《徘徊于族群和现实之间：客家社会与文化》，台北：正中书局股份有限公司1991年版，第8—9页。

② 根据2004年、2011年和2016年台湾客家人口调查资料，1990年以后出生的客家人，父母亲皆为客家人者仅剩三四成。参见王甫昌、彭佳玲：《当代台湾客家人客语流失的影响因素之探讨》，台湾《全球客家研究》第11期，2018年11月，第29页。

③ 范振乾：《从台湾发展史看客裔之未来——从客家运动20年说起》，收入范振乾：《客裔族群生态之深层解析：历史记忆与未来》，台北：南天书局有限公司2009年版，第151—152页。

④ 范振乾：《从台湾发展史看客裔之未来——从客家运动20年说起》，收入范振乾：《客裔族群生态之深层解析：历史记忆与未来》，台北：南天书局有限公司2009年版，第156页。

⑤ 范振乾：《从台湾发展史看客裔之未来——从客家运动20年说起》，收入范振乾：《客裔族群生态之深层解析：历史记忆与未来》，台北：南天书局有限公司2009年版，第152页。

⑥ 参见谢国斌：《族群关系与多元文化政治》，台北：台湾国际研究学会2013年版，第22—23页。

一而行。所谓同化主义，是将弱势族群的认同与文化"同化"于优势族群之中，不过，由于同化主义有对弱势族群文化压迫的意涵，因而强调族群共荣共存的多元主义，已逐渐成为先进民主国家对待弱势族群的主流政策。①

对台湾地区而言，东南亚国家的经验应具有借鉴意义。第二次世界大战以后，东南亚不少国家曾经对当地的华人华侨实行过同化政策，"华人没有平等的权利，处于被歧视的地位，同化后依然沦为二等公民"。学者指出："综观 20 世纪 80 年代以前东南亚华族与当地族群关系，东南亚各国政府推行同化政策，不断导致族群冲突。"② 相反，"异中求同"的多元文化政策却收到了民族和睦、国家繁荣的成效。在一次关于东南亚民族关系的专题研讨会上，有学者指出：

> 新加坡便是在多元包容中繁荣发展的范例。新加坡居民由华人、马来人、印度人和其他种族四大族群组成，曾存在族际隔阂的诸多因素。独立以来，新加坡政府推行了多元文化主义，实行尊重各民族及其文化多元性的民族平等政策。同时，政府在语言和教育、宗教政策、政治、经济以及社会文化等方面采取了一系列相应措施，在国家现代化建设进程中成功实现族际和睦，各族在保持各自文化特征同时确立了对国家高度的认同感。近年来新加坡政府能够居安思危，通过营造"族际互信圈"等举措，有意识地加强不同族群之间的沟通和互信，进一步巩固各民族的团结和睦局面。③

①　谢国斌：《族群关系与多元文化政治》，台北：台湾国际研究学会 2013 年版，第 31 页。

②　李其荣：《近三十年来东南亚华族与当地族群关系———一种民族政治学的分析》，收入黄贤强主编：《族群、历史与文化：跨域研究东南亚和东亚》，新加坡国立大学中文系、八方文化创作室 2011 年版，第 140 页。

③　温宪：《审视东南亚民族关系》，《人民日报》2003 年 10 月 4 日第 3 版。洪镰德《新加坡的种族问题与政府的族群政策》（收入施正锋编：《族群政治与政策》，台北：前卫出版社 1997 年版，第 161—188 页）和谢国斌《族群关系与多元文化政治》第六章《新加坡的族群政策》（台北：台湾国际研究学会 2013 年版，第 191—222 页）都对新加坡的多元文化主义政策作了论述。

新加坡之外，泰国、菲律宾、印尼、马来西亚等东南亚国家，在 20 世纪 80 年代以来也先后不同程度地实行多元文化政策，华族与土著社会的关系逐步改善。①

多元主义的特点是，"大方承认族群之间的不同，尊重彼此的文化差异，进而接受甚至欣赏彼此的差异"。② 放眼世界，欧洲理事会在 1995 年通过《保障少数族群架构条约》（Framework Convention for the Protection of National Minorities），把对于少数族群的保护，当作是欧洲稳定、民主安全以及和平的前提：

> 一个多元的真正民主社会，不只应该尊重每个少数族群成员的文化、语言以及宗教认同，更应该要开创妥适的条件，让这些认同能够表达、保存以及发展。③

东南亚各国及欧洲的经验，对于台湾当局应有启示作用。台湾学者指出：以台湾现在的族群关系而言，也许"多元文化"的肯认、包容、尊重、和谐是最适合的方式。④ 台湾当局要真正实行多元文化包容的政策，就要切实保护少数和弱势族群权益。当前，台湾当局已设立了不同层级的原住民事务委员会和客家事务委员会，颁行"原住民基本法"（2005 年）和"客家基本法"（2010 年）及其"修正案"（2018 年），2019 年 1 月又通过了"国家语言发展法"。所谓"国家语言发展法"，把台湾各固有族群使用之自然语言及台湾手语都称为"国家语言"，并称"国家语言一律平等，国民使用国家语言应不受歧视或限制"。但是，在讨论、制订该"法"的

---

① 李其荣：《近三十年来东南亚华族与当地族群关系——一种民族政治学的分析》，收入黄贤强主编：《族群、历史与文化：跨域研究东南亚和东亚》，新加坡国立大学中文系、八方文化创作室 2011 年版，第 145—149 页。

② 谢国斌：《族群关系与多元文化政治》，台北：台湾国际研究学会 2013 年版，第 205 页。

③ 施正锋：《台湾民主化过程中的族群政治》，《台湾民主季刊》第 4 卷第 4 期，2007 年 12 月，第 20 页。

④ 刘阿荣：《族群政策与族群关系：以台湾的族群平等法制化为例》，收入黄贤强主编：《族群、历史与文化：跨域研究东南亚和东亚》，新加坡国立大学中文系、八方文化创作室 2011 年版，第 162 页。

过程中，即有台湾学者表示担忧："台湾的民主素养，根本无法谈所有的语言都是国语，君不见目前闽南话还不是国语，就有不少人在学校完全以闽南话教学了，等有一天大家都是国语的时候，一定会变成闽南话唯我独尊，最后闽南话成了唯一国语……在语言生态不完全合理的情况下，客家话必须用非常的方法去努力坚持才能保有一线生机。"①

对于面临传承危机之"国家语言"，"国家语言发展法"规定的"政府应优先推动其传承、复振及发展等特别保障措施"包括：建置普查机制及资料库系统；健全教学资源及研究发展；强化公共服务资源及营造友善使用环境；推广大众传播事业及各种形式通讯传播服务等。根据学者研究，当前台湾客家人客语流失主要是由于客家人大量迁离传统客家聚居地区，也大量与非客家人通婚，越来越多的新世代因为缺乏在"家庭"及"社区"环境中学习及使用客语的机会及动机，客语能力似乎不断流失。② 在这样的背景下，"国家语言发展法"的推行，能否成为挽救客语的福星，还是像台湾学者所担心的，"平等平等，多少不平等假汝之名以行之"，使台湾闽南语唯我独尊、成为唯一"国语"？只有留待时间观察。另一方面，台湾当局颁行"国家语言发展法"，其主要意图之一是对原来的"国语"（普通话）进行"稀释"，降低其在台湾社会的重要性和日常性，减少其使用的人数及频率。③ 对此，我们是不能不注意的。

台湾当局在 1997 年即通过所谓"宪法增修条文"第十条第九项，明订"肯定多元文化"。所谓"国家语言发展法"第一条亦声称"为尊重国家多元文化之精神"。那么，尊重和保护各族群文化渊源是应有之义，这就要对过去的"去中国化"政策进行彻底清算。东南亚各国对华人的包容和认同，都包括了发展华文教育，说明当地华人重视自己民族文化之根，也说明当地政府并不反对华人追寻和认同自己的民族文化渊源。如在新加

---

① 罗肇锦：《以〈祭国父文〉反衬中山先生与客家运动的破与立》，收入张维安、徐正光、罗烈师主编：《多元族群与客家：台湾客家运动 20 年》，新竹：台湾客家研究学会 2008 年版，第 28 页。

② 王甫昌、彭佳玲：《当代台湾客家人客语流失的影响因素之探讨》，台湾《全球客家研究》第 11 期，2018 年 11 月，第 35—36 页。

③ 张良骅：《蔡当局炮制"国家语言发展法"意图何在？》http://big5.taiwan.cn/plzhx/zuopinji/zhanglianghua/201708/t20170807_11827826.htm，检索时间：2020 年 5 月 28 日。

坡，1979 年政府倡导"讲华语运动"，推行儒家思想教育，"其目的特别在保持华族的文化、继承和价值"，不让新加坡人成为无根的民族。时任政务部长李显龙称："假使新加坡的各族知道自己来自何处，以及他们何以会生活在这里，对整个新加坡国族都是有利的，每个族群应该以自己的传承为荣，保持它，发展它。"1980 年新加坡采用"特别补助计划"（the Special Assistance Plan），即由政府拨出公款补助九所华语中学，使之成为双语（华语与英语）学校。[①] 到 2010 年，新加坡私立的华文学校和补习班有 400 多家。新加坡教育部还为大学先修班增设"中国通识"课程。马来西亚、泰国、印尼、柬埔寨等国的华文教育也有较大的发展，印尼总统瓦西德还在 2000 年 2 月宣布，正式承认孔教（儒教）为印尼合法的宗教。[②] 反观台湾，台湾的客家人和闽南人都源自大陆，他们都把自己的文化渊源追溯到中原。从文化学的角度来看，这反映了中原文化在中华文化形成发展过程中起了主导的作用，也反映了以中原文化为核心的中华文化对包括客家人、福佬人在内全体汉人精神气质和文化性格的巨大型塑作用。[③] "去中国化"其实就是要斩断台湾客家人、闽南人的文化之根，正如台湾学者所指出："去中国文化，就没什么台湾文化好谈。"该学者分析道：

> 一个无根的族群，生活都是过一天算一天，根本不会珍惜自己生活的土地，不会重视自己的社会文化，对祖先所流传下来的东西当然也弃如散屐。
>
> 唯有重视过去，开创未来，对故旧文献、文化古迹非常重视的社会，才能让百姓安于他所生长的土地，安于他祖先所传留下来的语言文化，所以古人说"故旧不遗使民不偷"，是要追求一个民心向善的社会，追求人民生活态度积极，社会上重视自己故旧的语言文化，让

---

① 洪镰德：《新加坡的种族问题与政府的族群政策》，收入施正锋编：《族群政治与政策》，台北：前卫出版社 1997 年版，第 175—178 页。

② 李其荣：《近三十年来东南亚华族与当地族群关系——一种民族政治学的分析》，收入黄贤强主编：《族群、历史与文化：跨域研究东南亚和东亚》，新加坡国立大学中文系、八方文化创作室 2011 年版，第 152—153 页。

③ 谢重光：《客家、福佬源流与族群关系》，北京：人民出版社 2013 年版，第 267 页。

老百姓对他的祖先遗产，自动的负起继往开来的责任，那么他的生活就有重心，有意义，才不会偷惰安乐不知进取。①

　　"去中国化"给台湾人民带来不安和困扰，也对台湾民众的民族认同产生恶劣影响。因此，要达成台湾各族群和谐共处、人民积极向善，就必须反对形形色色的"去中国化"，采取切实有效的措施保护、传承和发展历史文化。对此，海峡两岸都应共同努力，大力弘扬中华民族优秀传统文化，使之成为维系两岸民族认同和国家认同的桥梁和纽带。

　　族群的和谐共处，也离不开各族群人民的主观努力。对台湾客家族群而言，"客家运动必须站在多元共处的开放社会，进行良性循环的族群互动关系，同时也必须与台湾民主化与本土化的潮流相呼应"。"客家运动比较认可的，则是基于多元文化认识下的客家文化主体意识，这种客家意识排斥一元式的客家沙文主义和种族、宗派主义。……只有真诚体认，实践多元文化共存共荣，才可能得到自我族群文化的尊严与重建。"② 有学者指出，台湾客家人可以充当台湾社会整合的纽带："就族群结构而言，客家人一向具有枢纽的地位。首先，客家人在战前被'福佬化'的不少，同时，战后与外省人通婚的也相当多，应该可以积极扮演本省、外省之间互动的触媒，或是和解的桥梁。此外客家族群或许因为语言上的天分，或是文风较盛，因此在主流媒体的影响力远胜于福佬人，除了担任族群的喉舌，或可振衰起蔽，领导台湾族群关系的合理安排。"③

　　对台湾闽南人来说，应该去除沙文主义心理。多元主义主张："对于社会上所存在的不同文化群体，应尊重其自主性，包容其差异性，使之并存而不相悖。因为，每个不同群体所代表的文化，无论强弱兴衰，均有其一定的价值，吾人如能彼此尊重、相互欣赏乃至学习，则人类文明必可迅

① 罗肇锦：《以〈祭国父文〉反衬中山先生与客家运动的破与立》，收入张维安、徐正光、罗烈师主编：《多元族群与客家：台湾客家运动20年》，新竹：台湾客家研究学会2008年版，第15—16、18页。
② 萧新煌、黄世明：《客家族群史·政治篇》（上），南投：台湾省文献委员会2001年版，第358页。
③ 施正锋：《台湾社会各族群平等关系的建构》，收入施正锋：《台湾族群政治与政策》，台中：新新台湾文化教育基金会2006年版，第10页。

速获得扩展与提升。"① 台湾闽南人在尊重和包容方面还要多做努力,设身处地体会其他族群的处境和愿望。台湾学者指出:"坦承而言,大多数鹤佬族群对于客家人的心境大体欠缺同理心。"② 2008 年 3 月 22 日第 12 届台湾地区领导人选举,民进党候选人谢长廷以 221 万余票之差惨败之后,于同月 26 日下午辞去民进党主席时所提的一个愿望:"将来民进党不应该再垄断台湾与本土,应该与其他政党竞争。"③ 作为台湾的多数族群,闽南人也不应该垄断性地只把本族群称为"台湾人",而应该正视少数民族、客家人、外省人等其他族群对台湾发展所做的贡献,与各族群携手共创台湾的未来。对于台湾客家人的母语——客家话,闽南人不仅应承认它也是台湾话之一,还要给予尊重和扶持。对于当前客家话流失的困境,有客家学者提出应对之道:"家里说客家话出外学其他语言,让工具性语言由教学单位负责,文化性母语由父母负责,再加上学校的象征意义增加信心,自然可以让母语保存下来。接着是政府提供母语复习的环境,利用电视等传播媒体,增设节目,让客家话反复出现,使儿童在学校所学,得到印证,自然就有说客语的信心了。"要做到这一点,不仅台湾当局应承担相应的责任,闽南人的配合也很重要。因为要营造复习客家话的环境,最重要的是这个社会非常民主,大家遵守社会道德、当局订定制度合乎社会公义,"大家对语言的认同能够互相尊重互相学习,而不是互相排斥或自我沙文的心态,这样的语言环境才能让危机重重的客家话得以喘息的机会。例如在公共场合许多不同语言的人在一起,应该使用共同语,学校教学除特殊教学(如乡土语言课程)以外,应采用共同语教学,才不制造成以大吃小、以少压多的现象,使弱势语言完全没有生存的空间"。④

---

① 刘阿荣主编:《多元文化与族群关系》,台北:扬智文化事业股份有限公司 2006 年版,第 18 页。

② 施正锋:《台湾客家族群政治与政策》,台中:新新台湾文化教育基金会 2004 年版,第 103 页。

③ 范振乾:《从台湾发展史看客裔之未来——从客家运动 20 年说起》,收入范振乾《客裔族群生态之深层解析:历史记忆与未来》,台北:南天书局有限公司 2009 年版,第 155 页注(23)。

④ 罗肇锦:《以〈祭国父文〉反衬中山先生与客家运动的破与立》,收入张维安、徐正光、罗烈师主编:《多元族群与客家:台湾客家运动 20 年》,新竹:台湾客家研究学会 2008 年版,第 29—30 页。

关于清朝义民及客家义民信仰，客家学者徐正光指出："客家人是'镇压革命的清朝的义民'，是'依附政权的工具'，这种被扭曲的历史污名，严重的影响了客家族群的自尊和自重。惟有以严谨的史实探讨来厘清事件的真象，才能重塑客家族群的尊严。"[①] 对于清代义民的由来，第四章已作了较为详细的论述。在台湾开发史上，义民并非客家族群所独有，闽南族群与少数民族也有。客家庄对牺牲的义民特别尊崇，发展成为义民信仰，"在信众的心目中，义民爷不仅是神，甚至是血脉相通的祖先"。发展至今，"褒忠义民庙所代表的护卫乡土、爱乡爱民的义民精神，更发扬、衍生成为全台湾客家人的精神象征，凝聚着文化不断流失的客家族群的生脉"。[②] 对于历史上的义民问题，不要过多纠缠"义民"的历史功过，而要从文化的层面理解"义民信仰"对于台湾客家人增强凝聚力、提升族群自觉意识的作用。[③] 台湾客家学者指出："如果政府及多数或强势的族群，能够试着去理解少数族群心底深处对'安全'的渴望心理，并愿意透过真正的民主宪政机制，来保障社会的正义公平。届时，社会各方面对于台湾历史的产物，如'义民爷'、'嘉义'或'褒忠'等等，皆能以欣赏历史的态度面对它们、理解它们，让它们自然而然地退去，成为历史的一部分，客家文化社会运动将会自然地超越义民爷信仰的范畴。"[④]

总之，台湾闽、客族群的和谐共处，有赖台湾当局和闽南、客家两个族群的共同配合。如果闽、客族群都能按照民主多元社会的基本原则，互相尊重，互相包容，台湾当局制订公平合理的政策，以及两岸都努力弘扬中华优秀传统文化，营造两岸关系和平发展的有利环境，那么，台湾的闽南、客家两个族群消除历史积怨和矛盾，迈向和谐相处、共同繁荣将指日可待！

---

① 徐正光：《序：塑造台湾社会新秩序》，收入徐正光主编：《徘徊于族群和现实之间：客家社会与文化》，台北：正中书局股份有限公司1991年版，第8页。
② 蔡荣光：《义民精神永垂不朽》，载钟仁娴主编：《义民心乡土情：褒忠义民庙文史专辑》，新竹县竹北：新竹县文化局2001年版，第5页。
③ 谢重光：《客家、福佬源流与族群关系》，北京：人民出版社2013年版，第273页。
④ 范振乾：《义民爷信仰与台湾客家文化社会运动》，收入赖泽涵、傅宝玉主编：《义民信仰与客家社会》，台北：南天书局有限公司2006年版，第405页。

参考文献

一、史料文献

（一）方志

1. 北埔乡公所：《北埔乡志》，新竹县北埔乡：新竹县北埔乡公所 1977 年版。

2. 波越重之：《新竹厅志》，宋建和译，新竹县竹北市：新竹县政府文化局 2015 年版。

3. 不著撰人：《安平县杂记》，《台湾文献丛刊》第 52 种。

4. （清）蔡振丰：《苑里志》，《台湾文献丛刊》48 种。

5. （清）陈文达：康熙《凤山县志》，《台湾文献丛刊》第 124 种。

6. （清）陈文达：康熙《台湾县志》，《台湾文献丛刊》第 103 种。

7. （清）陈淑均：《噶玛兰厅志》，《台湾文献丛刊》第 160 种。

8. 《重修台湾县志》，《台湾文献丛刊》第 113 种。

9. 道光《彰化县志》，《台湾文献丛刊》第 156 种。

10. 《丰顺县志》，广州：广东人民出版社 1995 年版。

11. 《福建通志台湾府》，《台湾文献丛刊》第 84 种。

12. （清）高拱乾：康熙《台湾府志》，《台湾文献丛刊》第 65 种。

13. 嘉庆《四川通志》，台北：京华书局 1967 年版。

14. 《嘉义县志》，嘉义：嘉义县政府 1976 年版。

15. （清）胡传：《台东州采访册》，《台湾文献丛刊》第 81 种。

16. （清）蒋毓英：康熙《台湾府志》，陈碧笙校注，厦门：厦门大学出版社 1985 年版。

17. 林兴仁主修、盛清沂总纂：《台北县志》，《中国方志丛书》台湾地区第 66 号，台北：成文出版社有限公司 1983 年版。

18.（清）刘良璧：乾隆《重修福建台湾府志》，《台湾文献丛刊》第 74 种。

19.（清）卢德嘉：《凤山县采访册》，《台湾文献丛刊》第 73 种。

20.（清）倪赞元：《云林县采访册》，《台湾文献丛刊》37 种。

21. 施添福总编纂：《关山镇志》（下），台东县关山镇：台东县关山镇公所 2002 年版。

22.《树杞林志》，《台湾文献丛刊》第 63 种。

23.《台北厅志》，台北：成文出版社有限公司 1985 年据日本大正八年（1919 年）排印本影印。

24.《台湾采访册》，《台湾文献丛刊》第 55 种。

25.《桃园厅志》，台北：成文出版社有限公司 1985 年据日本明治三十九年（1906 年）排印本影印。

26.《桃园县志》，台北：成文出版社有限公司 1983 年据 1962 年至 1968 年排印本影印。

27. 同治《淡水厅志》，《台湾文献丛刊》第 172 种。

28.（清）王瑛曾：乾隆《重修凤山县志》，《台湾文献丛刊》第 146 种。

29.《新竹县志初稿》，《台湾文献丛刊》第 61 种。

30. 徐秋琳：《大园庄志》，《台湾省新竹州街庄志汇编》（2），台北：成文出版社有限公司 1985 年据日本昭和八年（1933 年）排印本影印。

31.（清）尹士俍：《台湾志略》，李祖基点校，九州出版社 2003 年版。

32.（清）周钟瑄：康熙《诸罗县志》，《台湾文献丛刊》第 141 种。

（二）文集

1.（清）卞宝第：《闽峤輶轩录》，收入《台湾舆地汇钞》，《台湾文献丛刊》第 216 种。

2.（清）陈瑸：《陈清端公文选》，《台湾文献丛刊》第 116 种。

3.（清）陈盛韶：《问俗录》，刘卓英标点，书目文献出版社 1983 年版。

4.《何来美文集（上）·客家政治与文化》，苗栗：苗栗县政府 2009年版。

5.（清）贺长龄等编：《清朝经世文编》，中华书局 1992 年版。

6.（清）黄叔璥：《台海使槎录》，《台湾文献丛刊》第 4 种。

7. 洪弃生：《瀛海偕亡记》，《台湾文献丛刊》第 59 种。

8.（清）蒋师辙：《台游日记》，《台湾文献丛刊》第 6 种。

9.（清）蓝鼎元：《鹿洲全集》，蒋炳钊、王钿点校，厦门大学出版社1995 年版。

10.（清）林豪：《东瀛纪事》，《台湾文献丛刊》第 8 种。

11.（清）林树梅：《啸云诗文抄》，陈国强校注，厦门大学出版社 2013年版。

12. 丘念台：《岭海微飙》，台北：海峡学术出版社 2002 年版。

13. 邱维藩汇集、邱炳华抄录：《六堆忠义文献》，感谢台北"中央研究院"台湾史研究所林正慧博士慷慨提供扫描档！

14.（清）宋九云：《台南东粤义民志》，光绪十一年（1885）手抄本，感谢台湾大学李文良教授慷慨提供扫描档！

15.（清）施琅：《靖海纪事》，王铎全校注，福建人民出版社 1983 年版。

16.《台湾杂咏合刻》，《台湾文献丛刊》第 28 种。

17.《割台三记》，《台湾文献丛刊》第 57 种。

18.（清）吴子光：《台湾纪事》，《台湾文献丛刊》36 种。

19.（清）吴子光：《一肚皮集》，台北：龙文出版社股份有限公司 2001年版。

20.（清）姚莹：《东槎纪略》，《台湾文献丛刊》第 7 种。

21.（清）姚莹：《东溟奏稿》，《台湾文献丛刊》第 49 种。

22.（清）姚莹：《中复堂选集》，《台湾文献丛刊》第 83 种。

23.（清）翟灏：《台阳笔记》，《台湾文献丛刊》第 20 种。

24.（清）周凯：《内自讼斋文选》，《台湾文献丛刊》第 82 种。

25.（清）朱仕阶：《小琉球漫志》，《台湾文献丛刊》第 3 种。

（三）档案、奏折、资料集等

1. 陈鸣钟、陈兴唐主编：《台湾光复和光复后五年省情》（上、下），南京出版社 1989 年版。

2. 程大学编译：《台湾前期武装抗日运动有关档案》，台中：台湾省文献委员会 1977 年版。

3. 程玉凤、李福钟主编：《战后台湾民主运动史料汇编》四《国会改造》，新北："国史馆" 2001 年版。

4.《淡新档案》（三），台北：台湾大学图书馆，1995 年版。

5.《淡新档案选录行政编初集》，《台湾文献丛刊》第 295 种。

6.《道咸同光四朝奏议选辑》，《台湾文献丛刊》第 288 种。

7. 福建省档案馆、厦门市档案馆编：《闽台关系档案资料》，鹭江出版社 1993 年版。

8. 故宫博物院编辑：《宫中档雍正朝奏折》第 8 辑，台北：故宫博物院 1978 年版。

9.《宫中档乾隆朝奏折》第 68 辑，台北：故宫博物院 1987 年版。

10. 何培夫主编：《台湾地区现存碑碣图志·台南市》，台北："中央图书馆"台湾分馆 1992 年版。

11. 吕理政、谢国兴主编：《乙未之役随军见闻录》，台北："中央研究院"台湾史研究所；台南：台湾历史博物馆 2015 年版。

12.《明清台湾档案汇编》第一辑第 19 册，台北：远流出版事业股份有限公司 2006 年版。

13.《钦定平定台湾纪略》，《台湾文献丛刊》第 102 种。

14.《清代台湾大租调查书》，《台湾文献丛刊》第 152 种。

15.《清代台湾关系谕旨档案汇编》第 2 册，台北："行政院文化建设委员会" 2004 年版。

16.《清高宗实录选辑》，《台湾文献丛刊》第 186 种。

17.《清仁宗实录选辑》，《台湾文献丛刊》第 187 种。

18.《清圣祖实录选辑》，《台湾文献丛刊》第 165 种。

19.《清实录：世祖章皇帝实录》，中华书局 1985 年版。

20.《清世宗实录选辑》,《台湾文献丛刊》第 167 种。

21.《清宣宗实录选辑》,《台湾文献丛刊》第 188 种。

22.《台案汇录己集》,台北:文海出版社有限公司 1981 年版。

23.《台湾南部碑文集成》,《台湾文献丛刊》第 218 种。

24. 台湾省行政长官公署人事室编:《台湾省各机关职员录》(1946 年 7 月),台北:文海出版社有限公司 1978 年版。

25. 台湾"中央研究院"历史语言研究所编:《明清史料戊编》第 1、3 本,台北:"中央研究院"历史语言研究所 1994 年影印 2 版。

26. 台湾"中央研究院"历史语言研究所编:《明清史料丁编》第 8 本,台北:"中央研究院"历史语言研究所 1999 年影印 2 版。

27. 王晓波编:《台胞抗日文献选编》,台北:帕米尔书店 1987 年版。

28. 萧铭祥主编:《屏东县乡土史料》,南投:台湾省文献委员会 1996 年版。

29.《续碑传选集》,《台湾文献丛刊》第 223 种。

30. 张本政主编:《〈清实录〉台湾史资料专辑》,福建人民出版社 1993 年版。

31. 中国第二历史档案馆编:《抗战胜利前国民党政府接收台湾准备工作档案史料选》,《民国档案》1989 年第 3 期。

32. 中国第二历史档案馆编:《台湾"二·二八"事件档案史料》(上、下),档案出版社 1991 年版。

33. 张莉:《台湾朱一贵抗清史料(上)》,《历史档案》1988 年第 2 期。

34. 中国人民大学清史研究所、中国第一历史档案馆编:《天地会》(三),中国人民大学出版社 1982 年版。

(四)报纸

1.《阿猴厅下之近况》(中),《汉文台湾日日新报》1906 年 2 月 22 日第 3 版。

2.《阿猴通信·埤圳分配水量》,《汉文台湾日日新报》1905 年 11 月 8 日第 4 版。

3.《本岛中学生の现状御下问——社会中坚分子の养成が必要》,《台

湾日日新报》1929 年 6 月 20 日第 2 版。

4.《捕魚の事から福建廣東人の大亂鬪　關係者を警察で取調中》，《台湾日日新报》1933 年 6 月 29 日第 3 版。

5.《福建人廿餘名が六名を半殺し廣東人と喧嘩して》，《台湾日日新报》1933 年 3 月 21 日第 7 版。

6.《国势调查辩疑》，《台湾日日新报》，1905 年 7 月 12 日第 2 版。

7.《恒春民情》，《台湾日日新报》1906 年 8 月 30 日第 2 版。

8.《恋の鞘当から广东福建两种族反目》，《台湾日日新报》1925 年 8 月 8 日夕刊第 2 版。

9.《美女に戯れたのが原因で福建人と廣東人が近來稀有の大亂鬥》，《台湾日日新报》1927 年 5 月 27 日第 2 版。

10.《南端に於ける福建人と廣東人》，《台湾日日新报》1899 年 6 月 22 日第 2 版。

11.《新竹通信·赈灾后闻》，《台湾日日新报》1911 年 9 月 24 日第 3 版。

12.《驿夫の大喧哗　广东人对福建人》，《台湾日日新报》1919 年 3 月 1 日第 7 版。

13. 植亭：《乙未大变录（二)》，《台湾日日新报》1907 年 5 月 3 日第 3 版。

14.《中埔 廣東人の勢力》，《台湾日日新报》1917 年 6 月 30 日，第 3 版。

（五）调查报告

1. 台湾总督府民政部殖产课编：《台湾省台东殖民地豫察报文》，台北：成文出版社有限公司 1985 年据明治三十三年（1900 年）排印本影印。

2. 临时台湾土地调查局：《临时台湾土地调查局第三回事业报告》，台北：临时台湾土地调查局 1903 年版。

3.《明治三十八年临时台湾户口调查集计原表·全岛之部》，台北：临时台湾户口调查部 1907 年。

4.《明治三十八年临时台湾户口调查记述报文》，台北：台湾总督府官房统计课 1908 年。

5.《大正四年第二次临时台湾户口调查集计原表·全岛之部》，台北：台湾总督官房临时户口调查部 1917 年版。

6.《大正四年第二次临时台湾户口调查记述报文》，台北：台湾总督府临时户口调查部大正七年 (1918 年) 刊行。

7.《第一回台湾"国势"调查记述报文》，台北：台湾总督府临时"国势"调查部大正十三年（1924 年）发行。

8. 台湾总督官房调查课编：《台湾在籍汉民族乡贯别调查》，台北：台湾时报发行所 1928 年版。

9.《"中华民国"户口普查报告书》第一卷《台闽地区户口普查记述及统计提要》，第二卷第一册《台湾省户口总表及人口籍别》，台湾省户口普查处 1959 年编印。

10.《"中华民国五十五年"台闽地区户口及住宅普查报告书》第一卷《台闽地区户口及住宅普查总说明及统计提要》，第二卷第一册《台湾省户口总表及人口之籍别、年龄、迁移》，台湾省户口普查处 1969 年编印。

11.《"全国"客家人口基础资料调查研究》，台北："行政院客家委员会"编印，2004 年版。

12.《"97 年度""全国"客家人口基础资料调查研究》，台北："行政院客家委员会"编印，2008 年。

13.《"103 年度"台闽地区客家人口推估及客家认同委托研究成果》，台北："行政院客家委员会"，2014 年。

14.《"105 年度""全国"客家人口暨语言基础资料调查研究》，台北："行政院客家委员会"，2017 年版。

二、著作、论文集

1. 陈翠莲：《台湾人的抵抗与认同》，台北：远流出版事业股份有限公司 2008 年版。

2. 陈汉光：《台湾抗日史》，台北：海峡学术出版社 2000 年版。

3. 陈孔立：《清代台湾移民社会研究》（增订本），北京：九州出版社 2003 年版。

4. 陈丽华：《族群与国家：六堆客家认同的形成（1683—1973）》，台北：台湾大学出版中心 2015 年版。

5. 陈其南：《台湾的传统中国社会》，台北：允晨文化实业股份有限公司 1987 年版。

6. 陈正祥等：《台湾的人口》，台北：南天书局有限公司 1997 年版。

7. 陈支平：《福建六大民系》，福州：福建人民出版社 2000 年版。

8. 戴宝村、温振华：《大台北都会圈客家史》，台北：台北市文献委员会 1998 年版。

9. 戴炎辉：《清代台湾之乡治》，台北：联经出版事业公司 1979 年版。

10. 戴国煇：《台湾近百年史的曲折路》，北京：九州出版社，中信出版社 2021 年版。

11. 戴国煇：《台湾史探微——现实与史实的相互往还》，台北：远流出版事业股份有限公司 2002 年版。

12. 戴国煇：《台湾史研究集外集》，台北：远流出版事业股份有限公司 2002 年版。

13.《戴国煇全集》第 1 册《史学与台湾研究》卷一《境界人的独白》，台北：文讯杂志社 2011 年版。

14.《戴国煇全集》第 2 册《史学与台湾研究》卷二《殖民地文学·台湾总体相》，台北：文讯杂志社 2011 年版。

15.《戴国煇全集》第 3 册《史学与台湾研究》卷三《台湾往何处去·爱憎二二八》，台北：文讯杂志社 2011 年版。

16. 邓孔昭：《台湾通史辨误》，南昌：江西人民出版社 1990 年版。

17. 范振乾：《客裔族群生态之深层解析：历史记忆与未来》，台北：南天书局有限公司 2009 年版。

18.［日］古野直也：《台湾近代化秘史》，许极炖编译，高雄：第一出版社 1994 年版。

19. 黄秀政：《台湾割让与乙未抗日运动》，台北：台湾商务印书馆股份有限公司 1992 年版。

20.黄秀政等：《台湾史》，台北：五南图书出版股份有限公司 2002
年版。

21.黄宣范：《语言、社会与族群意识：台湾语言社会学的研究》，台
北：文鹤出版有限公司 1993 年版。

22.洪泉湖等：《族群教育与族群关系》，台北：时英出版社 1997 年
版。

23.洪惟仁：《台湾方言之旅》，台北：前卫出版社 1992 年版。

24.简炯仁：《屏东平原的开发与族群关系》，屏东：屏东县立文化中
心 1999 年版。

25.江明修主编：《客家城市治理》，台北：智胜文化事业有限公司
2010 年版。

26.康锘锡：《板桥接云寺建筑艺术与历史》，新北：板桥接云寺管理
委员会 2007 年版。

27.赖泽涵、傅宝玉主编：《义民信仰与客家社会》，台北：南天书局
有限公司 2006 年版。

28.李乔：《台湾人的丑陋面：台湾人的自我检讨》，台北：前卫出版
社 1988 年版。

29.李如龙：《福建方言》，福州：福建人民出版社 1997 年版。

30.李文良：《清代南台湾的移垦与"客家"社会》，台北：台湾大学
出版中心 2011 年版。

31.李新魁：《广东的方言》，广州：广东人民出版社 1994 年版。

32.李筱峰：《60 分钟快读台湾史》，台北：玉山社出版事业股份有限
公司 2002 年版。

33.连横：《台湾通史》，北京：商务印书馆 1983 年版。

34.林国章：《民族主义与台湾抗日运动（1895—1945)》，台北：海
峡学术出版社 2004 年版。

35.林美容：《妈祖信仰与汉人社会》，哈尔滨：黑龙江人民出版社
2003 年版。

36. 林淑铃等：《台湾客家关系研究：以屏东县内埔乡与万峦乡为例》，台北："行政院客家委员会"，南投："国史馆"台湾文献馆，2010年版。

37. 林伟盛：《罗汉脚：清代台湾社会与分类械斗》，台北：自立晚报社1993年版。

38. 林秀昭：《台湾北客南迁研究》，台北：文津出版社有限公司2009年版。

39. 林正慧：《六堆客家与清代屏东平原》，台北：远流出版事业股份有限公司2008年版。

40. 林正慧：《台湾客家的形塑过程——清代至战后的追索》，台北：台湾大学出版中心2015年版。

41. 龙玉芬：《一座护隘庙宇的个案研究：以新竹北埔慈天宫为例》，新竹县竹北市：新竹县文化局2009年版。

42. 茅家琦等：《百年沧桑——中国国民党史》，厦门：鹭江出版社2005年版。

43. 彭怀恩：《"中华民国"政治体系的分析》，台北：时报文化出版企业有限公司1983年版。

44. 彭雨新编著：《清代土地开垦史》，北京：农业出版社1990年版。

45. 邱彦贵、吴中杰：《台湾客家地图》，台北：猫头鹰出版社2001年版。

46. 邱彦贵：《发现客家：宜兰地区客家移民的研究》，台北"行政院"客家委员会、南投"国史馆"台湾文献馆2006年版。

47. 施添福：《清代在台汉人的祖籍分布和原乡生活方式》，台北：台湾师范大学地理系1987年版。

48. 施正锋编：《族群政治与政策》，台北：前卫出版社1997年版。

49. 施正锋：《台湾客家族群政治与政策》，台中：财团法人新新台湾文化教育基金会2004年版。

50. ［日］矢内原忠雄：《日本帝国主义下之台湾》，杨开渠译，上海：神州国光社1930年版。

51. [美] 斯蒂文·郝瑞：《田野中的族群关系与民族认同》，巴莫阿依、曲木铁西译，南宁：广西人民出版社 2000 年版。

52. 司徒尚纪：《广东文化地理》，广州：广东人民出版社 1993 年版。

53. 孙代尧：《台湾威权体制及其转型研究》，北京：中国社会科学出版社 2003 年版。

54. 台湾惯习研究会原著、台湾省文献委员会编译：《台湾惯习记事》中译本第三、四卷，南投：台湾省文献委员会 1987、1989 年版。

55. 台湾客家公共事务协会主编：《新个客家人》，台北：台原出版社 1998 年版。

56. 台湾客家公共事务协会主编：《台湾客家人新论》，台北：台原出版社 1993 年版。

57. 台湾总督府编：《台湾统治概要》，台北：南天书局有限公司 1997 年版。

58. 台湾总督府警务局编：《台湾总督府警察沿革志》第二篇《领台以后之治安状况》上卷，王洛林总监译：《台湾抗日运动史》，台北：海峡学术出版社 2000 年版。

59. 台湾总督府警务局编：《台湾总督府警察沿革志》第二篇《领台以后的治安状况》中卷，王乃信等译：《台湾社会运动史》，台北：创造出版社 1989 年版。

60. [日] 藤井志津枝：《"日治"时期台湾总督府理蕃政策》，台北：文英堂出版社 1997 年版。

61. 王甫昌：《当代台湾社会的族群想像》，台北：群学出版社 2003 年版。

62. 王晓波：《台湾史与台湾人》，台北：东大图书股份有限公司 1988 年版。

63. 王晓波：《台湾意识的历史考察》，台北：海峡学术出版社 2001 年版。

64. 王晓波编：《台湾殖民地伤痕新编》，台北：海峡学术出版社 2002 年版。

65. 王学新编著：《"日治"时期北部抗日史料选编》第 3 册，南投："国史馆"台湾文献馆 2016 年版。

66. 翁佳音：《台湾汉人武装抗日史研究（1895—1902）》，新北：稻乡出版社 2007 年版。

67. 吴文星：《"日治"时期台湾的社会领导阶层》，台北：五南图书出版股份有限公司 2008 年版。

68. 吴学明：《头前溪中上游开垦史暨史料汇编》，新竹县竹北市：新竹县立文化中心 1998 年版。

69. 吴学明：《金广福垦隘研究》，新竹县竹北市：新竹县政府文化局 2013 年版。

70. 吴浊流：《无花果》，台北：前卫出版社 1988 年版。

71. ［日］喜安幸夫：《日本"统治"台湾秘史》，台北：武陵出版社 1989 年版。

72. 萧新煌、黄世明：《客家族群史·政治篇》，南投：台湾省文献委员会 2001 年版。

73. 萧新煌等：《台湾全志》卷三《住民志·族群篇》，南投："国史馆"台湾文献馆 2011 年版。

74. ［日］小川尚义：《日台大辞典》，台湾总督府民政部总务局学务课 1907 年版。

75. 谢重光：《客家、福佬源流与族群关系》，北京：人民出版社 2013 年版。

76. 谢国斌：《族群关系与多元文化政治》，台北：台湾国际研究学会 2013 年版。

77. 徐正光主编：《徘徊于族群和现实之间：客家社会与文化》，台北：正中书局股份有限公司 1991 年版。

78. 徐正光等主编：《客家文化研讨会论文集》，台北："行政院文化建设委员会" 1994 年版。

79. 徐正光主编：《第四届国际客家学研讨会论文集：聚落、宗族与族群关系》，台北："中央研究院"民族学研究所 2000 年版。

80. 徐正光、彭钦清、范振乾等：《台湾客家族群史·社会篇》，南投："国史馆"台湾文献馆 2002 年版。

81. 徐正光主编：《台湾客家研究概论》，台北：台湾"行政院客家委员会"、台湾客家研究学会 2007 年版。

82. 许南村编：《史明台湾史论的虚构》，台北：人间出版社 1994 年版。

83. 许佩贤译：《〈攻台战纪〉——〈"日清战史"·台湾篇〉》，台北：远流出版事业股份有限公司 1995 年版。

84. 许雪姬：《龙井林家的历史》，台北："中央研究院" 近代史研究所 1990 年版。

85. 杨国桢：《明清土地契约文书研究》，北京：人民出版社 1988 年版。

86. 杨华基主编：《台湾族群问题与政治生态》，福州：福建人民出版社 2013 年版。

87. 杨仁江：《社口林宅》，台北：弘化文化事业股份有限公司 1987 年版。

88. 尹章义：《台湾开发史研究》，台北：联经出版事业公司 1989 年版。

89. 尹章义：《台湾客家史研究》，台北：台北市政府客家事务委员会 2003 年版。

90. 曾庆国：《彰化县三山国王庙》，彰化：彰化县立文化中心 1999 年版。

91. 张茂桂等：《族群关系与国家认同》，台北：业强出版社 1993 年版。

92. 张维安、徐正光、罗烈师主编：《多元族群与客家：台湾客家运动 20 年》，新竹：台湾客家研究学会 2008 年版。

93. 张维安：《思索台湾客家研究》，桃园："中央"大学出版中心，台北：远流出版事业股份有限公司，2015 年版。

94. 郑喜夫：《民国丘仓海先生逢甲年谱》，台北：台湾商务印书馆股份有限公司 1981 年版。

95.《钟理和书简》，台北：远行出版社 1976 年版。

96. 钟仁娴主编：《义民心乡土情：褒忠义民庙文史专辑》，新竹县竹北市：新竹县文化局 2001 年版。

97. 钟肇政：《台湾人三部曲》第二部《沧溟行》，台北：远景出版事业公司 1980 年版。

98. 周典恩：《台湾的族群关系与族群政治》，新北：花木兰文化出版社 2014 年版。

99. 朱高正：《狱中自白——论台湾前途与两岸关系》，台北：学思出版社 2000 年版。

100.［日］竹越与三郎：《台湾统治志》，台北：南天书局有限公司 1997 年版。

三、期刊、论文

1. 曹如秀：《初探清代闽粤械斗及其空间分布演变——以道光朝李通事件为例》，台湾《竹堑文献杂志》第 27 期，2003 年。

2. 陈汉光：《日据时期台湾汉族祖籍调查》，《台湾文献》第 23 卷第 1 期，1972 年。

3. 陈金田：《中港善庆祠的故事》，《台湾风物》31 卷 1 期，1981 年。

4. 陈孔立：《前仆后继五十年——台湾人民抗日斗争史的回顾》，载中华全国台湾同胞联谊会编：《台湾同胞抗日 50 年纪实》，中国妇女出版社 1998 年版。

5. 陈孔立：《"二二八"事件中的本省人与外省人》，《台湾研究集刊》2006 年第 3 期。

6. 陈丽华：《谈泛台湾客家认同—— 1860—1980 年代台湾"客家"族群的塑造》，《台大历史学报》第 48 期，2011 年。

7. 陈秋坤：《清初屏东平原土地占垦、租佃关系与聚落社会秩序，1690-1770——以施世榜家族为中心》，收入陈秋坤、洪丽完主编：《契约文书与社会生活》（1600-1900），台北："中央研究院"台湾史研究所筹备处 2001 年版。

8. 陈炎正：《漳州人开发台中地方的历史意象》，《台湾源流》第 43 期，2008 年。

9. 陈运栋：《谁说褒忠义民是客家之耻?》，台湾《客家风云》创刊号，1987 年 10 月。

10. 戴炎辉：《清代台湾乡庄之社会的考察》，《台湾银行季刊》第 14 卷 4 期，1963 年。

11. 戴炎辉：《清代台湾之大小租业》，《台北文献》第 4 期，1963 年。

12. 杜继东：《台湾"二·二八"事件研究综述》，《近代史研究》2004 年第 2 期。

13. 邓孔昭：《清代大陆向台湾移民中的女性移民》，收入邓孔昭主编：《闽粤移民与台湾社会历史发展研究》，厦门大学出版社 2011 年版。

14. 樊信源：《清代台湾民间械斗历史之研究》，《台湾文献》第 25 卷第 4 期，1974 年。

15. 冯清春：《客家危机意识来自福佬沙文主义的激发?》，《六堆风云》第 112 期，2005 年。

16. 郭伶芬：《清代彰化平原福客关系与社会变迁之研究——以福佬客的形成为线索》，《台湾人文生态研究》第 4 卷第 2 期，2002 年。

17. 郝时远：《台湾的"族群"与"族群政治"析论》，《中国社会科学》2004 年第 2 期。

18. 洪丽完：《清代台中地方福客关系初探——兼以清水平原三山国王庙之兴衰为例》，《台湾文献》第 41 卷第 2 期，1990 年。

19. 洪丽完：《大安、大肚两溪间拓垦史研究》，《台湾文献》第 43 卷第 3 期，1992 年。

20. 洪惟仁：《高屏地区的语言分布》，台北"中央研究院"语言研究所《Language and Linguistics》第 7 卷第 2 期，2006 年。

21. 洪惟仁：《宜兰地区的语言分布与语言地盘的变迁》，《台湾"原住民族"研究季刊》第 3 卷第 3 期，2010 年。

22. 洪惟仁：《台湾西北海岸的语言分布与闽客互动》，《台湾语文研究》第 6 卷第 2 期，2011 年。

23. 洪永泰、李俊仁、孙瑞霞：《历次社会变迁与社会意向调查的籍贯与教育程度分析》，载伊庆春主编：《台湾民众的社会意向：社会科学的分析》，台北："中央研究院"中山人文社会科学研究所 1994 年版。

24. 黄森松：《我们都是"客家人"——闽客之间与统"独"之争的另一个观点》，《台湾新文化》第 17 期，1988 年。

25. 黄秀政：《清代台湾的分类械斗事件》，《台北文献》直字 49、50 期合刊，1979 年。

26. 黄卓权：《清代北台内山开垦与客家优占区的族群关系》，台湾《历史月刊》第 134 期，1999 年。

27. 黄卓权：《从版图之外到纳入版图：清代台湾北部内山开垦史的族群关系》，《台湾"原住民族"研究学报》第 3 卷第 3 期，2013 年秋季号。

28. 简炯仁：《屏东平原客家"六堆"聚落的形成及其社会变迁》，收入徐正光主编：《聚落、宗族与族群关系——第四届国际客家学研讨会论文集》，台北："中央研究院"民族学研究所 2000 年版。

29. 蓝植铨：《大溪的诏安客——从福仁宫定公古佛谈创庙的两个家族》，《客家文化研究通讯》第 2 期，1999 年。

30. 李栋明：《台湾早期的人口成长与汉人移民之研究》，《台北文献》直字第 13、14 期合刊，1970 年。

31. 李兰海：《义民乎？不义之民乎？》，《六堆风云》第 118 期，2006 年。

32. 李国祁：《清代台湾社会的转型》，台湾《中华学报》第 5 卷第 3 期，1978 年。

33. 李其荣：《近三十年来东南亚华族与当地族群关系——一种民族政治学的分析》，收入黄贤强主编：《族群、历史与文化：跨域研究东南亚和东亚》，新加坡国立大学中文系、八方文化创作室 2011 年版。

34. 李文良：《民田与请垦制度：清初台湾田园的接收和管理》，收入詹素娟主编：《族群、历史与地域社会：施添福教授荣退论文集》，台北：

"中央研究院"台湾史研究所 2011 年版。

35. 李西勋:《台湾光复初期推行国语运动情形》,《台湾文献》第 46 卷第 3 期,1995 年。

36. 李祖基:《论清代移民台湾之政策——兼评〈中国移民史〉之"台湾的移民垦殖"》,《历史研究》2001 年第 3 期。

37. 梁荣茂:《"新个客家人"论述——台湾客协的主张与运动析论》,《台湾客家运动与社会发展研讨会论文汇编》,台湾客家公共事务协会 2004 年。

38. 林浩:《客家文化新论》,《客家研究辑刊》1997 年第 1 期。

39. 林伦伦:《广东闽方言的分布及语音特征》,《汕头大学学报》(人文科学版)1992 年第 2 期。

40. 林圣钦:《清代淡水厅竹南一保街庄名的社会空间意涵:试论慈裕宫五十三庄宗教组织的形成》,台湾《地理研究》第 50 期,2009 年。

41. 林伟盛:《清代淡水厅的分类械斗》,《台湾风物》52 卷 2 期,2002 年。

42. 林信志、谢名娟、黄贞裕:《国中小客家文化实验课程对客家文化认同、客语使用频率与客语听力能力影响之研究》,台湾《课程与教学季刊》,第 20 卷第 4 期,2017 年。

43. 林玉茹:《闽粤关系与街庄组织的变迁——以清代吞霄街为中心的讨论》,收入《曹永和先生八十寿庆论文集》,台北:乐学书局有限公司 2001 年版。

44. 林正慧:《闽粤?福客?清代台湾汉人族群关系新探——以屏东平原为起点》,台湾《"国史馆"学术集刊》第 6 期,2005 年。

45. 林正慧:《"日治"台湾的福客关系》,台湾《民族学界》第 39 期,2017 年。

46. 刘阿荣:《族群政策与族群关系:以台湾的族群平等法制化为例》,收入黄贤强主编:《族群、历史与文化:跨域研究东南亚和东亚》,新加坡国立大学中文系、八方文化创作室 2011 年版。

47. 刘正元:《福佬客的历史变迁及族群认同(1900 年迄今):以高

雄六龟里、甲仙埔之北客为主的调查分析》,《高雄师大学报》第 28 期,
2010 年。

48. 潘是辉:《联甲与联庄》,《中正历史学刊》创刊号,1998 年。

49. 丘昌泰:《台湾客家人的"福佬化"现象:族群同化理论的观察》,
收入陈世松主编:《"移民与客家文化"国际学术研讨会论文集》,广西师
范大学出版社 2005 年版。

50. 邱彦贵:《宜兰溪北地区的三山国王信仰——自传说看历史性的
族群关系论述》,《揭西文史》第 13 辑,1998 年。

51. 邱彦贵:《新街三山国王与五十三庄:管窥北港溪流域中游的一
个福佬客信仰组织》,《台湾宗教研究》第 3 卷第 2 期,2005 年。

52. 申雨慧、邱荣举:《台湾客家运动之缘起与发展——以 < 客家风
云 > 杂志为探讨中心》,收入《台湾客家运动与社会发展研讨会论文汇编》,
台湾客家公共事务协会 2004 年。

53. 盛清沂:《新竹、桃园、苗栗三县地区开辟史》(上),《台湾文献》
第 31 卷第 4 期,1980 年。

54. 盛清沂:《新竹、桃园、苗栗三县地区开辟史》(下),《台湾文献》
第 32 卷第 1 期,1981 年。

55. 施添福:《"日治"时代台湾地域社会的空间结构及其发展机
制——以民雄地方为例》,《台湾史研究》第 8 卷第 1 期,2001 年。

56. 施添福:《国家与地域社会——以清代台湾屏东平原为例》,载詹
素娟、潘英海主编:《平埔族群与台湾历史文化论文集》,台北:"中央研
究院"台湾史研究所筹备处 2011 年版。

57. 施添福:《从"客家"到客家(三):台湾的客家称谓与家人认同
(上篇)》,《全球客家研究》第 3 期,2014 年。

58. 汤熙勇:《台湾光复初期的公教人员任用方法:留用台籍、罗致
外省籍及征用日人(1945.10-1947.5)》,台湾《人文及社会科学集刊》第 4
卷第 1 期,1991 年。

59. 王甫昌:《台湾反对运动的共识动员:一九七九——一九八九年
两次挑战高峰的比较》,台湾政治学会《台湾政治学刊》创刊号,1996 年。

60. 王甫昌：《由"中国省籍"到"台湾族群"：户口普查籍别类属转变之分析》，《台湾社会学》第 9 期，2005 年。

61. 王甫昌、彭佳玲：《当代台湾客家人客语流失的影响因素之探讨》，台湾《全球客家研究》第 11 期，2018 年。

62. 王和安：《"日治"时期台湾岛内新竹州移民之研究》，第二届台湾客家研究国际研讨会论文，台湾交通大学客家文化学院，2008 年 12 月。

63. 王志宇：《庙会活动与地方社会——以台湾苑里慈和宫为例》，《逢甲人文社会学报》第 12 期，2006 年。

64. 韦烟灶、张智钦：《台湾汉人之堂号——兼论闽南人与客家人堂号之差异》，台湾《宜兰技术学报人文社会专辑》第 9 期，2002 年。

65. 卫惠林：《曹族三族群的氏族组织》，《文献专刊》第 1 卷第 4 期，台北：台湾省文献委员会 1950 年。

66. 温兰英：《不会讲"台语"的人去死好了！》，《六堆风云》111 期，2005 年。

67. 吴本荣：《陈仪与台湾光复初期的语言政策》，《广西社会科学》2006 年第 10 期。

68. 吴学明：《闽粤关系与新竹地区的土地开垦》，《客家文化研究通讯》第 2 期，1999 年。

69. 吴中杰：《台湾漳州客家分布与文化特色》，《客家文化研究通讯》第 2 期，1999 年。

70. 徐博东、黄志平：《乙未武装反割台义军统领吴汤兴、徐骧、邱国霖大陆祖籍考》，《台湾研究》2015 年第 6 期。

71. 徐正光、萧新煌：《客家族群的"语言问题"——台北地区的调查分析》，台湾《民族学研究所资料汇编》第 10 期，1995 年。

72. 许达然：《械斗与清朝台湾社会》，《台湾社会研究季刊》第 23 期，1996 年。

73. 许嘉明：《彰化平原福佬客的地域组织》，《"中央研究院"民族学研究所集刊》第 36 期，1973 年。

74. 许世融：《语言学与族群史的对话——以台湾西北海岸为例》，《台湾语文研究》第 6 卷第 2 期，2011 年。

75. 杨长镇：《在民族国家的边缘——台湾反对政治中的"客家问题"意识》，收入徐正光等主编：《客家文化研讨会论文集》，台北："行政院文化建设委员会"1994 年版。

76. 杨国桢：《台湾与大陆大小租契约关系的比较研究》，《历史研究》1983 年第 4 期。

77. ［日］伊藤幹彦：《"日治"时期台湾的客家人意识之研究——以桃园、新竹、苗栗的抗日运动为中心》，台湾《远东学报》第 28 卷第 4 期，2011 年。

78. 尹章义：《闽粤移民的协和与对立——以客属潮州人开发台北以及新庄三山国王庙的兴衰史为中心所做的研究》，《台北文献》直字 74 期，1985 年。

79. 尹章义：《"台湾意识"的形成与发展——历史的观点》，《台湾研究·历史》1994 年第 2 期。

80. 尹章义：《从天地会"贼首"到"义首"到开兰"垦首"——吴沙的出身以及"聚众夺地、违例开边"的借口》，《台北文献》直字第 181 期，2012 年。

81. 詹伯慧：《广东境内三大方言的相互影响》，《方言》1990 年第 4 期。

82. 张菼：《清代台湾分类械斗频繁之主因》，《台湾风物》第 24 卷 4 期，1974 年。

83. 周典恩：《台湾省籍问题的源起与异变》，《重庆社会主义学院学报》2013 年第 4 期。

84. 祝捷：《台湾地区客家运动的法制叙述——以"客家基本法"（草案）为例》，《福建师范大学学报》2010 年第 3 期。

85. 庄初升、严修鸿：《漳属四县闽南话与客家话的双方言区》，《福建师范大学学报》（哲学社会科学版）1994 年第 3 期。

86. 庄林丽、祁开龙：《试论乙未抗日斗争中的福、客关系》，《漳州师范学院学报》2012 年第 3 期。

87. 庄英章：《新竹枋寮义民庙的建立及其社会文化意义》，《第二届国际汉学会议论文集·民俗与文化组》，台北："中央研究院"1989年版。

四、学位论文

88. 蔡素贞：《日据时期台湾人对日本文化之迎拒：殖民性、现代化与文化认同》，博士学位论文，台湾中国文化大学史学研究所，2008年。

89. 黄启仁：《恒春地区客家二次移民之研究——以保力村为例》，硕士学位论文，台湾台南大学台湾文化研究所，2007年。

90. 柯光任：《"日治"以来彰南地区客家移民与竹塘醒灵宫之研究》，硕士学位论文，台湾逢甲大学历史与文物研究所，2012年。

91. 林吉洋：《叙事与行动：台湾客家认同的形成》，硕士学位论文，台湾清华大学社会学研究所，2007年。

92. 林诗伟：《集体认同的建构：当代台湾客家论述的内容与脉络分析（1987-2003）》，硕士学位论文，台湾大学"国家"发展研究所，2005年。

93. 邱苡芳：《花莲地区之族群分布及族群关系——晚清迄"日治"时期》，硕士学位论文，台湾花莲教育大学乡土文化学系，2006年。

94. 沈延谕：《族群政治：台湾客家族群的政治文化与投票行为》，硕士学位论文，台湾东海大学政治系，2006年。

95. 孙俐俐：《台湾地区政党体制的演变》，博士学位论文，中共中央党校，2009年。

96. 王彩霞：《民间信仰与族群关系——以竹南头份造桥五谷宫为例》，硕士学位论文，台湾交通大学客家文化学院，2009年。

97. 王和安：《"日治"时期南台湾的山区开发与人口结构：以甲仙六龟为例》，硕士学位论文，台湾"中央"大学历史研究所，2007年。

98. 吴昭英：《乙未战役中桃竹苗客家人抗日运动之研究》，硕士学位论文，台湾政治大学日本语文学系，2010年。

99. 吴正龙：《清代台湾的民变械斗与分类意识的演变——以林爽文事件为中心所作的探讨》，博士学位论文，台湾中国文化大学文学院史学系，2013年。

100. 吴中杰：《台湾福佬客分布及其语言研究》，硕士学位论文，台湾师范大学华语文教学研究所，1999 年。

101. 曾金玉：《台湾客家运动之研究（1987—2000）》，硕士学位论文，台湾师范大学公民训育研究所，2000 年。

102. 张馨方：《美浓镇吉洋地区闽客关系之研究》，硕士学位论文，台湾台南大学台湾文化研究所，2010 年。

后　记

　　本书是国家社科基金项目"台湾闽客族群的互动共生与政治生态研究"（批准号 15BMZ072）的研究成果。相关研究工作开始于 2013 年下半年。这一年 8 月，我结束了在台湾师范大学为期一年的学术交流回到厦门大学，在完成国家社科基金特别委托项目"闽台缘研究"子课题"血浓于水——闽台血缘"的研究后，我计划以在台湾访学期间的学术积累为基础，尝试申报国家社科基金项目。经过连续两年的申请，终于在 2015 年获准立项。为了研究工作的顺利开展，在 2016 年 3 月，我再次应邀赴台，进行了为期一个月的学术交流和项目调研。由于诸多因素，项目研究工作到 2020 年才告完成，结项鉴定等级为"良好"。此后，根据 5 位国家社科项目结项审核专家的鉴定意见，我又对书稿进行了修改。

　　回首本书的研究、出版过程，感触万端！首先要感谢业师陈支平教授和同门师兄董建辉教授、师姐林枫教授在研究选题的确定和论证过程中给予的悉心指导，使课题得以获批立项。研究工作能够顺利完成，要感谢台湾师范大学韦烟灶教授和诸多台湾师友在研究资料搜集方面的大力支持和帮助。研究生江冰蓉同学 2018 年秋季学期在台湾东吴大学交换学习期间，也帮忙查找了部分资料。结项审核专家们所提的修改意见，则为书稿的进一步完善指明了方向。同时，也要感谢我所在的单位厦门大学马克思主义学院为本书的出版提供帮助。

　　古人云："书山有路勤为径，学海无涯苦作舟。"我自 2002 年读博以来，在学术研究的道路上磕磕绊绊地走过二十余年。幸运的是，一路有良师益友的指引和帮助，感恩、感谢！惟愿早已过了天命之年的我，怀着这份感恩的心，在学术研究的漫漫长路上继续求索！

周雪香

2024 年 4 月 25 日